Renate OSWALD

ANTIKE DICHTUNG
UND IHR FORTWIRKEN

UNSTERBLICHER MYTHOS

LATEIN IN UNSERER ZEIT
herausgegeben von
Werner MÜLLER, Günter LACHAWITZ,
Renate OSWALD, Wolfgang J. PIETSCH

Unsterblicher Mythos
ISBN 978-3-7003-1746-3

- selbstständiges Übersetzungstraining
- Vorbereitung auf Schularbeiten und Prüfungen
- Prüfungsformate nach der neuen Reifeprüfung

Latein in unserer Zeit – Übungstexte

Hg. von Werner Müller, Günter Lachawitz, Renate Oswald, Wolfgang J. Pietsch

Der Mensch in seinem Alltag / Gestalten und Persönlichkeiten
ISBN 978-3-99400-008-9

Amor vincit omnia
ISBN 978-3-7003-1686-2

Die Macht und das Wort/Rostra
ISBN 978-3-230-03917-0

Edle Wilde und grausame Barbaren
ISBN 978-3-7003-1664-0

Europa / Austria Latina / Europa Latina
ISBN 978-3-7003-1663-3

Fachsprache Latein
ISBN 978-3-7003-1687-9

Grundfragen der menschlichen Existenz / Religio
ISBN 978-3-7003-1750-0

Verlag Hölder-Pichler-Tempsky GmbH
www.hpt.at

Mit Bescheid des Bundesministeriums für Bildung und Frauen für den Unterrichtsgebrauch an nachstehend angeführtem Schultyp im Unterrichtsgegenstand **Latein** als geeignet erklärt: GZ 5.034/0019-B/8/2015 vom 31. 07. 2015 für die 5. und 6. Klasse (sechsjähriges Latein) sowie für die 7. und 8. Klasse (vierjähriges Latein) an **allgemein bildenden höheren Schulen**.

Dieses Werk wurde auf Grundlage eines zielorientierten Lehrplans verfasst. Konkretisierung, Gewichtung und Umsetzung der Inhalte erfolgen durch die Lehrerinnen und Lehrer.

Dieses Schulbuch folgt den Bestimmungen der **Neuregelung der deutschen Rechtschreibung**.

Schulbuchnummer Buch: 120724
Schulbuchnummer Buch + E-Book: 181133

Autorin und Verlag bitten alle Anregungen und Vorschläge, die dieses Lehrbuch betreffen, an folgende Adresse zu senden:
Verlag Hölder-Pichler-Tempsky GmbH, Frankgasse 4, 1090 Wien
E-Mail: service@hpt.at

3. Auflage, Nachdruck 2018 (3.01)

Der Band basiert auf den Lektürebänden von Ernst Nowotny – „Ovid" – und Günter Lachawitz – „Vergil" –, Reihe „Latein in unserer Welt".

Schulbuchvergütung/Bildrechte: © Bildrecht GmbH/Wien 2007
Quellennachweis: siehe S. 158 f.

Basisdesign für Umschlag und Innengestaltung: Grieder Graphik, 2083 Pleissing
Coverbild: Helga Ruppert-Tribian, Ikarus, Collage (1988, Ausschnitt), in: Helga Ruppert-Tribian, Sonnen können versinken. Menschen und Götter im griechischen Mythos, Passau 1988, S. 67
Druck: Brüder Glöckler GmbH, Wöllersdorf

ISBN 978-3-230-04226-2

Vorwort

Der Textband – nunmehr in leicht überarbeiteter und aktualisierter Form vorliegend – orientiert sich an den Vorgaben für nachstehende drei Module, die Schülerinnen und Schüler sollen folgende Ziele erreichen:

Der Mythos und seine Wirkung (sechsjähriges Latein)

- den antiken Mythos in seiner bildhaften Darstellung menschlichen Daseins und seinem Versuch einer Welterklärung begreifen und seine vielfältige Wirkung in allen Bereichen der Kunst bis hin zum persönlichen Umfeld verstehen.

Rezeption in Sprache und Literatur (sechsjähriges Latein)

- Kenntnisse über die Entwicklung und das Weiterleben der lateinischen Sprache erwerben und diese aktiv im Sprachvergleich (romanische und slawische Sprachen, Deutsch, Englisch) anwenden; ausgehend von Originaltexten Einblick gewinnen, wie sehr Gattungen und Motive der lateinischen Literatur die westliche Kultur bis in die Gegenwart beeinflussen.

Mythos und Rezeption (vierjähriges Latein)

- wirkungsmächtige Beispiele des antiken Mythos kennenlernen und sein Fortleben in verschiedenen Bereichen der Kunst anhand von Beispielen nachvollziehen.

Der Band bietet sich aber auch als Basis für **Projektmodule** an.

In die Auswahl aufgenommen wurden Texte aus **Ovids *„Metamorphosen“*** und aus **Vergils *„Aeneis“***, welche die Schülerinnen und Schüler zum einen mit besonders wirkmächtigen mythischen Gestalten vertraut machen und zum anderen einen Zugang zur hohen Gestaltungskunst der beiden Dichter bieten sollen.

Die **Auswahl der Texte** erfolgte besonders nach dem Kriterium, wie intensiv die jeweiligen Textpassagen rezipiert wurden. Auch wenn es – vor allem im Fall der *„Aeneis“* – nicht möglich ist, mittels der Textauswahl einen Querschnitt durch das Gesamtwerk zu bieten, sind die einzelnen Textpassagen doch durch Nacherzählungen der ausgesparten Passagen miteinander verbunden, die dazu beitragen sollen, dass die Schülerinnen und Schüler ein gewisses Verständnis für die Gesamtwerke und die Intentionen der beiden Dichter entwickeln.

Der Tatsache, dass die Textauswahl sowohl im sechsjährigen als auch im vierjährigen Lateinunterricht einsetzbar sein soll, wurde in mehrfacher Hinsicht Rechnung getragen: Die Texte sind mit so vielen **Vokabelangaben** versehen, dass eine einigermaßen flüssige Lektüre trotz der Vielfalt an nicht standardisiertem Wortgut möglich ist. Komplexere syntaktische Strukturen werden durch einfach formulierte **grammatikalische Erläuterungen**, **Strukturierungshilfen** und / oder **Übersetzungsvorschläge** „entschärft“. Ein **Grundwortschatz**, der sich ausnahmslos am sprachlichen Material der Textauswahl orientiert, ermöglicht eine gezielte und zeitökonomische Wiederholung und Vertiefung der in der Lektüre erworbenen Kenntnisse. Die **Vertiefungsfragen** sind mit geringem Vorwissen anhand der jeweiligen Textpassagen und unter Heranziehung des **Verzeichnisses häufiger Stilmittel** zu bewältigen.

Alle Texte sind mit Zusatzmaterialien ausgestattet, die über die Textlektüre hinaus zu einer vertiefenden Auseinandersetzung mit den jeweiligen Mythen anregen. Vor allem soll die Vielzahl der Rezeptionsdokumente zu fächerverbindendem und fächerübergreifendem Arbeiten motivieren. Dabei wurde besonders darauf geachtet, dass die **Ergänzungstexte** – Paralleltexte, künstlerische Rezeptionen und Belege für nichtliterarische Wirkung des Stoffes – ein möglichst breites Spektrum an Textsorten abdecken. Der Bogen spannt sich vom Epos über ältere und neuere Lyrik und Beispiele aus Dramen, Romanen und Erzählungen bis hin zur wissenschaftlichen Sachprosa. Abenteuer- und Fantasy-Romane fanden ebenso Eingang wie Legenden, Sagen oder aktuelle Pressenotizen.

Bei der Auswahl der **Rezeptionsbeispiele** aus der Bildenden Kunst wurde stärkeres Gewicht auf das künstlerische Schaffen im 20. Jahrhundert gelegt.

Eine Einführung zu Ovids und Vergils Leben und Werken, ein knapper Überblick über die Ära des Augustus sowie Einführungen in Prosodie und Metrik, in Sprache und Stil der Dichter sind den Texten vorangestellt.

Im **Anhang** findet sich eine Sammlung **kompetenzorientierter Übungen** zu einzelnen Texten des Lehrbuchs. Die Aufgabenstellungen orientieren sich an den Vorgaben der standardisierten Arbeitsanweisungen und Formate für die Interpretationstexte, die bei der neuen **standardisierten und kompetenzorientierten schriftlichen Reifeprüfung** aus Latein zum Tragen kommen (SKRP, gültig ab dem Schuljahr 2014/15; siehe https://www.bifie.at/node/1387), unter Berücksichtigung des Kompetenzmodells für Latein (https://www.bifie.at/node/771).

Die **kompetenzorientierten Übungen** bieten Schülerinnen und Schülern Gelegenheit, sich außerhalb des eigentlichen Unterrichts gut **mit den Formaten für die schriftliche Leistungsbeurteilung vertraut zu machen**. In der **Unterrichtsarbeit** steht grundsätzlich die mündliche Arbeit mit und an den Texten im Vordergrund, Texte werden interpretiert, verglichen und reflektiert. Diese Arbeit wird durch die an die Texte anschließenden Interpretationsfragen (Vertiefung) inspiriert – und lässt sich nicht auf die Formate der schriftlichen Prüfungen beschränken. Der Zweck der **kompetenzorientierten Übungen** ist es, das Gelernte, und damit auch die Formate für die schriftliche Leistungsfeststellung, zu festigen. Die Arbeitsaufgaben sind so gestaltet, dass sie auch dann sinnvoll zum Einsatz gebracht werden können, wenn die jeweiligen Texte im Unterricht vollständig übersetzt und anhand der Vertiefungsfragen analysiert wurden. Somit kann jeder der in der Sammlung enthaltenen Texte nach dem Ermessen der Lehrperson sowohl als Übersetzungstext als auch als Interpretationstext behandelt werden.

Renate Oswald

Hinweise zur Verwendung des Buches

Neben den jeweiligen Texten befinden sich am Rand **Hinweise zur Übersetzung** (Vokabel- und Konstruktionserläuterungen).

Im Anschluss an den Text folgt der eigentliche **Kommentar** mit literaturkundlichen, historischen und kulturhistorischen Informationen sowie Vergleichstexten. Dieser Kommentar sollte ebenso wie die Übersetzungshinweise für eine sinnerfassende Arbeit am Text herangezogen werden und ist auch eine wesentliche Hilfe für die Beantwortung der Interpretationsfragen, die daran anschließen.

Der **Aufgabenteil** (Vertiefung) umfasst neben den Interpretationsfragen weiterführende Arbeitsaufgaben, Fragen mit Gegenwartsbezug sowie Querverbindungen zu anderen Unterrichtsfächern und Eigenbezügen der Schülerinnen und Schüler. Die **kompetenzorientierten Übungen** im Anhang machen mit den Formaten für die schriftliche Leistungsbeurteilung nach der neuen standardisierten und kompetenzorientierten Reifeprüfung vertraut.

Im Abschnitt **Fortwirken** findet sich eine Sammlung wesentlicher Werke der Bildenden Kunst, der Literatur und der Musik, welche die jeweiligen Passagen aus den antiken Epen rezipieren (in diachronem Schnitt).

Die Zitierweise, auch der Eigennamen, entspricht der **Zitierweise des „Stowasser"**.

Zeichenerklärung:

➤ Querverweis

Der Buchstabe **B** (für Besonderheit) in Verbindung mit einer Ziffer verweist auf die Erläuterungdes jeweiligen Stilmittels im Abschnitt „Sprachliche und stilistische Besonderheiten" (S. VII–XI).

Inhalt

Sprachliche und stilistische Besonderheiten

Häufige Besonderheiten der Formenlehre und Syntax, Tropen und Figuren werden hier anhand von Textbeispielen erklärt, im Kommentar verweist der Buchstabe **B** (für Besonderheit) in Verbindung mit einer Ziffer auf die Erläuterung der jeweiligen stilistischen Besonderheit.

Deklinationsformen

1 **abl. sg. der Mischstämme** auf -i statt -e: *igni, tridenti*

2 **gen. pl. der o-Dekl.** auf -um statt -orum: *superum, Danaum, divum*

3 **acc. pl. der Konsonanten-, Misch- und i-Stämme** auf -is statt -es: *penatis, montis, luctantis, viris*

4 **griechische Formen:**

- **a** o-Stämme nom. sg. auf -os: *Ténedos, Tyros*
- **b** a-Stämme nom. sg. auf -as: *Aeneas*, acc. auf -an: *Aenean*
- **c** a-Stämme nom. sg. auf -es: *Pelides, Orontes*, acc. auf -en: *Oronten, Leucaten*
- **d** a-Stämme nom. sg. auf -e: *Thisbe, Hecate*, gen. auf -es: *Thisbes*, acc. auf -en: *Eurydicen*
- **e** kons.-Stämme nom. sg. auf -on: *Laócoon, Sinon, Pluton*
- **f** kons.-Stämme acc. sg. auf -a: *Orphea, paeána*
- **g** kons.-Stämme acc. pl. auf -as: *Troas, Cycladas*
- **h** Stamm auf -o (vgl. Sappho): nom., acc., voc. sg. auf -o: *Dido, Echo*

Konjugationsformen

5 **alte Formen:** 2. sg. medio-passivisch -re statt -ris: *carpére, eripiare*

6 **impf. der i-Stämme** -ibat statt -iebat: *leníbat*

7 **Perfektstammformen** ohne -v(i/e): *mutastis, audierat, noris* statt *noveris, norunt* statt *noverunt*

8 **perf. 3. pl.** auf -ere statt -erunt: *incubuére, egére* (von *ago*!)

Syntax der Kasusformen

9 **kollektiver Singular:** *milite:* mit Soldaten, *omnis Aegyptus:* alle Ägypter, *flamma:* die Brandfackeln

10 **poetischer Plural:** *sceptra tenens:* das Szepter haltend, *silentia:* die Stille, *dona:* das Geschenk

11 **dat. auctoris beim PPP:** *regnata Saturno:* von Saturn regiert, *exspectata parenti:* vom Vater erwartet

12 **Dativ des Zieles** statt *in* + acc. bei Verben mit den Präfixen *ad-* und *in-*: *Latio:* nach Latium, *aris:* auf die Altäre, *includunt caeco lateri:* in den dunklen Bauch, *imponunt mensis:* auf die Tische

13 **Akkusativ der Richtung** ohne Präposition: *Italiam:* nach Italien, *locos laetos:* in die Gefilde der Seligen

14 **abl. loci ohne praep.:** *terris et alto:* zu Land und auf dem Meer, *ponto:* im Meer, *montibus:* auf den Bergen, *animo:* im Sinn

15 **griechischer Akkusativ:** acc. bei intransitiven (medial-passiven) Verbalformen, vor allem Part. Er ist der Ursprung des acc. „der Beziehung“: *quid dolens:* „in Bezug auf was“ = worüber sich kränkend, *oculos suffecti:* (in Bezug auf) die Augen gefärbt = mit g. A., *perfusus vittas:* „die Binden übergossen“ = mit ü. B., *vultum movetur:* „sie wird in ihrer Miene bewegt“, *soluta comam:* „sich das Haar aufgelöst habend“ = mit aufgelöstem Haar; *adoperta vultum:* „sich das Gesicht verhüllt habend“. Vgl. dt.: den Mantel umgeworfen

Metonymien (Umbenennungen, Wortvertauschungen)

Das gängige Wort für einen Begriff wird durch ein anderes, sachlich nahe stehendes ersetzt. (Dagegen beruht die Metapher = „Übertragung“ nicht auf einem sachlichen Zusammenhang, sondern auf einem Vergleich, der der Fantasie des Autors entspringt.) In alphabetischer Anordnung:

16 **abstractum pro concreto:** *ars:* Kunstwerk, *caedes:* Blut, *funus:* Leichnam, *genus:* Sohn, Nachkomme, *morsus:* Zahn

17 **concretum pro abstracto:** *arma:* Kämpfe

18 **Gottheit statt ihrer Gabe oder Wirkung:** *Aurora:* Osten, *Ceres:* Getreide od. Brot, *Mars:* Krieg, *penates:* Haus oder Familie

19 **Kausalmetonymie:** Die Ursache bezeichnet die Wirkung: *fax:* Feuer, *lingua:* Sprache, *manus*: Tat, Werk, *nimbus:* Wind, *os:* Sprache. – Die Wirkung bezeichnet die Ursache: *frigus:* Tod, *vulnus*: Hieb.

20 **Litótes**: Ein Begriff wird durch das negierte Gegenteil ausgedrückt, die scheinbare Verkleinerung wirkt meist verstärkend. *neque ignari sumus:* wir kennen recht gut, *numquam negabo:* ich werde immer bekennen, *nec non:* sogar (als formelhafter epischer Satzbeginn); und, auch

21 **Lokalmetonymie:** Der Ort steht für die Menschen: *pro Argis:* für die Griechen – oder für einen anderen, nahe liegenden Ort: *axis:* Himmelsgewölbe, litus: Meer, *Leucates:* das Meer bei L.

22 **pars pro toto:** *Argi:* Griechenland, *gurges:* Meer, *limina:* Haus, *moenia*: Stadt, *os:* Antlitz, *rotae*: Wagen, *sal:* Meer, *tectum:* Haus, *unda:* Wasser

23 **Patronymikon:** Benennung nach dem Vater (ev. Großvater); ev. die eines Volkes nach dem Ahnherrn:

a -ius, -ia: *Saturnius:* Jupiter, *Saturnia:* Juno

b -ides, gen. -ae, voc. -e: *Tydídes:* Sohn des Tydeus = Diomedes, *Pelides:* S. d. Peleus = Achilleus, *Aiacides:* Enkel des Aiakos = Achilleus; *Dardanidae:* Trojaner

24 **Periphrase:** Umschreibung eines gängigen Substantivs, Namens oder Verbs durch einen mehrgliedrigen Ausdruck

a **Namen:** für Pygmalion: *Paphius heros*, für Aeneas: *Dardanius nepos Veneris, Troïus heros,* für Jupiter: *divum pater atque hominum rex, hominum sator atque deorum,* für Merkur: *interpres divum,* für die Trojaner: *gens Hectorea,* für Karthago: *Tyriae arces,* für Alexandria: *ostia Nili*

b **Verba:** *dicta fundebat:* er sagte, *frangere saxo:* mahlen, *oculis hausit:* er sah, *partu dabit:* sie wird gebären, *voce refert:* er antwortet

25 **Stoffmetonymie:** Das Material steht für das daraus Gefertigte: *aes:* Schiffskiel, *ferrum:* Schwert oder Pfeil, *harundo:* Pfeil, *lignum:* das hölzerne Pferd, *saxum:* Mahlstein.

26 **totum pro parte:** *Libya* statt Karthago, *lumina:* Lider, *pontus:* Welle

Phonetische Figuren

27 **Alliteration** (Stabreim): Durch die Gleichheit der anlautenden Konsonanten werden Wörter hervorgehoben und verbunden: *Lavinia ... litora, magno cum murmure montis; Orphea nequiquam voce vocatur; naturam novat, nam ponit in ordine pennas* u. v. a.

28 **Homoiotéleuton:** (Endungsgleichklang, Reim): Meist ist der Gleichklang auf eine Silbe beschränkt: *Troas reliquias Danaum, tenditque fovetque, Dorica castra.*

29 **Onomatopoesie:** Lautmalerei. Der geschilderte Vorgang wird durch die lautliche Gestaltung verdeutlicht: *quamvis sint sub aqua, sub aqua maledicere temptant.* Die Lautmalerei wird dabei oft durch den Rhythmus des Verses verstärkt: Rasches Geschehen wird in Versen mit vielen Daktylen, langsames und mühevolles durch solche mit Spondeen ausgedrückt: *adfuit ille quidem, sed nec sollemnia verba, nec laetos vultus nec felix attulit omen.*

Durch die Wortstellung kann auch der Inhalt abgebildet werden: *(contulerant) arto luctantia nexu pectora pectoribus:* drängten in enger Umschlingung ringend Brust gegen Brust.

Wiederholungs- und syntaktische Figuren

Gezielte Wiederholung bzw. Anordnung von Wörtern und Satzgliedern erhöht die Eindringlichkeit des Erzählten.

30 **Anápher:** Wiederholung desselben Wortes am Beginn aufeinanderfolgender Satzteile oder Sätze: *nec sollemnia verba, nec laetos vultus nec felix attulit omen.*

31 **Anástrophe** (Umkehrung): Inhaltsschwere, für den Fortschritt der Erzählung wichtige Wörter werden vorangestellt und verdrängen Konjunktionen (beiordnende und unterordnende) und Relativa von der ersten Satzstelle bzw. machen Präpositionen zu Postpositionen: *dux et Troianus* statt *et dux Troianus; Veneris nec; turribus aut; navita sed; tertia dum; omnis ut; Troiae qui primus; maria omnia circum.*

32 **Antithese:** Gegenüberstellung von Gegensätzlichem. Sie kann durch parallele Satzstellung (**Parallelismus**) oder, was wirkungsvoller ist, durch vertauschte Anordnung entsprechender Satzglieder, d. h. durch **Chiasmus**, erreicht werden: *nocens ferrum, ferro nocentior aurum.*

33 **Asýndeton** (Unverbundenes): Aneinanderreihung gleichartiger Satzglieder ohne Konjunktion: *urbe, domo:* in der Stadt und im Haus, *nunc, olim:* jetzt und in Zukunft, *digna, indigna:* Würdiges und Unwürdiges = alles Mögliche. – Das Gegenstück ist das **Poly-sýndeton** (Oft-Verbundenes), die Wiederholung von Konjunktionen: *fraudesque dolique insidiaeque et vis et amor sceleratus habendi.*

34 **Enjambement** („Hineinspringen"): Ein Satz reicht mit seinem letzten Wort über das Versende in den nächsten Vers. Dieses Wort wird dadurch besonders betont: *urbs antiqua fuit, Tyrii tenuere Coloni / Karthago* u. v. a.

35 **Epítheton ornans** (schmückendes Beiwort): Es ist in den homerischen Epen häufiger als bei Vergil und Ovid, gibt einer Person oder Sache „epische Würde" und wird auch dort hinzugefügt, wo es für das gerade erzählte Geschehen nicht zutrifft oder nicht von Belang ist: *saevus ... iacet Hector:* der wilde Hector liegt (tot!) auf dem Schlachtfeld, *innuptae ... donum Minervae:* das Geschenk der jungfräulichen Minerva, *corpora magnanimum heroum:* die Leichen der „hochgemuten" Helden.

36 **Hen-dia-dyoin** (Eins durch zwei): Ein Begriff oder Gedanke wird in zwei Aspekte zerlegt, wobei Vergil häufig durch den zweiten, mit *-que* angefügten Ausdruck den ersten präzisiert: *Italiam … Laviniaque litora:* nach Italien, (nämlich) an die Küste bei L., *tenditque fovetque:* sie wünscht sehnlichst, *cavernas ingentis uterumque:* die gewaltige Höhlung des Bauches, *insidias suspectaque dona:* das hinterhältige, verdächtige Geschenk.

37 **Hypérbaton** („Überschreitendes", Sperrstellung): Das zugehörige Attribut oder Partizip wird vom Substantiv getrennt; dadurch kommt (kommen) eines von beiden (oder beide) an exponierte Versstellen (Anfang, Schluss, vor oder nach einer Zäsur) und wird (werden) so besonders hervorgehoben, oder es wird Spannung erzeugt: *aeternum servans sub pectore vulnus; celsa sedet Aeolus arce; in nova fert animus mutatas dicere formas corpora.*

38 **Klimax** (Leiter): stufenweise Verstärkung des Ausdrucks: *noster amor … data dextera … moritura*

39 **Pleonasmus:** „Zuviel" an synonymen oder sinnverwandten Wörtern zur emotionalen Verstärkung des Gesagten: *fixum immotumque:* fest und unerschütterlich, *artus avulsaque membra:* die abgetrennten Gliedmaßen, *oscula non iterum repetenda:* Küsse, die er nicht (nochmals) wiederholen durfte

40 **Polyptoton** (viele Fälle): Wiederholung eines Nomens in verschiedenen Fällen: *absens absentem auditque videtque*

Figuren der Verkürzung

41 **Aposiopése** (Verschweigen): Ein Satz wird abgebrochen, um das Aussprechen von Peinlichem zu vermeiden. Das Gemeinte ist aus dem Zusammenhang klar: Die Worte *quos ego* (euch werd' ich) sind mit einer entsprechenden Geste zu denken.

42 **Ellipse:** Auslassung selbstverständlicher Wörter, meist von Formen von *esse*: *iactatus (est), digressi (sunt), dicta (sunt), laetatus (es), sacerdotes casti (erant).* Substantiva: *dextra (manus), tendebat (tentoria):* spannte die Zelte = lagerte, *iactanti (verba):* dem, der ausrief. *Verba dicendi* vor oder nach indirekten Reden: *haec secum (dixit), contra (dixit)*

43 **Zeugma** (Verbindung): Ein Prädikat steht für zwei Objekte, passt aber, genau genommen, nur zum letzten und muss im Dt. zweimal übersetzt werden: *tura dant sanctis et verba precantia flammis:* sie geben den heiligen Flammen Weihrauch und bittende Worte, *Danaos et … laxat claustra:* er lässt die Danaer frei und öffnet das Versteck, *tela … contenderet arcum:* er schießt Pfeile ab und spannt den Bogen.

Sinnfiguren

entstehen dann, wenn der Erzähler, um Überraschung oder Spannung zu erreichen, die übliche Sprachlogik aufgibt:

44 **Allegorie** (von griech. *allegoreîn* = „anders reden", d. h. in Bildern). Die einfachste Form der Allegorie ist die **Personifikation** eines abstrakten Begriffs wie *Bellum*, *Pietas*, die Plagen der Menschheit (Trauer, Sorgen, Krankheiten u. a.); vgl. Allegorien wie den Frühling als Jüngling, den Winter als alten Mann, die Gerechtigkeit als Frau mit Waage und verbundenen Augen usw. In der Allegorie der Fama (Aen. 4, 173–195) ist diese über die bloß statische Personifikation hinaus zur handelnden, eine ganze Szene beherrschenden Gestalt geworden.

45 **constructio ad sensum:** Der Numerus des Prädikats richtet sich nicht nach der Form, sondern nach dem logischen Inhalt des Subjekts: *pars … exercent:* ein Teil übt, *manus … passi:* die Schar, die erlitten hat.

46 **Enallagé** (Vertauschung): Ein Adjektiv ist nicht mit dem Substantiv übereingestimmt, zu dem es logisch gehört: *altae moenia Romae, inhospita tecta tyranni:* nicht das Haus ist ungastlich.

47 **Hyperbel** (Übertreibung): Vergil hat eine besondere Vorliebe für Hyperbeln der Höhe: *instar montis equum, aequata machina caelo.*

48 **Oxýmoron** („scharfsinnig Törichtes"): Einander widersprechende Begriffe werden verbunden, aber was zunächst als Widerspruch erscheint, enthüllt sich auf den zweiten Blick als raffiniert formulierte Wahrheit: *antiqua Karthago:* die alte „Neustadt", *hiemem … fovere:* „den Winter wärmen" = angenehm verbringen, *viridis senectus:* frisches (kräftiges) Alter.

49 **Prolépse** (Vorwegnahme): Einem Substantiv wird vorwegnehmend eine Eigenschaft zugeschrieben, die sich erst durch die im Satz beschriebene Handlung zeigt: *crepitantia concutit arma:* die Waffen können während des Schwingens noch nicht klirren.

Zur Metrik (Verslehre)

Die lateinischen Dichter haben die Versmaße, die sie in ihren Werken verwenden, von den Griechen übernommen. Das einzige nationallateinische Metrum, den Saturnier, gaben die Römer auf, als sie die griechischen Versmaße übernahmen.

Grundsätzlich kann ein Versmaß bestimmt sein durch die **Quantität** (Zeitdauer) oder durch den **Akzent** (Betonung) in der Abfolge von Silben bzw. von Wörtern. Im Unterschied zu den deutschen Versmaßen, welche durch den Wechsel des Akzents, also durch die Abfolge betonter und unbetonter Silben aufgebaut werden, regeln die antiken Versmaße, in welcher Folge, in welchem Rhythmus lange und kurze Silben in einem Vers bzw. in einem Element des Verses wechseln. Wenn daher ein lateinischer Vers – wie es zwar nicht richtig, aber üblich ist – gemäß der deutschen Metrik gelesen wird, stimmen Wortbetonung und Versbetonung häufig nicht überein.

Maßgebend sind also:

- im **Deutschen:** die Betonung, der Akzent, daher: akzentuierende Versmaße;
- in der **Antike:** die Länge bzw. Kürze = die Quantität (Zeitdauer) der Silben, daher: quantitierende Versmaße.

Zur Bezeichnung der Quantität einer Silbe sind in der Metrik folgende Zeichen üblich:

—	:	*longum* = Länge
$\cup$	:	*breve* = Kürze
$\overline{\cup}$	:	*anceps* = Länge oder Kürze an dieser Versstelle möglich
$\overline{\cup\,\cup}$	:	eine Länge an einer Versstelle, wo auch zwei Kürzen stehen könnten, also Ersatz von zwei Kürzen durch eine Länge

In der antiken Metrik gilt eine Silbe als **lang**,

1. wenn sie einen Diphthong enthält: z. B. *aurea, poena.*
2. wenn sie einen immer lang gesprochen Vokal enthält (Naturlänge): z. B. *ver, laudare.*
3. wenn nach einem kurzen Vokal zwei oder mehr Konsonanten bzw. ein Doppelkonsonant („x" = k + s) stehen (Positionslänge): z. B. *ars, decens, ad me.* Allerdings ist eine Positionslänge dann meist nicht gegeben, wenn der 2. Konsonant nach kurzer Silbe ein „l" oder „r" ist: z. B. *peregrinus, tibi plura.*

Alle anderen Silben gelten als **kurz**. Dabei ist zu beachten:

1. Schließt eine Endsilbe mit einem anderen Konsonanten als „s", so gilt sie meist als kurz: z. B. *mensam* (kurz), aber: *mensas* (lang).
2. Ein Vokal unmittelbar vor einem anderen Vokal im selben Wort gilt als kurz: z. B. *fleo* (kurz), aber *flere* (lang).

Grundmaße (Metren)

1. **Jambus**: eine kurze + eine lange Silbe: $\cup$ —
   z. B. quantitierend: *„Phaselus ille, quem videtis, hospites"* (Catull)
   z. B. akzentuierend: „Zum Kampf der Wagen und Gesänge …" (Schiller)

2 Trochäus: eine lange + eine kurze Silbe: — ∪

z. B. quantitierend: *„Non ebur neque aureum ..."* (Horaz)

z. B. akzentuierend: „Du sagst viel mit wenig Worten!" (Grillparzer)

3 Daktylus: eine lange + zwei kurze Silben: — ∪ ∪

z. B. quantitierend: *„In nova fert animus ..."* (Ovid)

z. B. akzentuierend: „Neue Gestaltung, in die sich die Körper verwandeln ..." (Ovid / Th. v. Scheffer)

4 Spondeus: eine lange + eine lange Silbe: — —

z. B. quantitierend: *„et pars abrumpi ..."* (Ovid)

z. B. akzentuierend: fällt mit dem Trochäus zusammen

Versmaße

Durch das Aneinanderreihen von Grundmaßen (Metren, Versfüßen) entstehen die verschiedenen Versmaße. Bei Ovid finden wir an Versmaßen nur den Hexameter und (im elegischen Distichon) den Pentameter.

Der Hexameter

besteht aus sechs (griech.: *hex*) Daktylen (— ∪ ∪), wobei mit Ausnahme der beiden Kürzen im 5. Versfuß die beiden kurzen Silben in den anderen Versfußen auch durch eine lange Silbe ersetzt werden können. Der dreisilbige Daktylus verwandelt sich dann in einen zweisilbigen Spondeus. Der 6. Versfuß ist stets nur zweisilbig, wobei die 2. Silbe *anceps*, d. h. lang oder kurz, sein kann. Der Hexameter ist also nach folgendem Schema aufgebaut:

$$\acute{-}\,\overline{\cup\cup}\;|\;\acute{-}\,\overline{\cup\cup}\;|\;\acute{-}\,\overline{\cup\cup}\;|\;\acute{-}\,\overline{\cup\cup}\;|\;\acute{-}\,\cup\cup\;|\;\acute{-}\,\overline{\cup}$$

1 2 3 4 5 6

An bestimmten Stellen des Hexameters werden durch Wortende und durch syntaktische Einschnitte Pausen im Versrhythmus gesucht. Man bezeichnet eine solche Pause als Zäsur. Eine Zäsur findet sich am häufigsten nach der Länge im 3. Versfuß.

Der Pentameter

besteht trotz seines Namens (griech.: *pente* = 5) aus sechs Daktylen, wobei im 3. und im 6. Versfuß die jeweilige Senkung gleichsam durch eine Pause ersetzt wird. Die beiden stehen bleibenden Hebungen der unvollständigen Versfüße wurden zusammen nur als ein einziger Versfuß gerechnet, sodass fünf Versfüße gezählt wurden. Durch den Ausfall der Kürzen im 3. Versfuß ergibt sich zwischen 3. und 4. Versfuß eine deutliche Zäsur. Der Pentameter steht jeweils nach einem Hexameter im elegischen Distichon und ist nach folgendem Schema gebaut:

$$\acute{-}\,\overline{\cup\cup}\;|\;\acute{-}\,\overline{\cup\cup}\;|\;\acute{-}\;\|\;\acute{-}\,\overline{\cup\cup}\;|\;\acute{-}\,\overline{\cup\cup}\;|\;\acute{-}$$

1 2 3 4 5 6

In der Antike wurden für die verschiedenen Dichtungsgattungen jeweils ganz bestimmte Versmaße verwendet. Der Hexameter war seit Homer und Hesiod (8./7. Jh. v. Chr.) das Versmaß für das Epos und das Lehrgedicht. Der Hexameter im Wechsel mit dem Pentameter bildete das elegische Distichon, das in der Elegie verwendet wurde, d.h. für Gedichte, die sich vor allem mit Liebesthematik, seit Ovid aber auch mit Themen der Trauer, des Verlusts, der Trennung und des Schmerzes auseinander setzten.

Besonderheiten

In der Antike wurde das Aufeinandertreffen des Schlussvokals eines Wortes mit dem Anfangsvokal des folgenden Wortes („Hiatus", Kluft) als unschön empfunden. Auch den Beginn eines Wortes mit „h" und den Auslaut mit „m" vor Vokalen empfand man als vokalisch. Durch eine Reihe von Lese- bzw. Sprechregeln sollen solche vokalischen Zusammenstöße ausgeglichen werden.

1 Elision

- **a** Wenn zwei Vokale am Wortende und am Wortanfang zusammentreffen, wird der erste Vokal „elidiert" = ausgestoßen, d. h. nicht ausgesprochen: *rastroqu(e) intacta.*
- **b** Wenn das erste Wort auf „-m" endet und das zweite Wort vokalisch beginnt, wird „m" samt dem davor stehenden Vokal ausgestoßen: *peregrin(um) ut viseret orbem; mult(um) ille (e)t.*
- **c** Wenn das erste Wort mit einem Vokal endet und das zweite Wort mit „h" beginnt, werden der Schlussvokal und das „h" ausgestoßen: z. B. *perqu(e) hiemes.*

2 Aphärese (Wegnahme)

Der anlautende Vokal „e" bei *es* und *est* wird nicht gesprochen, wenn das vorausgehende Wort mit einem Vokal oder „-m" endet: z. B. *numquam (e)st = numquamst.*

3 Synizese (Zusammenrücken)

Zwei auf zwei Silben verteilte und in der Prosa getrennt gesprochene Vokale (oder ein Vokal und ein „h-" mit Vokal) werden zu einer Silbe verschmolzen: *de-inde = deinde.*

Das künstlerische Vermögen der Dichter besteht unter anderem auch darin, durch Ausnützen der metrischen Möglichkeiten Eintönigkeit im Rhythmus zu vermeiden, durch bewussten Einsatz des Metrums den Inhalt sinnfällig-hörbar auszudrücken und durch das Anpassen oder Kontrastieren der metrischen Gestaltung von Versen (und dadurch auch von Inhalten) zwischen ihnen selbst auf akustischer Ebene einen Bezug herzustellen.

Abkürzungen

Abb. = Abbildung
abh. = abhängig
abl. abs. = Ablativus absolutus
abl. comp. = Ablativus comparationis
abl. qual. = Ablativus qualitatis
abl. sep. = Ablativus separativus
acc. = Akkusativ
AcI = Accusativus cum Infinitivo
act. = aktiv
adi. = Adjektiv
adv. = Adverb
comp. = Komparativ
coni. = Konjunktiv
coni. irreal. = irrealer Konjunktiv
coni. pot. = potentialer Konjunktiv
coni. subi. = subjektiver Konjunktiv
dat. = Dativ
dat. auct. = Dativus auctoris
dat. poss. = Dativus possessivus
Dep. = Deponens
dopp. acc. = doppelter Akkusativ
erg. = ergänze
f. = Femininum
fut. = Futur
gen. obi. = Genetivus obiectivus
gen. part. = Genetivus partitivus
gen. poss. = Genetivus possessivus
gen. qual. = Genetivus qualitatis
Gerundivkonstr. = Gerundivkonstruktion, attributives Gerundiv
griech. acc. = griechischer Akkusativ, Akkusativ der Beziehung
h. = hier
hist. Inf. = historischer Infinitiv
impers. = unpersönlich
impf. = Imperfekt
indir. Fr. = indirekte Frage
inf. = Infinitiv
Jh. = Jahrhundert
m. = Maskulinum
med. = medial
n. = Neutrum
n. Chr. = nach Christus
NcI = Nominativus cum infinitivo
nom. = Nominativ
part. = Partizip
pass. = passiv
pl. = Plural
poet. Pl. = poetischer Plural
PPP = Partizip Perfekt passiv
praep. = Präposition
S. = Seite
sg. = Singular
Subj. = Subjekt
subst. part. = hauptwörtlich gebrauchtes Partizip
V. = Vers
v. Chr. = vor Christus
Vght. = Vergangenheit
vgl. = vergleiche
z. B. = zum Beispiel
Zieldat. = Zieldativ

Einleitung
Der Mythos

Pygmalion, der sich seine Traumfrau schafft, Orpheus, der Megastar, der sich mit der Gegebenheit des Todes nicht abfinden will, Daedalus, der Künstler und Techniker, der alles für machbar hält, der selbstverliebte Narciss, der alles um sich herum vergisst – der griechische Mythos ist voll von Figuren und Vorstellungen, die die Welt und das Wesen des Menschen in Bildern zeigen und begreifbar machen. Wie diese Mythen entstanden sind, ist nicht geklärt. Man findet viele Vorstellungen ähnlichen Inhalts in ganz verschiedenen Kulturen und in unterschiedlichsten Ausprägungen: einen Göttervater, der in einem über der Erde befindlichen Göttersitz herrscht, Götter, die kämpfen, lieben, leiden, strafen, außergewöhnliche Persönlichkeiten, Helden und Künstler, die aufgrund verschiedener besonders ausgeprägter Eigenschaften und Fähigkeiten unsterblichen Ruhm erringen oder aber übermenschliches Leid erfahren und vieles andere. Sie alle sind so genannte Projektionsfiguren, auf die die Menschen ihre Sehnsüchte, Ängste und Probleme übertragen, um sie in vergrößerter, verklärter, erhabener, anschaulicher Form besser erleben und verstehen zu können, als sie dies an sich selbst und aus ihrem kleinen und beschränkten Alltag heraus können.

„Mythos" bedeutet „Erzählung", „Denken" und „Wort" („Reden"). Erst eine Zeit vermeintlicher Aufklärung hat daraus (schon in der Antike, im 4. Jh. v. Chr.) „erfundenes, erlogenes Wort" gemacht und dem Mythos den „Logos" gegenübergestellt, der ebenfalls „Denken" und „Wort" („Reden") meint. Die über Jahrhunderte immer wieder laut werdende Kritik an der mangelnden inneren Logik und dem nicht nachweisbaren Wahrheitsgehalt des Mythos gipfelte um 1900 in der Forderung nach einer „Entmythologisierung der Welt" (Rudolf Bultmann).

Dagegen versuchten die Denker aller Zeiten immer wieder das Wesen und die Entstehung des Mythos zu ergründen. Die allegorische Deutung sieht in den Mythen Geschichten, die „etwas anderes aussagen", nämlich etwas Rationales. Ähnlich meint die symbolische Deutung, der primitive Mensch habe sich das mit Staunen wahrgenommene Naturgeschehen in seiner bildhaften Art deutlich gemacht. Rationalistische Erklärungen versuchen, in den Mythen einen realen und erklärbaren Kern zu finden. Die naturmythologische Deutung sieht in den Göttern des Mythos personifizierte Naturkräfte. Die psychoanalytische Deutung erkennt in den Mythen Produkte der menschlichen Seele, Grundvorstellungen, die man bei allen Völkern und zu allen Zeiten beobachten kann.

Heute ist man – angeregt von Denkern wie Karl Jaspers und Hans Blumenberg – zur Einsicht gelangt, dass Mythos und Logos keine unüberbrückbaren Gegensätze sind, sondern einander ergänzen und überschneiden. Längst wurde erkannt, dass der Mythos eine unverzichtbare Rolle spielt: Er füllt die Lücke, die durch den Widerspruch zwischen rational erforschbarer Welt und den irrationalen Erfahrungen des Einzellebens entsteht und die durch Rationalität allein nicht zu schließen ist.

Völlig unbeeindruckt von allen wissenschaftlichen Deutungsansätzen lebte und lebt der Mythos in den Werken von Bildhauern, Malern, Literaten, Dichtern und Musikern, die sich mit ihm auseinander setzen, ihn nachschaffen und fortentwickeln und ihm immer wieder neue, auf sie und ihre Zeit bezogene Gesichtspunkte abgewinnen.

Geradezu beispielhaft lässt sich die Lebendigkeit des Mythos anhand des Fortwirkens der Werke der beiden Autoren nachvollziehen, denen dieser Textband gewidmet ist, Ovids *„Metamorphosen"* und Vergils *„Aeneis"*.

Teil I

Ovid – „*Metamorphosen*“

Ovids Leben

Publius Ovidius Naso wurde am 20. 3. 43 v. Chr. in der Kleinstadt Sulmo als Sohn eines römischen Ritters geboren (die Ritter sind eine vermögende Gesellschaftsschicht). Seine Ausbildung erhielt Ovid in Rom. Sie bestand den Bedürfnissen der Zeit entsprechend zu einem wesentlichen Teil aus Rhetorik und sollte ihm die Verwaltung von Staatsämtern ermöglichen. Wie viele junge Menschen seiner Generation, die die Bürgerkriegszeit nicht mehr miterlebt hatten und die zunehmende Sicherheit und die sich entwickelnde kulturelle Blüte unter dem neuen starken Mann Augustus genossen, hatte Ovid aber kein besonderes Interesse an der Ämterlaufbahn und gab diese bald auf, um sich – gesichert durch das väterliche Vermögen – ganz der Dichtung zu widmen. Spätestens seit 20 v. Chr. veröffentlichte er Werke im „elegischen Versmaß“ mit erotischer Thematik. Beispiele sind die ***„Heroides“***, fiktive Liebesbriefe oder Briefpaare, in denen er sich in die Lage von berühmten Frauen der Sage versetzte, die an ihre fernen oder untreuen Geliebten schreiben, die ***„Ars amatoria“*** („Liebeskunst“), die – anders als der Titel vermuten lässt – eine Anleitung zu kultiviertem Lebensstil für junge Männer, aber auch für Mädchen enthält, die ***„Amores“***, Liebeselegien an eine – wohl fiktive – Geliebte, Corinna. Nicht erhalten geblieben ist die Tragödie ***„Medea“***.

Durch diese Werke berühmt und zum Liebling der eleganten, gebildeten, leichtlebigen, großstädtischen römischen Gesellschaft geworden, wandte sich Ovid neuen Herausforderungen zu; sein Hauptwerk, die ***„Metamorphosen“***, 15 Bücher der Verwandlungen, miteinander verflochten durch ein komplexes Netz von Rahmenerzählungen, und die ***„Fasti“***, eine poetische Darstellung der römischen Feste und anderer wichtiger Kalendertage, die allerdings unvollendet blieben, entstanden.

Ovid hatte eben das 6. Buch der *„Fasti“* beendet, als er aus Rom nach Tomi am Schwarzen Meer (heute Constanţa, Rumänien) verbannt wurde. Es wird vermutet, dass die Bestrafung Ovids mit den Skandalen um die Kaiserenkelin Julia zusammenhing. Sicherlich hat auch die *„Ars amatoria“* ihren Teil dazu beigetragen. Es gab keine Anklage gegen den Dichter, keine Verteidigungsmöglichkeit für ihn, kein richterliches Urteil, nur den kaiserlichen Erlass, der die *relegatio* aussprach, die mildeste Form der Verbannung, bei der Besitz und Bürgerrechte erhalten bleiben.

Auch in dieser für ihn ungewohnten und unerfreulichen Umgebung dichtete Ovid; in den Elegienzyklen ***„Tristien“*** und ***„Epistulae ex ponto“*** thematisierte er seine Ängste und Nöte, seine Verzweiflung und sein Aufbegehren und versuchte immer wieder, römische Politiker zu seinen Gunsten zu beeinflussen und Augustus selbst umzustimmen. Er wurde aber selbst nach dem Tod des Augustus nicht begnadigt und starb vermutlich 18 n. Chr. in Tomi.

Ovids „*Metamorphosen*“

Die *„Metamorphosen“* waren bereits durch Abschriften im Freundeskreis bekannt, als Ovid verbannt wurde. Das Epos erzählt in 11.995 daktylischen Hexametern etwa 250 unterschiedliche Geschichten, deren zeitliche Abfolge so verknüpft ist, dass ein ununterbrochener Erzählfluss entsteht, der von der

Erschaffung der Welt bis zu Caesars Aufnahme in den Himmel führt. Wo immer es ging, stellte Ovid die Darstellung der Mythen unter den Gesichtspunkt der Verwandlung (Metamorphose) und des Weiterlebens in veränderter Gestalt unter Wahrung der inneren Wesensart. Er konnte sich dabei auf stoische Vorstellungen und auf die Lehre des griechischen Naturwissenschafters und Philosophen Pythagoras von Samos (6. Jh. v. Chr.) berufen, die er in den *„Metamorphosen"* (15,60–478) auch darstellte: „Alles fließt, die Zeit, die Tageszeiten, Sonne, Mond, Jahr, Menschenleben haben ihren Ablauf; die Elemente gehen ineinander über, schwinden nicht, sondern verändern sich; auch das Leben schwindet nicht, sondern die Seelen wandern und gehen von einem Körper oder einer Gestalt in einen anderen Körper und eine andere Gestalt über."

Neben einem geschichtlichen Bezug gab Ovid den Verwandlungen auch eine moralische Komponente: Sie trägt dazu bei, dass etwas in Ordnung gebracht wird, bestraft oder belohnt oder Gnade erwiesen wird, Verhülltes durch die Transformation in seiner wahren Wesenheit gezeigt wird.

Natürlich hatte Ovid Vorläufer; ohne sie wäre sein Werk kaum denkbar. So waren seit dem Hellenismus erst in Griechenland, dann auch bei den Römern einige Kleinepen entstanden, die verschiedene Verwandlungssagen erzählten. Ebenso gab es Sammlungen von Mythen und Sagen, die, in Prosa verfasst, meist für den Schulgebrauch bestimmt waren.

Ovid wählte aus dem Material, das ihm zur Verfügung stand, die fruchtbarsten Stoffe aus, reihte sie zu Erzählsträngen, schachtelte Erzählungen in andere ein und schuf dadurch neue Bezüge, Distanz oder Nähe. In einem elegant-geschmeidigen Sprachduktus verband er scheinbar spielerisch, in Wahrheit aber mit höchstem Kunstverstand und vollendetem Gestaltungssinn skeptischen Humor, Realismus und Witz, enormes psychologisches Einfühlungsvermögen in seine Gestalten, virtuoses Spiel mit verschiedensten literarischen Gattungen, hohes Pathos und dramatische Zuspitzung, liebevolle Genreschilderungen, Idyllisches, das behaglich breit ausgemalt wird, novellistische Erzählkunst und viel anderes zu einem unvergleichlichen Gesamtkunstwerk.

Ovids Werke in ihrer Rezeption und Wirkung

Ovids Werke wurden zu allen Zeiten begeistert gelesen, er wurde als Schulautor studiert und unzählige Male imitiert. Seine Wirkung auf die europäische Kunst ist ungeheuer. Im Mittelalter galt er neben Vergil als Lehrer der Mythologie, seine *„Metamorphosen"* wurden als Handbuch benutzt, moralisierend gedeutet („Ovide moralisé") und vielfach nachgedichtet (Pseudo-Ovid).

Vor allem die *„Metamorphosen"* inspirierten Künstler aller Gattungen immer wieder aufs Neue. Boccaccio, Ariost, Tasso, Chaucer, Spencer schöpfen aus ihnen, ebenso Shakespeare, Shelley und Shaw. Calderón ließ sich von Ovid genauso anregen wie etwa Hans Sachs, Goethe, Schiller, Grillparzer, Rilke oder Valéry, Camus, Cocteau und Gide. Im Bereich der bildenden Kunst müssten fast alle Namen von der Renaissance bis zur Gegenwart angeführt werden. Themen und Motive aus den *„Metamorphosen"* haben auch Michelangelo, Raffael, Tizian, Rubens, Rembrandt, Tintoretto, van Dyck, Correggio, Poussin, aber auch Makart, Böcklin, Corinth, Klimt, Kokoschka und Picasso inspiriert, um nur einige große Namen zu nennen.

Nicht anders ist es in der Musik: Von Monteverdi, Händel, Gluck, Haydn bis Richard Strauss, Debussy, Krenek und Gottfried von Einem reicht die Reihe der Komponisten, die von Ovid zu Tonschöpfungen, zu Opern und symphonischen Dichtungen angeregt wurden. Alle Zweige der Kunst fanden und finden bis in die Gegenwart in der Dichtung Ovids Anregungen, Themen und Motive.

Die meisten dieser Rezeptionen entwickeln ihre volle Wirkung erst aus der Spannung zwischen Original und Bearbeitung. Vieles von dem, was 2000 Jahre europäischer Kunst geschaffen haben, wäre aber nur schwer verständlich und könnte in seinen verschiedenen Perspektiven nur unvollkommen wirken, würde die Kenntnis der Grundlagen fehlen.

Augustus und seine Zeit

Augustus, als C. Octavius 63 v. Chr. in Rom geboren und später von seinem Onkel C. Iulius Caesar adoptiert und zum Erben eingesetzt, stellte sich als C. Iulius Octavianus nach der Ermordung Caesars der Herausforderung des M. Antonius und erkämpfte sich durch kluges Taktieren, aber auch durch brutales Vorgehen nach der Schlacht bei Philippi (42 v. Chr.) mit dem Sieg über die Caesarmörder M. Brutus und C. Cassius die Vorherrschaft im Westen, nach der Seeschlacht bei Actium (31 v. Chr.) mit dem Sieg über M. Antonius und der anschließenden Eroberung Ägyptens schließlich die Alleinherrschaft im römischen Reich.

Durch politisches Geschick und Erhalten der republikanischen Fassade gelang es ihm, den Widerstand der senatorischen Opposition zu neutralisieren, deren alternde Vertreter auch allmählich starben. Für die große Zahl der Römer, deren demokratische Rechte auch in Zeiten der Senatsherrschaft bescheiden gewesen waren, war er nach 100 Jahren blutiger Bürgerkriege der Friedensbringer, der Sicherheit und Versorgung garantierte.

Vorsichtiger als sein ermordeter Adoptivvater, strebte er auch nicht nach dem Königstitel, sondern erklärte in einer Senatssitzung im Jahr 27 v. Chr. die Republik als wiederhergestellt, ließ sich aber durch inszenierte Zurufe *princeps (inter pares)*, Erster unter gleichgestellten Senatoren, nennen und mit dem Beinamen Augustus (der Erhabene) auszeichnen.

Auf dem Weg zur unumschränkten Macht bemühte sich Augustus, die Römer den Verlust ihrer politischen Rechte so wenig wie möglich spüren zu lassen. Nach außen hin behielten die alten Institutionen ihre bisherige Funktion: Senat und Volksversammlungen wurden nach wie vor einberufen, und die Übernahme der entscheidenden Ämter durch den Princeps erfolgte nur nach und nach – 33 v. Chr. (nach einem „spontanen" Treueeid Italiens) erhielt er das jährlich erneuerte Konsulat, 23 v. Chr. das *imperium proconsulare* und die *tribunicia potestas* (mit Vetorecht und persönlicher Unverletzlichkeit) auf Lebenszeit, das Kommando über das Heer, ebenso einen großen Teil der staatlichen Einnahmen, den kaiserlichen *fiscus*, ausgestattet mit den Einnahmen aus den kaiserlichen Provinzen. (Die Provinzen waren neu aufgeteilt worden in senatorische Provinzen, deren Steueraufkommen in das staatliche *aerarium* floss, und kaiserliche Provinzen – vor allem die Grenzprovinzen, in denen die Legionen stationiert waren.)

Der Princeps betrieb eine kluge Personalpolitik und hielt alle wichtigen Positionen durch seine Leute besetzt; von Größe zeugte seine Gabe, geniale Persönlichkeiten an seine Seite zu ziehen wie den Heerführer und Städtebauer Agrippa oder den Verwaltungsfachmann, politischen Organisator und Förderer der Künste, Maecenas.

Außenpolitisch begnügte sich Augustus damit, das Reich in seinen natürlichen Grenzen abzurunden: Die Rhein-Donau-Grenze wurde gesichert, im Osten sollte der Euphrat die Grenze bleiben, mit den Parthern schloss Augustus 20 v. Chr. einen Friedensvertrag.

Innenpolitisch erklärte Augustus die Wiederherstellung von Gesetzlichkeit und Ordnung, die Rückbesinnung auf vermeintliche Tugenden der Vorfahren – die ehrfürchtige und traditionskonforme Verehrung der Götter, die Bedeutung der Familie und der staatlichen Gemeinschaft zu seinen wichtigsten politischen Zielen – Rückbesinnung auf die Tugenden also, die seiner Ansicht nach einst den Aufstieg Roms zu seiner derzeitigen Machtfülle ermöglicht hatten. Von der Wiederbelebung der alten Staatsreligion, die auch äußerlich in der Renovierung und Neuerrichtung vieler Tempel zum Ausdruck kam, erhoffte sich Augustus einen Anstoß zur Stärkung der öffentlichen und privaten Moral.

Engagiert propagierte er auch die schon von Caesar oft bemühte Fiktion, die *gens Iulia* stamme von Aeneas, dem Sohn der Venus, ab und sei damit göttlichen Ursprungs und zum Herrschen prädestiniert. Auch wenn Augustus die göttliche Verehrung für sich persönlich noch ablehnte, wurde damit der Kaiserkult vorbereitet. Das Konzept eines Herrschers „von Gottes Gnaden" wurde späteren Herrschern zum Vorbild.

All dies unterstützte er durch verschiedenste Propagandamaßnahmen – u. a. förderte er junge talentierte Literaten so großzügig, dass sie seine Ideologie verinnerlichten und sie in ihren Werken verbreiteten.

Jedenfalls aber überwand neu erwachende Selbstachtung der römischen Bevölkerung die lähmende Verzweiflung der vorausgegangenen Jahrzehnte, und es kam zu einem Aufschwung auf allen Gebieten, zu einer politischen, wirtschaftlichen und kulturellen Blüte gewaltigen Ausmaßes, die die meisten Leute darüber hinwegtäuschte, dass die republikanische Freiheit für immer verloren war.

1 text

met. 1, 1–4

Prooemium

1 In nova[1] fert animus[2] mutatas dicere formas[3]
corpora: Di, coeptis[4] – nam vos mutastis[5] et illas[6] –
aspirate[7] meis primaque ab origine mundi
ad mea perpetuum[8] deducite[9] tempora carmen!

1 **1 nova**: zu corpora **2 animus fert** (me): mein Sinn drängt mich zu etwas, es drängt mich **3 mutatae formae**: verwandelte Gestalten **4 coeptum**, -i n.: Vorhaben, h. poet. Pl. **5 mutastis** = mutavistis **6 illas**: erg. formas **7 aspiro** 1: günstigen Wind senden, begünstigen (Seefahrersprache) **8 perpetuum carmen**: ein fortlaufendes Gedicht, Epos **9 deduco** 3, -duxi, -ductum: zum Ziel führen, begleiten (Seefahrersprache)

1 kommentar

met. 1, 1–4

1 **mutatas formas**: lat. Wiedergabe des griech. Wortes „Metamorphosen". In dem Wort *nova* liegt auch die Ankündigung, etwas völlig Neuartiges schaffen zu wollen, das nicht dem traditionellen Schema des Epos entspricht.

1 f. Enjambement, Hyperbaton ➤ B 34, 37

2 **di ... aspirate**: Die Götter, besonders die Musen, werden seit alters her im Prooemium angerufen; seit Homer kennen wir die Bitten des Dichters, seine Ausführungen durch Inspiration zu unterstützen, wo es übermenschlichen Wissens oder besonderer Gedächtnisleistungen bedarf. Gleichzeitig wird meist ein Ausblick auf den Inhalt des Werkes und die Erzählabsicht des Dichters gegeben.

nam vos mutastis et illas: Ovid begründet seine Götteranrufung damit, dass er diejenigen Götter zu Hilfe ruft, die selbst Urheber dieser Verwandlungen und damit „zuständig" sind.

4 **carmen perpetuum**: Ein fortlaufendes Gedicht über die Weltgeschichte konkurriert mit Universalgeschichten aus dem Hellenismus. Dort findet sich auch dieselbe Struktur wie bei Ovid: Weltschöpfung / -entstehung – mythische Zeit – historische Zeit.

1 vertiefung

1 Welche Hauptbegriffe enthalten die Verse 1 und 2? Durch welche Stilmittel sind sie sprachlich hervorgehoben?

2 Welche verschiedenen Teilaussagen enthält das gesamte Vorwort? Was erfährt der Leser über den Inhalt des Werkes?

3 Warum wählt Ovid statt der nahe liegenden Formulierung *in novas formas mutata corpora* die Wendung *in nova mutatas formas corpora*?

Die Welt war ursprünglich eine verworrene, gestaltlose Masse: das Chaos. Ein Gott verwandelte dieses Chaos in den Kosmos, in ein geordnetes Ganzes, indem er die Elemente schied, Wasser, Land und Himmel trennte und diese mit Leben erfüllte: den Himmel mit Sternen und Göttergestalten, die Gewässer mit Fischen, die Lüfte mit Vögeln, die Erde mit den verschiedenen Tieren. Schließlich entstand als krönender Abschluss der Schöpfung der Mensch: „Während die anderen Geschöpfe gebeugt die Erde betrachten, gab er dem Menschen aufrechte Haltung und ließ ihn hinauf zum Himmel und empor zu den Sternen schauen." (met. 1, 84–86)

2 text

met. 1, 89–162

Die vier Weltalter

Aurea[1] prima sata[2] est aetas, quae vindice[3] nullo,
sponte sua, sine lege fidem rectumque colebat.
Poena metusque aberant nec verba minantia[4] fixo[5]
aere[6] legebantur nec supplex[7] turba timebat
iudicis ora sui, sed erant sine vindice tuti.
Nondum caesa suis, peregrinum ut viseret[8] orbem,
montibus in liquidas pinus[9] descenderat undas,
nullaque mortales praeter sua litora norant.
Nondum praecipites[10] cingebant[11] oppida fossae,
non tuba[12] directi[13], non aeris cornua[14] flexi[15],
non galeae[16], non ensis erant: Sine militis usu
mollia securae[17] peragebant otia[18] gentes.
Ipsa quoque immunis[19] rastroque[20] intacta nec ullis
saucia[21] vomeribus[22] per se dabat omnia Tellus,
contentique[23] cibis nullo cogente creatis[24]
arbuteos[25] fetus[26] montanaque fraga[27] legebant[28]
cornaque[29] et in duris haerentia mora[30] rubetis[31]

89 **1 aureus** 3: aus Gold, golden **2 sero** 3, -sevi, -satum: säen, hervorbringen; pass. entstehen **3 vindex**, -icis m.: Rächer, Richter **4 minor** 1: drohen **5 figo** 3, fixi, fixum: (öffentlich) anschlagen, aufstellen **6 aes**, aeris n.: Erz, eherne Gesetzestafeln **7 supplex**, -icis: flehend, bittend **8 viso** 3, visi: besichtigen, aufsuchen
95 **9 pinus**, -us f.: Fichte; *nondum pinus caesa (de) montibus suis in liquidas undas descenderat, ut peregrinum orbem viseret* **10 praeceps**, -cipitis: abschüssig **11 cingo** 3, cinxi, cinctum: umgürten, einschließen **12 tuba**, -ae f.: Kriegstrompete **13 directus** 3: gerade **14 cornu**, -us n.: Horn (h. als Blasinstrument) **15 flexus** 3: gekrümmt **16 galea**, -ae f.: Helm
100 **17 securus** 3: sorglos, sicher **18 otia peragere**: sein Leben in Muße verbringen, ruhig dahinleben **19 immunis**, -e: ohne Verpflichtungen **20 raster**, -tri m. (= rastrum): Hacke **21 saucius** 3: verwundet, verletzt **22 vomer**, -eris m.: Pflug **23 contentus** 3 (+ abl.): zufrieden mit **24 creo** 1: hervorbringen, wachsen **25 arbuteus** 3: am Erdbeerbaum wachsend **26 fetus**, -us m.: Frucht **27 fragum**, -i n.: Erdbeere **28 legere**: h. sammeln, auflesen
105 **29 cornum**, -i n.: Kornelkirsche **30 morum**, -i n.: Maulbeere, h. Brombeere **31 rubetum**, -i n.: Brombeerstrauch

***Abb. 1: Primavera – Der Frühling, Sandro Botticelli**, Gemälde (1478), Florenz, Uffizien*

et, quae deciderant patula[32] Iovis arbore[33], glandes[34].
Ver erat aeternum, placidique tepentibus[35] auris
mulcebant[36] Zephyri natos sine semine[37] flores[38].
Mox etiam fruges tellus inarata[39] ferebat,
nec renovatus[40] ager gravidis[41] canebat[42] aristis[43].
Flumina iam[44] lactis[45], iam flumina nectaris ibant
flavaque[46] de viridi[47] stillabant[48] ilice[49] mella[50].

*Abb. 2: **Schlaraffenland**, Illustration (1967), „Mein erstes großes Märchenbuch“*

Postquam[51] Saturno tenebrosa in Tartara misso
sub Iove mundus erat, subiit[52] argentea[53] proles[54],
auro deterior[55], fulvo[56] pretiosior[57] aere[58].
Iuppiter antiqui contraxit tempora veris
perque hiemes aestusque[59] et inaequales[60] autumnos[61]
et breve ver spatiis exegit[62] quattuor annum.
Tum primum siccis[63] aër fervoribus[64] ustus[65]
canduit[66] et ventis glacies[67] astricta[68] pependit.
Tum primum subiere domos: Domus antra[69] fuerunt
et densi frutices[70] et vinctae cortice[71] virgae[72].
Semina[73] tum primum longis Cerealia sulcis
obruta[74] sunt, pressique iugo gemuere[75] iuvenci[76].

32 patulus 3: breit ausladend **33 Iovis arbor**: Eiche **34 glans**, -dis f.: Eichel **35 tepeo** 2: lau, lind sein **36 mulceo** 2, mulsi, mulsum: streicheln, sanft bewegen **37 semen**, -inis n.: Samen **38 nati sine semine flores**: wild wachsende Pflanzen **39 inaratus** 3: ungepflügt, unbearbeitet
110 **40 renovatus** 3: erneuert, neu bestellt **41 gravidus** 3: schwer, voll **42 caneo** 2, -ui: grau sein, silbern schimmern **43 arista**, -ae f.: Ähre **44 iam – iam**: bald – bald, hier – dort **45 lac**, lactis n.: Milch **46 flavus** 3: goldgelb **47 viridis**, -e: grün **48 stillo** 1: tropfen **49 ilex**, ilicis f.: Steineiche **50 mel**, mellis n.: Honig (h. poet. Pl.)

51 postquam + impf.: seit **52 subire**: unmittelbar nachfolgen (subiit: die an sich kurze Silbe -it wird hier als lange Silbe verwendet: so genannte irrationale Länge) **53 argenteus** 3: silbern, aus Silber **54 proles**, -is f.: Geschlecht
115 **55 deterior**, -ius: schlechter **56 fulvus** 3: rotgelb **57 pretiosus** 3: wertvoll **58 fulvo aere**: abl. comp. **59 aestus**, -us m.: Hitze, h. Sommer **60 inaequalis**, -e: ungleich, unbeständig **61 autumnus**, -i m.: Herbst **62 exigo** 3, -egi, -actum: h. einteilen **63 siccus** 3: trocken, dürr **64 fervor**, -oris m.: Hitze, Glut **65 uro** 3, ussi, ustum: h. versengen
120 **66 candesco** 3, -dui: erglühen, weiß glänzen **67 glacies**, -ei f.: Eis, Eiszapfen **68 astringo** 3, -strinxi, -strictum: zusammenziehen, gefrieren lassen
69 antrum, -i n.: Höhle **70 frutex**, -icis m.: Strauch, Gebüsch **71 cortex**, -icis m.: Rinde **72 virga**, -ae f.: Zweig **73 semina Cerealia**: Getreidesamen, Getreidekörner **74 sulcis obruere**: in Furchen vergraben, zuschütten **75 gemo** 3, gemui: seufzen, stöhnen **76 iuvencus**, -i m.: junger Stier

Tertia[77] post illam successit aënea[78] proles,
saevior ingeniis[79] et ad horrida promptior[80] arma,
non scelerata tamen. De duro est ultima[81] ferro.
Protinus irrupit[82] venae peioris in aevum[83]
omne nefas, fugere pudor verumque fidesque.
In quorum subiere[52] locum fraudesque[84] dolique
insidiaeque et vis et amor sceleratus habendi.
Vela dabat ventis[85] – nec adhuc bene noverat illos –
navita[86]; quaeque[87] diu steterant in montibus altis,
fluctibus ignotis insultavere[88] carinae[89]
communemque prius (ceu[90] lumina solis et auras)
cautus humum longo signavit limite[91] mensor[92].
Nec tantum segetes alimentaque debita[93] dives
poscebatur humus[94], sed itum est in viscera[95] terrae,
quasque recondiderat[96] Stygiisque admoverat umbris[97],
effodiuntur[98] opes, irritamenta[99] malorum.
Iamque nocens ferrum ferroque nocentius aurum
prodierat: prodit bellum, quod pugnat utroque[100],
sanguineaque manu crepitantia[101] concutit[102] arma.
Vivitur[103] ex rapto; non hospes ab hospite tutus,
non socer a genero, fratrum quoque gratia[104] rara est.
Imminet exitio[105] vir coniugis, illa mariti.
Lurida[106] terribiles miscent aconita[107] novercae[108];

Abb. 3: Die Giganten stürmen den Himmel, James Gillray,
Radierung (1804), Bibliothek des staatlichen Museums zu Berlin

125 **77 tertia** (Prädikativ): als drittes **78 aëneus** 3: ehern, aus Erz **79 ingenium**, -i n.: Gesinnung, Sinnesart, h. poet. Pl. **80 promptus** 3: bereit, entschlossen zu **81 ultima**: erg. proles **82 irrumpo** 3, -rupi, -ruptum: hereinbrechen, eindringen; *protinus omne nefas in aevum peioris venae irrupit* **83 aevum venae peioris** (gen. qual.): das Zeitalter des schlechteren Metalls (= Eisen)

130 **84 fraus**, -dis f.: Betrug, Täuschung **85 vela dare ventis**: mit dem Wind fortsegeln **86 navita** = nauta, -ae m.: Seemann **87 quaeque**: Bezugswort ist carinae; *et carinae, quae diu in montibus altis steterant, (in) ignotis fluctibus insultavere (= insultaverunt)* **88 insulto** 1: auf etwas umhertanzen, schwanken **89 carina**, -ae f.: Kiel, Schiff

135 **90 ceu**: wie **91 limes**, -itis m.: Grenze, Grenzfurche **92 mensor**, -oris m.: Feldmesser; *cautus mensor prius communem humum longo limite signavit* **93 debitus** 3: geschuldet, gebührend **94 humus poscebatur** (+ acc.): man forderte vom Boden **95 itum est in viscera**: man drang auch in die Eingeweide, das Innere, vor **96 recondo** 3, -didi, -conditum: verbergen; *et opes, quas (terra) recondiderat et ... admoverat, effodiuntur* **97 Stygiae umbrae**: Nacht der Unterwelt

140 **98 effodio** 3, -fodi, -fossum: ausgraben **99 irritamentum**, -i n.: Reiz-, Lockmittel **100 utroque:** mit beidem, erg. ferro et auro **101 crepito** 1: klirren, dröhnen **102 concutio** 3, -cussi, -cussum: heftig schütteln, schwingen **103 vivitur ex rapto**: man lebt vom Raub

145 **104 fratrum gratia**: Bruderliebe **105 imminet exitio**: auf den Tod sinnen; *vir exitio coniugis, illa (exitio) mariti* **106 luridus** 3: bleich machend, Tod bringend; *terribiles novercae lurida aconita miscent* **107 aconitum**, -i n.: Eisenhut (Giftpflanze), h. Gifttrank **108 noverca**, -ae f.: Stiefmutter

filius ante diem[109] patrios inquirit in annos[110]!
Victa iacet pietas; et Virgo caede madentes[111],
ultima caelestum, terras Astraea reliquit.
Neve foret[112] terris securior arduus aether,
affectasse ferunt regnum caeleste Gigantas[113]
altaque congestos struxisse ad sidera montes.
Tum pater omnipotens misso perfregit[114] Olympum
fulmine et excussit subiectae Pelion Ossae[115].
Obruta mole sua[116] cum corpora dira iacerent,
perfusam[117] multo natorum sanguine Terram
immaduisse ferunt calidumque animasse[118] cruorem
et, ne nulla suae stirpis monumenta[119] manerent,
in faciem vertisse[120] hominum. Sed et illa propago[121]
contemptrix[122] superum saevaeque avidissima caedis
et violenta fuit: scires e sanguine natos.

109 ante diem: vor der Zeit **110 inquirere in patrios annos**: nach den väterlichen Jahren (= Lebenszeit des Vaters) forschen **111 madeo** 2. -ui: triefen **112 neve foret securior** = ne esset securior: und damit nicht sicherer sei **113 Gigantas affectasse ferunt**: man erzählt davon, dass die Giganten zu erringen suchten **114 perfringo** 3, -fregi, -fractum: durchbrechen, zerschmettern **115 excutere subiectae Ossae**: vom darunter liegenden Ossa herabschleudern **116 mole sua**: durch die Riesenlast, die sie selbst (sua) aufgeschichtet hatten **117 Terram multo sanguine natorum perfusam immaduisse ferunt**: man berichtet, die Erde habe von Blut getrieft, nachdem das Blut ihrer Söhne so reichlich über sie vergossen worden war **118 animo** 1: beleben **119 ne nulla monumenta**: damit nicht keine Erinnerungszeichen = damit wenigstens einige Erinnerungszeichen **120 in faciem vertere**: in die Gestalt verwandeln **121 propago**, -inis f.: Nachkommenschaft **122 contemptrix**, -icis f.: Verächterin

2 Kommentar

met. 1, 89–162

90 fidem colebat: *fides* ist ein für die Römer hoher Wert und ein Zentralbegriff ihrer Rechts- und Moralvorstellungen. *Fides* wurde sogar als Gottheit verehrt (allerdings mit nur sehr schwach personalen Zügen).
91 f. fixo aere: Auch in der Antike wurden Rechtsvorschriften der Öffentlichkeit zugänglich gemacht. So war das „Zwölftafelgesetz“, die älteste Rechtssammlung der Römer, auf Tafeln aus Bronze oder Holz zur Information wie zur Warnung festgehalten und aufgestellt worden.
92 supplex turba: Es war üblich, dass ein Angeklagter mit Freunden und Verwandten vor Gericht erschien, damit diese durch Flehen, Weinen usw. versuchen konnten, den Richter zu beeinflussen (vgl. Livius 37,51,4: *„reus magno agmine amicorum clientiumque per mediam contionem ad rostra subiit“*).
95 pinus: In der Antike gab es noch ausgedehnte Fichtenwälder in Italien und Griechenland, die Bauholz für den Schiffsbau lieferten. Ovid lässt die Fichte als empfindende und handelnde Person auftreten (= Personifikation). Nach antiken Vorstellungen ist Habgier – nicht Neugier – das *movens*, um zur See zu fahren.

102 Tellus: Die Erde ist hier gleichzeitig und logisch nicht differenzierbar als personale Gottheit und als der fruchtbare Erdboden dargestellt. Sie spendet Früchte, kann aber durch landwirtschaftliche Geräte verletzt werden wie ein Individuum. Tellus / Gaia, die göttliche Mutter Erde, bringt in der griechischen Mythologie alle göttlichen Wesen und Naturerscheinungen aus sich selbst hervor (vgl. Hesiod, „Theogonie").

102 f. saucia, intacta: Pleonasmus ➤ **B 39**

106 Iovis arbor: Die Eiche galt als heiliger Baum des Jupiter / Zeus.

107 f. ver erat aeternum: Da der Frühling für die mediterranen Kulturen die angenehmste Jahreszeit ist, geht Ovid aufgrund des Mythos davon aus, dass es in einer paradiesischen Epoche immer Frühling war.

108 Zephyri: Frühlingswind, Westwind; die Antike bezeichnete die Winde mit eigenen Namen und nicht nach den Himmelsrichtungen.

111 f. flumina lactis, flumina nectaris ibant, stillabant ilice mella: Ein häufig auftretendes Element in Paradiesvorstellungen ist ein Land, in dem Milch und Honig fließen (vgl. das Land Kanaan im Alten Testament oder das Schlaraffenland).

112 mella: In der Antike spielte man mit dem Gedanken, der Honig würde wie Tau vom Himmel regnen (vgl. das himmlische Manna im Alten Testament).

113 Saturnus: Altitalischer Gott der Ackererde und der Saaten; wurde später dem griech. Kronos gleichgesetzt, dem Vater der olympischen Göttergeneration. Im Machtkampf um die Weltherrschaft wurde er von seinem Sohn Zeus / Jupiter zusammen mit seinen Geschwistern, den Titanen, besiegt und in die Unterwelt verbannt. Im Wechsel der Zeitalter spiegeln sich ein alter mediterraner Mythos von Thronraub und Sukzession immer neuer Göttergerationen: Uranos, der Himmelsgott, war von seinem Sohn Kronos / Saturnus entmannt und vom Thron gestürzt worden, Kronos wird seinerseits von Zeus / Jupiter gestürzt.

tenebrosa Tartara: Tartarus steht hier für Unterwelt im Allgemeinen. In concreto ist der Tartaros der finstere Strafort in der Unterwelt, ein tiefer, ummauerter Abgrund, wo Frevler ihre unendliche Strafe abbüßen.

115 auro statt aurea aetas: Metonymie ➤ **B 17**

123 semina Cerealia: Ceres, früh mit der griech. Göttin Demeter gleichgesetzt, hat der Sage nach die Menschen den Getreidebau gelehrt und ist Schutzgöttin des Ackerbaus.

131 f. Polysyndeton ➤ **B 33**

137 debita alimenta: Die wieder als personale Gottheit gedachte Erde, die Geberin aller Früchte, Nahrung, wird hier zur „Schuldnerin"; sie muss den Lebewesen die Nahrung geben, die ihnen zusteht. *debita* steht im Gegensatz zu *immunis* (➤ V. 101).

138 itum est in viscera terrae: Das Bild der Verletzung der Gottheit wird hier intensiviert, nun schürft man nicht mehr nur ihre „Haut", sondern dringt in ihr Innerstes vor.

139 Stygiis umbris: Styx ist einer der vier Unterweltsflüsse; jenseits des Styx befinden sich die schattenhaften Seelen der Verstorbenen im Totenreich.

142 f. prodit Bellum, concutit arma: Der personifizierte Krieg erscheint und überzieht die Erde mit Kampf und Blut (Allegorie ➤ **B 44**).

149 f. Virgo Astraea: Justitia / Dike, die Göttin der Gerechtigkeit, die im Goldenen Zeitalter noch unter den Menschen lebt und sich im Silbernen in die Einsamkeit zurückzieht, flüchtet nun in den Himmel, wo sie als Sternbild der Jungfrau zu sehen ist.

pietas victa iacet: *pietas*, das Pflichtbewusstsein, das rechte Verhältnis sowohl zwischen Menschen als auch zwischen Mensch und Gottheit, hat wie *fides* einen hohen Stellenwert im römischen Wertesystem.

152 Gigantas: Die riesigen Giganten sind Söhne der Erde und entstanden aus Tropfen vom Blut des Uranos, der von seinem Sohn Kronos entmannt wurde. Sie sind Frevler und versuchen, durch Aufhäufung mehrerer Berge den Himmel zu stürmen (vgl. den Turmbau zu Babel im Alten Testament).

160 ne nulla: Litotes ➤ **B 20**

2 Vertiefung

1 In welche Abschnitte lässt sich die gesamte Textstelle gliedern?

2 Wie werden die einzelnen Zeitalter dargestellt? Wie viele Verse verwendet Ovid für Beschreibung und Charakterisierung eines jeden Zeitalters? Worauf kommt es dem Dichter deiner Meinung nach bei seiner Darstellung der einzelnen Weltalter besonders an? Sammle mit Hilfe des Wörterbuchs Begriffe, welche für die einzelnen Zeitalter bestimmend sind.

3 Welche Metamorphosen finden sich in diesem Werkabschnitt? Durch welche Formulierungen wird der Leser auf sie hingewiesen?

4 **a** Welche Lebensumstände prägen das Goldene Zeitalter? Was gibt es (noch) nicht?

b Welche Eigenschaft der Menschen in dieser Epoche gewährleistet den Fortbestand des Glückszustandes?

c Welche besonders auffälligen Stilfiguren setzt Ovid ein, um die Sonderstellung des Goldenen Zeitalters deutlich zu machen?

5 **a** Welche inhaltlichen und formalen Bezüge finden sich zwischen dem Goldenen und dem Eisernen Zeitalter?

b Welche charakterliche Eigenschaft bestimmt das Denken und Tun der Menschen im Eisernen Zeitalter?

c Welche neuen Tätigkeitsfelder für die Menschen bilden sich heraus? Könnte man diese Veränderungen auch anders als Ovid beurteilen?

6 Was sind jeweils die unmittelbaren Auslöser der Verschlechterung? Wo liegt schuldhaftes Verhalten vor?

7 Versuche, in den Ergänzungstexten Unterschiede und Gemeinsamkeiten zu Ovids Zeitaltermythos und zu seiner Bildsprache zu finden!

E1 texte

Die Vorstellung von einer Abfolge von immer schlechter werdenden Zeitaltern ist weltweit verbreitet und uralt. Am Beginn dieser Abfolge steht in der Regel ein goldenes Zeitalter, eine paradiesische Lebensform, in der Natur und Mensch eine harmonische, störungsfreie Einheit bildeten. Verknüpft mit diesem kulturpessimistischen Konzept ist aber auch immer die Frage, warum und wie diese Einheit verloren ging, und der Traum, sie könnte einst wiederhergestellt werden.

Vgl. dazu den griechischen Dichter **Hesiod** (7. Jh. v. Chr.), der den Mythos vom Goldenen Zeitalter in seinem Epos **„Theogonie“** – allerdings ohne Aussicht auf Rückgewinnung des Idealzustands – erzählt:

Golden war das Geschlecht der schwachen Menschen, das anfangs
schufen die Ewigen, die im Olymp die Paläste bewohnen.
Dieses geschah, da Kronos den Himmel als König beherrschte.
Gleich wie Götter lebten sie unbelasteten Sinnes,
unbehelligt und frei von Mühsal und Leid. Nicht ergriff sie
elendes Alter; stets die gleichen an Händen und Füßen,
freuten sie sich an Gelagen, fern von jeglichem Übel.
Wie vom Schlafe gebannt, so starben sie. Alles, was gut ist,
fiel ihnen zu. Es trugen die Nahrung spendenden Fluren
ganz von allein einen üppigen, vollen Ertrag. Nach Belieben
gingen sie ruhig der Arbeit nach mit Gütern in Fülle,
Freunde der seligen Götter, reich gesegnet an Herden. [...]
Wäre ich selbst doch nie zu den fünften Männern gekommen,
sondern zuvor schon gestorben oder danach erst geboren!
Jetzt das Geschlecht ist nämlich das eiserne. Niemals bei Tage
werden sie ausruhn von Not und von Arbeiten, nie auch zur Nachtzeit,
völlig erschöpft. Und die Götter bescheren drückende Sorgen.
Aber gleichwohl wird für sie zu dem Üblen auch Gutes gemischt sein.
Zeus wird auch dieses Geschlecht der schwächlichen
Menschen vernichten, wenn sie dereinst bei Geburt schon graue Haare besitzen.

Hesiod, Theogonie (V. 109 ff.). Übers. v. L. u. K. Hallof. Berlin / Weimar: Aufbau 1994

Für den biblischen Propheten **Jesaja** kann die verloren gegangene paradiesische Harmonie in einem zukünftigen messianischen Reich, einem neuen Goldenen Zeitalter, wiedergewonnen werden:

1 Doch aus dem Baumstumpf Isais wächst ein Reis hervor, / ein junger Trieb aus seinen Wurzeln bringt
Frucht. 2 Der Geist des Herrn lässt sich nieder auf ihm: / der Geist der Weisheit und der Einsicht, der Geist
des Rates und der Stärke, / der Geist der Erkenntnis und der Gottesfurcht 3 [Er erfüllt ihn mit dem Geist der
Gottesfurcht.] / Er richtet nicht nach dem Augenschein, / und nicht nur nach dem Hörensagen entscheidet
er, 4 sondern er richtet die Hilflosen gerecht / und entscheidet für die Armen des Landes, wie es recht ist. Er
schlägt den Gewalttätigen / mit dem Stock seines Wortes und tötet den Schuldigen / mit dem Hauch seines
Mundes. 5 Gerechtigkeit ist der Gürtel um seine Hüften, / Treue der Gürtel um seinen Leib. 6 Dann wohnt
der Wolf beim Lamm, / der Panther liegt beim Böcklein. Kalb und Löwe weiden zusammen, / ein kleiner Kna-
be kann sie hüten. 7 Kuh und Bärin freunden sich an, / ihre Jungen liegen beieinander. / Der Löwe frisst
Stroh wie das Rind. 8 Der Säugling spielt vor dem Schlupfloch der Natter, / das Kind streckt seine Hand in
die Höhle der Schlange. 9 Man tut nichts Böses mehr / und begeht kein Verbrechen / auf meinem ganzen
heiligen Berg; denn das Land ist erfüllt von der Erkenntnis des Herrn, / so wie das Meer mit Wasser gefüllt
ist. 10 An jenem Tag wird es der Spross aus der Wurzel Isais sein, / der dasteht als Zeichen für die Nationen;
die Völker suchen ihn auf; / sein Wohnsitz ist prächtig.

Das Alte Testament, Jes. 11, 1–10

Der **„Katechismus der katholischen Kirche“** (1993) deutet in seinen Erläuterungen zum biblischen Schöpfungsbericht und zur Vertreibung aus dem Paradies die Bilder von Zufriedenheit, innerer und äußerer Harmonie und Frieden aus christlicher Sicht (VI, 374–379) an:

374 Der erste Mensch wurde als ein gutes Wesen erschaffen und in Freundschaft mit seinem Schöpfer und in Einklang mit sich selbst und mit der ihn umgebenden Schöpfung versetzt. [...]

376 [...] Solange der Mensch in der engen Verbindung mit Gott blieb, musste er weder sterben noch leiden. Die innere Harmonie der menschlichen Person, die Harmonie zwischen Mann und Frau und die Harmonie zwischen dem ersten Menschenpaar und der gesamten Schöpfung bildete den Zustand der so genannten „Urgerechtigkeit“.

377 Die von Gott dem Menschen von Anfang an gewährte „Herrschaft“ über die Welt wirkte sich in erster Linie im Menschen als Herrschaft über sich selbst aus. Der Mensch war in seinem ganzen Wesen heil und geordnet, weil er von der dreifachen Begierlichkeit, die ihn zum Knecht der Sinneslust, der Gier nach irdischen Gütern und der Selbstbehauptung gegen die Weisungen der Vernunft macht, frei war.

378 Zeichen der Vertrautheit mit Gott ist es, dass Gott den Menschen in den „Garten“ setzt. [Vgl. Gen 2,8]. Er lebt darin, „um ihn zu hegen und zu pflegen“ [Gen 2,15]. Die Arbeit ist für Mann und Frau nicht Fron [Vgl. Gen 3,17–19], sondern Mitwirken mit Gott an der Vervollkommnung der sichtbaren Schöpfung.

379 Diese ganze Harmonie der Urgerechtigkeit, die der Plan Gottes für den Menschen vorgesehen hatte, ging durch die Sünde unserer Stammeltern verloren.

Dem kulturpessimistischen Ansatz entgegengesetzt ist die – bedeutend jüngere und stark von westlichem Denken geprägte – Tendenz, eine Entwicklung, ein Fortschreiten im Verlauf der Zeit zu sehen, durch die sich aus primitiven Anfängen Zivilisation, Kultur, Wissenschaft entwickeln konnte (Kulturoptimismus). Eine Grenzposition zwischen diesen beiden Deutungsmöglichkeiten nimmt **Friedrich Schiller** in **„Etwas über die erste Menschengesellschaft nach dem Leitfaden der mosaischen Urkunde“** (1790) ein:

An dem Leitbande des Instinkts, woran sie noch jetzt das vernunftlose Thier leitet, musste die Vorsehung den Menschen in das Leben einführen und, da seine Vernunft noch unentwickelt war, gleich einer wachsamen Amme hinter ihm stehen. Durch Hunger und Durst zeigte sich ihm das Bedürfnis der Nahrung an; was er zu Befriedigung desselben brauchte, hatte sie in reichlichem Vorrat um ihn herum gelegt, und durch Geruch und Geschmack leitete sie ihn im Wählen. Durch ein sanftes Klima hatte sie seine Nacktheit geschont und durch einen allgemeinen Frieden um ihn her sein wehrloses Leben gesichert. Für die Erhaltung seiner Gattung war durch den Geschlechtstrieb gesorgt. Als Pflanze und Tier war der Mensch also vollendet. Auch seine Vernunft hatte schon von fern angefangen, sich zu entfalten. Weil nämlich die Natur noch für ihn dachte, sorgte und handelte, so konnten sich seine Kräfte desto leichter und ungehinderter auf die ruhige Anschauung richten, seine Vernunft, noch von keiner Sorge zerstreut, konnte ungestört an ihrem Werkzeuge, der Sprache, bauen und das zarte Gedankenspiel stimmen. Mit dem Auge eines Glücklichen sah er jetzt noch herum in der Schöpfung [...]. Setzen wir also, die Vorsehung wäre auf dieser Stufe mit ihm still gestanden, so wäre aus dem Menschen das glücklichste und geistreichste aller Tiere geworden – aber aus der Vormundschaft des Naturtriebs wär' er niemals getreten, frei und also moralisch wären seine Handlungen niemals geworden, über die Grenze der Tierheit wär' er niemals gestiegen. In einer wollüstigen Ruhe hätte er eine ewige Kindheit verlebt – und der Kreis, in welchem er sich bewegt hätte, wäre der kleinstmöglichste gewesen, von der Begierde zum Genuss, vom Genuss zu der Ruhe und von der Ruhe wieder zur Begierde.

Aber der Mensch war zu ganz etwas anderem bestimmt, und die Kräfte, die in ihm lagen, riefen ihn zu einer ganz anderen Glückseligkeit. Was die Natur in seiner Wiegenzeit für ihn übernommen hatte, sollte er jetzt selbst für sich übernehmen, sobald er mündig war. Er selbst sollte der Schöpfer seiner Glückseligkeit werden, und nur der Anteil, den er daran hätte, sollte den Grad dieser Glückseligkeit bestimmen. Er sollte den Stand der Unschuld, den er jetzt verlor, wieder aufsuchen lernen durch *seine Vernunft* und als ein freier, vernünftiger Geist dahin zurück kommen, wovon er als *Pflanze* und als eine Kreatur des Instinkts ausgegangen war.

F. Schiller, Sämtliche Werke in 12 Bd. Leipzig: Reclam o.J., Bd. X, S. 213

2 fortwirken

Bildende Kunst: Lucas Cranach d. Ä. (1530), Dresden und Wien; Jacopo Zucchi, „Das Goldene Zeitalter“, „Das Silberne Zeitalter“ (etwa 1570), Florenz; Peter Brueghel d. Ä., „Schlaraffenland“ (1556), München; Hans Rottenhammer (1596), Hamburg; Tizian (um 1545), Madrid; Peter Paul Rubens (vor 1600), Antwerpen; Jan Brueghel d. J. (um 1620), Städel; Pietro da Cortona (um 1630), Florenz; Hans v. Mareés (1879 und 1880), München; Marc Chagall (1966), Nizza; Auguste Rodin, „Das Eherne Zeitalter“ (1877), München

Oper: Alfonso Ferrabosco, „The Golden Age Restored“ (1615), Text: B. Jonson

Ergrimmt ruft Jupiter die Götter zur Beratung. Er berichtet zunächst von den Freveltaten des Lycaon: Er habe – zur nochmaligen Prüfung des neuen Menschengeschlechts – in Menschengestalt die Erde aufgesucht und sei auch dem Lycaon begegnet. Dieser habe ihm zum Mahle das Fleisch einer geschlachteten Geisel vorgesetzt und sei von ihm zur Strafe in einen Wolf verwandelt worden. Die Götter stimmen dem Vorschlag Jupiters zu: Das Menschengeschlecht verdiene den Untergang! Regenfluten, über die Ufer tretende Flüsse und Meereswogen sollen es in einer großen Flut vernichten.

3 text

met. 1, 291–312

Die große Flut

Iamque mare et tellus nullum discrimen habebant[1]:
Omnia pontus erant, deerant quoque[2] litora ponto.
Occupat hic collem, cumba sedet alter adunca[3]
et ducit remos[4] illic, ubi nuper ararat[5].
Ille supra segetes aut mersae[6] culmina[7] villae
navigat, hic summa piscem deprendit in ulmo.
Figitur[8] in viridi, si fors tulit[9], ancora prato
aut subiecta[10] terunt[11] curvae vineta carinae[12].
Et modo qua[13] graciles gramen carpsere[14] capellae[15],
nunc ibi deformes ponunt sua corpora phocae[16].
Mirantur sub aqua lucos urbesque domosque
Nereïdes, silvasque tenent[17] delphines et altis
incursant[18] ramis agitataque robora[19] pulsant.
Nat[20] lupus inter oves, fulvos vehit unda leones,
unda vehit tigres, nec vires fulminis apro[21],
crura[22] nec ablato prosunt velocia cervo[23];
quaesitisque diu terris[24], ubi sistere possit,
in mare lassatis[25] volucris vaga[26] decidit alis.
Obruerat[27] tumulos immensa licentia[28] ponti,
pulsabantque novi montana cacumina[29] fluctus.
Maxima pars unda rapitur; quibus unda pepercit[30],
illos longa domant[31] inopi[32] ieiunia[33] victu.

291 **1 discrimen habere**: einen Unterschied machen **2 quoque:** sogar **3 cumba adunca** = in cumba adunca: im gebogenen Boot **4 remos ducere**: rudern **5 aro** 1: ackern, ararat = araverat
295 **6 mergo** 3, mersi, mersum: untertauchen, pass. versinken **7 culmen**, -inis n.: First, Giebel **8 figo** 3, fixi, fixum: befestigen, h. sich einbohren, haften **9 si fors fert**: wie es der Zufall so bringt, will **10 subiecta vineta**: darunter liegende Weingärten **11 tero** 3, trivi, tritum: streifen, berühren, reiben; *curvae carinae subiecta vineta terunt* **12 carina**, -ae f.: (Schiffs-)Kiel **13 modo qua** (lokales adv.): wo eben noch **14 gramen carpere**: Gras rupfen, grasen; carpsere = carpserunt **15 capella**, -ae f.: Ziege
300 **16 deformis phoca**: unförmiger Seehund **17 tenere**: h. bewohnen **18 incurso** 1 (+ dat.): auf, gegen etwas stoßen **19 agitata robora**: (vom Wasser) hin und herbewegte Eichen **20 no** 1, navi: schwimmen
305 **21 aper**, apri m.: Eber; *nec apro vires fulminis, nec cervo ablato velocia crura prosunt* **22 crus, cruris** n.: Bein **23 cervus**, -i m.: Hirsch **24 quaesitis terris** (abl. abs.): nachdem er (volucris, der Vogel) ein Fleckchen Erde gesucht hatte **25 lassatus** 3: ermattet **26 volucris vaga**: ein umherirrender Vogel **27 obruo** 3, -rui: versenken **28 licentia**, -ae f.: Freiheit, Macht
310 **29 cacumen**, -inis n.: h. Spitze, Gipfel: montana cacumina = cacumina montium **30 quibus pepercit**: vorangestellter Relativsatz, Bezugswort ist illos **31 domo** 1, domui, domitum: vernichten **32 inopi victu**: durch Mangel an Nahrung **33 ieiunium**, -i n.: Hunger

3 Kommentar

met. 1, 291–312

291 f. Die Vermischung der Weltbereiche Wasser und Erde ist ein Indiz dafür, dass Jupiter das ursprüngliche Chaos, aus dem alles Irdische entstanden war, wiederkehren ließ.
302 Nereïdes: Die Töchter des Meeresgottes Nereus gelten als freundliche Meeresnymphen, die meist im Gefolge Poseidons und seiner Gemahlin Amphitrite auftreten.
305 vires fulminis: Kräfte, welche der Stärke des Blitzes gleichen = stark wie ein Blitz
309 immensa licentia ponti: *immensa* gehört dem Sinne nach zu *ponti*; eine solche Verschiebung von Wortbeziehungen (Enallagé ➤ B 46) ist ein beliebtes poetisches Stilmittel zur stärkeren Akzentuierung der Formulierung.

3 Vertiefung

1 **a** Wie ist die Schilderung der großen Flut gegliedert? Welche Bedeutung haben die beiden Anfangsverse für den Aufbau?
b Wie unterstreicht der Dichter die Gewalt der Flut? Wodurch klingt an, dass die Strafe das Maß fast schon übersteigt?

2 Ovid wendet in dieser Beschreibung der Flut ab V. 294 häufig das Stilmittel des Adynaton (griech. „Unmögliches“) an; was will er mit diesen paradoxen Bildern wohl bezwecken?

3 Mit welchem sprachlichen Mittel steigert Ovid in den V. 307 f. das Interesse seines Publikums am Schicksal des umherirrenden Vogels?

4 Wo in diesem Text findet eine Verwandlung statt?

E2 texte

Der Mythos von einer Sintflut findet sich bei vielen Völkern. Das Wort selbst kommt vom althochdeutschen sin(t)vluot; die Vorsilbe sin- bedeutet „gewaltig“. Das Wort bezeichnet also ursprünglich eine gewaltige Überschwemmung. Im Mittelalter wurde es dann in „Sündflut“ umgedeutet. Es wird als sicher angenommen, dass in den verschiedenen Sagen von der großen Flut Erinnerungen an eine vorzeitliche Wetterkatastrophe weiterleben.

Die bekanntesten Flutdarstellungen finden sich im **„Gilgamesch-Epos“** und in der **biblischen Erzählung von Noah und seiner Rettung in der Arche**. Im folgenden Textausschnitt lassen sich Parallelen zur ovidischen Darstellung beobachten:

6, 5 Der Herr sah, dass auf der Erde die Schlechtigkeit des Menschen zunahm und dass alles Sinnen und Trachten seines Herzens immer nur böse war. 6 Da reute es den Herrn, auf der Erde den Menschen gemacht zu haben, und es tat seinem Herzen weh. 7 Der Herr sagte: Ich will den Menschen, den ich erschaffen habe, vom Erdboden vertilgen, mit ihm auch das Vieh, die Kriechtiere und die Vögel des Himmels, denn es reut mich, sie gemacht zu haben. 8 Nur Noach fand Gnade in den Augen des Herrn. [...]

7, 17 Die Flut auf der Erde dauerte vierzig Tage. Das Wasser stieg und hob die Arche immer höher über die Erde. 18 Das Wasser schwoll an und stieg immer mehr auf der Erde, die Arche aber trieb auf dem Wasser dahin. 19 Das Wasser war auf der Erde gewaltig angeschwollen und bedeckte alle hohen Berge, die es unter

dem ganzen Himmel gibt. 20 Das Wasser war fünfzehn Ellen über die Berge hinaus angeschwollen und hat-
te sie zugedeckt. 21 Da verendeten alle Wesen aus Fleisch, die sich auf der Erde geregt hatten, Vögel, Vieh
und sonstige Tiere, alles, wovon die Erde gewimmelt hatte, und auch alle Menschen. 22 Alles, was auf der
Erde durch die Nase Lebensgeist atmete, kam um. 23 Gott vertilgte also alle Wesen auf dem Erdboden, Men-
schen, Vieh, Kriechtiere und die Vögel des Himmels; sie alle wurden vom Erdboden vertilgt. Übrig blieb nur
Noach und was mit ihm in der Arche war. 24 Das Wasser aber schwoll hundertfünfzig Tage lang auf der
Erde an.

Das Alte Testament, Genesis 6, 5–7, 22

Ein interessantes und viele Interpretationen zulassendes Gedicht, das das Motiv der Sintflut aufgreift, stammt von **Bert Brecht („Selbst die Sintflut“**, 1953), der häufig mit antiken oder biblischen Themen und Motiven arbeitete. Im Zusammenhang mit dem folgenden Gedicht wurde oft gerätselt, ob er die Sinnhaftigkeit von Gottes Werk infrage stellen wollte oder ob er mit den schwarzen Gewässern die braunen Fluten des NS-Regimes meinte. Außerdem versuchte man die Frage des vermeintlich „fehlenden“ Subjekts im V. 5 zu lösen – Fluten / Diktaturen / menschliche Wesen ...?

Selbst die Sintflut
Dauerte nicht ewig.
Einmal verrannen
Die schwarzen Gewässer.
Freilich, wie wenige
Dauerten länger!

B. Brecht, Werke. Berliner und Frankfurter Ausgabe, Bd. 12. Frankfurt a. M. 1988, S. 315

3 fortwirken

Malerei: Hieronymus Bosch (um 1500), Rotterdam; Baldassare Peruzzi (um 1510), Rom; Hans Baldung (1516), Bamberg; Kaspar Memberger (1588), Salzburg; Johann Heinrich Schönfeld (um 1660), Kassel; Nicolas Poussin (1660), Paris; William Turner, „Schatten und Dunkelheit – der Abend der Sintflut“ (1843), „Licht und Farbe – der Morgen nach der Sintflut“ (1844), London; Marc Chagall (1966), Nizza

Von allen Menschen kann sich allein der fromme Deucalion mit seiner gottesfürchtigen Frau Pyrrha auf den Gipfel des Parnassus retten. Als Jupiter die Fluten weichen lässt, erscheinen wieder Berge und Täler, doch alles liegt stumm und verödet. Deucalion und Pyrrha wenden sich in ihrer Not an das Orakel von Delphi am Fuße des Parnassus und erhalten den Rat: „Werft die Gebeine der großen Mutter hinter euch!“ Erst sind die beiden ratlos, doch dann findet Deucalion die Lösung: „Unsere große Mutter ist die Erde, die Steine aber sind die Gebeine.“ Sie befolgen den Orakelspruch, und die geworfenen Steine verwandeln sich in Menschen. „Darum sind wir ein hartes Geschlecht, in Mühsal erfahren, und geben so den Beweis, aus welchem Ursprung wir stammen.“ (met. 1,414 f.) Aus Feuchtigkeit und Wärme bringt die Erde nun die übrigen Lebewesen hervor.

So beendet Ovid die Schöpfungssagen. Er schließt eine Reihe von Mythen an, welche die Liebe von Göttern zu irdischen Frauen und die daraus entstehenden Verwicklungen und Verwandlungen zum Gegenstand haben. Zu diesen Mythen gehört auch der Bericht von der Liebe Apollos zu Daphne, der Tochter des Flussgottes Peneus.

4 **t**ext

met. 1, 525–566

Daphne

Amor, von Apollo wegen seines kleinen Bogens verlacht, rächt sich an dem großen Gott, indem er ihm einen Leidenschaft sendenden, spitzen Pfeil aus Gold ins Herz schießt, der Nymphe Daphne aber einen stumpfen aus Blei, der Abneigung bewirkt. Diese meidet in der Folge die Männer, widmet sich nur der Jagd im Gefolge der keuschen Diana und bittet ihren Vater, ihr zu gestatten, unverheiratet zu bleiben, während Apollo sie, von ihrem Anblick entzückt, mit seiner Liebe verfolgt und sie dabei wortreich umzustimmen sucht.

Plura locuturum[1] timido Peneïa cursu
fugit cumque ipso verba imperfecta reliquit.
Tum quoque visa[2] decens[3]; nudabant corpora venti
obviaque adversas vibrabant[4] flamina[5] vestes[6],
et levis impulsos retro dabat[7] aura capillos
auctaque forma fuga est[8]. Sed enim non sustinet ultra[9]
perdere blanditias[10] iuvenis deus, utque movebat
ipse Amor, admisso sequitur vestigia passu[11].

525 **1 locuturum**: erg. den Apollo, der sagen wollte **2 visa**: erg. Daphne est **3 decens**, -entis: schön **4 vibro** 1: bauschen **5 obvia flamina**: entgegenwehende Lüfte **6 adversae vestes**: das dem Wind ausgesetzte Gewand **7 retro dare**: nach rückwärts treiben, flattern lassen: *levis aura impulsos capillos retro dabat*

530 **8 forma aucta est**: die (Schönheit ihrer) Gestalt wurde noch größer = sie wurde noch schöner **9 non ultra sustinere**: nicht länger ertragen **10 blanditias perdere**: schmeichelnde Worte verschwenden **11 admisso passu**: in raschem Schritt, eilends

***Abb. 4: Daphne, Alfred Kubin**, Zeichnung (1938), Linz, Oberösterreichisches Landesmuseum. © Eberhard Spangenberg/VKB, Wien, 2007*

Ut canis in vacuo leporem[12] cum Gallicus arvo[13]
vidit, et hic praedam[14] pedibus petit, ille salutem
– alter inhaesuro similis[15] iam iamque tenere
sperat et extento stringit vestigia[16] rostro[17],
alter in ambiguo est, an sit comprehensus, et ipsis
morsibus eripitur[18] tangentiaque ora relinquit –
sic deus et virgo, est hic spe celer, illa timore.
Qui tamen insequitur, pennis adiutus Amoris
ocior[19] est requiemque negat tergoque fugacis[20]
imminet[21] et crinem sparsum cervicibus[22] afflat[23].
Viribus absumptis[24] expalluit[25] illa citaeque[26]
victa labore fugae spectans Peneïdas[27] undas

***Abb. 5: Daphne, Alfred Finsterer**, Radierung (1980)*

„Fer pater“, inquit, „opem, si flumina numen[28] habetis!
Qua nimium placui, mutando perde figuram![29]“
Vix prece finita torpor[30] gravis occupat artus:
Mollia cinguntur tenui praecordia[31] libro[32],
in frondem crines, in ramos bracchia crescunt[33];
pes, modo[34] tam velox, pigris radicibus[35] haeret,
ora cacumen habet[36]: Remanet nitor unus[37] in illa.
Hanc quoque Phoebus amat positaque in stipite[38] dextra
sentit adhuc trepidare novo sub cortice[39] pectus
complexusque suis ramos[40] ut membra lacertis[41]
oscula dat ligno[42], refugit tamen oscula lignum[42].
Cui deus „At quoniam coniunx mea non potes esse,
arbor eris certe“, dixit, „mea! Semper habebunt[43]
te coma, te citharae[44], te nostrae, laure[45], pharetrae[46].
Tu ducibus Latiis aderis, cum laeta triumphum
vox canet[47] et visent[48] longas Capitolia pompas[49].

12 lepus, -oris m.: Hase **13 in vacuo arvo**: im offenen, freien Feld **14 praeda**, -ae f.: Beute

15 inhaesuro similis: als würde er schon im Nacken sitzen (part. fut. drückt das unmittelbar Bevorstehende aus) **16 vestigia stringere:** den fliehenden Fuß berühren **17 extento rostro**: mit der vorgestreckten Schnauze **18 eripitur**: sich losmachen

19 ocior, -ius: schneller **20 fugax**, -acis: flüchtend, fliehend (h. substantivisch verwendet) **21 immineo** 2, -ui: streifen, schon berühren **22 sparsus cervicibus**: h. wild flatternd im Nacken **23 afflo** 1: anblasen, anhauchen **24 absumo** 3, -sumpsi, -sumptum: verbrauchen, erschöpfen **25 expallesco** 3, -ui: erbleichen **26 citus** 3: rasch, schnell: *et labore citae fugae victa (est)* **27 Peneïdas** (acc. pl. von Peneis): des Peneus

28 numen, -inis n.: h. göttliche Macht **29 qua** (vorangestellter Relativsatz): *figuram, qua nimium placui, mutando perde!* **30 torpor**, -oris m.: Erstarrung **31 mollia praecordia**: die zarte Brust **32 liber**, libri m.: Bast **33 crescere in** (+ acc.): zu etwas werden

34 modo: eben noch **35 pigra radix**, -cis f.: zähe Wurzel **36 ora cacumen habet**: ihr Antlitz wird zum Wipfel **37 unus nitor remanet**: einzig ihre Schönheit bleibt erhalten **38 stipes**, -pitis m.: Stamm **39 cortex**, -ticis m.: Rinde **40 ramus**, -i m.: Ast **41 lacertus**, -i m.: Arm

42 lignum, -i n.: Holz **43 semper te habebunt**: immer werden dich haben = immer wirst du zieren **44 cithara**, -ae f.: Leier, Laute **45 laurus**, -i f.: Lorbeer **46 pharetra**, -ae f.: Köcher

47 triumphum canere: den Festruf ertönen lassen **48 viso** 3: bestaunen **49 pompa**, -ae f.: Festzug

Postibus Augustis[50] eadem[51] fidissima custos
ante fores stabis mediamque tuebere[52] quercum[53],
utque meum intonsis[54] caput est iuvenale capillis,
tu quoque perpetuos semper gere frondis honores[55]!“
Finierat Paean[56]. Factis modo laurea ramis
adnuit[57] utque caput[58] visa est agitasse cacumen.

50 postes Augustae: die kaiserlichen Türpfosten, Tür **51 eadem**: h. ebenfalls, auch **52 tuebere** = tueberis **53 quercus**, -us f.: Eiche, h. Eichenkranz; quercus media: der Eichenkranz in der Mitte **54 intonsus** 3: ungeschoren, nie geschnitten **55 perpetuos honores frondis gerere**: des Laubes beständige Zierde tragen
565 **56 Paean**, -anis: Beiname Apollos als Heilgott **57 adnuo** 3, -ui: zunicken, zustimmen **58 utque caput**: wie ein Haupt

4 Kommentar

met. 1, 525–566

Der Mythos von Daphne (griech. Lorbeerbaum) ist ein aitiologischer, weil er eine Erklärung *(aition)* für die überragende Bedeutung und häufige Verwendung des Lorbeers im Kult des Apollo liefert.

525 Peneïa: Tochter des Peneus; die indirekte Benennung einer Person mit dem Namen des Vaters nennt man Patronymikon ➤ **B 23**

Apollo: Sohn des Zeus / Jupiter und der Leto / Latona. Er galt als Gott der Musik und der Künste, Führer der Musen, als Heil- und Sühnegott, der mit seinen Pfeilen Krankheiten und Tod senden konnte, als Gott der Orakel und der Weissagung (sein wichtigstes Orakel war Delphi) und als Licht- und Sonnengott (daher sein Beiname Phoebus, der Strahlende).

533 canis Gallicus: Gallische Windhunde wurden für die Hasenjagd eingesetzt.

544 Peneïdas undas: Die Wellen des Peneus, des Vaters der Daphne; der Peneus fließt zwischen Olympos und Ossa zum Ägäischen Meer.

549 in frondem crines, in ramos bracchia crescunt: Parallelismus ➤ **B 32**

559, 564 coma: Apollo wurde oft mit langem, lorbeerumwundenem Haar dargestellt.

560 Der Triumphzug, die Ehrung für einen siegreichen Feldherrn, führte vom Marsfeld auf das Kapitol. Die Waffen und Rutenbündel des Triumphators wurden mit Lorbeer geschmückt.

562 f. fidissima custos ante fores stabis: An der Haustür des Augustus wurden ebenfalls Lorbeerzweige befestigt.

563 quercus: Aus Eichenlaub war die *corona civica*, eine Art Orden, die man bekam, wenn man einem römischen Bürger in der Schlacht das Leben gerettet hatte. Ovid bezieht sich hier auf die Ehrungen des Augustus, der sich Apollo als Schutzgott gewählt hatte. Nach dem Sieg über Antonius und Cleopatra hatte man ehrenhalber eine Bürgerkrone an seiner Haustür befestigt und an beiden Seiten des Eingangs Lorbeerbäumchen aufgestellt.

Abb. 6: Apoll und Daphne, Gian Lorenzo Bernini, Marmor (1622–25) Rom, Villa Borghese

4 Vertiefung

➤ Kompetenzorientierte Arbeitsaufgaben S. 140

1 Gliedere die Erzählung in vier Abschnitte und suche für jeden Abschnitt eine passende Überschrift!

2 **a** Wie charakterisiert Ovid Apollo, wie Daphne?

b Was missfällt der Nymphe an dem Gott? Würden beide wohl auch so reagieren, wären sie nicht Opfer von Amors Zaubermacht?

3 Welche Verhaltensmuster des Gottes und der Nymphe sind leitmotivartig im gesamten Text zu finden? Sammle die wichtigsten Wörter und ermittle deren genaue Bedeutung mit Hilfe des Wörterbuchs!

4 **a** Was von Daphnes Wesen bleibt nach der Verwandlung erhalten?

b Was bleibt bis heute von Daphne? Informiere dich im Internet, in welchen Bereichen der Name Daphne heute noch aufscheint, und versuche Gründe dafür zu finden!

4 fortwirken

Antike Kunst: z. B. Wandgemälde: Pompeji (heute Museum Neapel)
Plastik: Gian Lorenzo Bernini (um 1624), Rom ➤ Abb. 6; Lorenzo Matielli (1731), Schloss Eckartsau bei Hainburg; Jakob Auer (um 1680), Wien; Antoine Bourdelle (1910), Paris; Reneé Sintenis (1918 und 1930), Köln; Jean Arp (1955 und 1958/59), Rolandseck; Marlene Neubauer-Woerner (1991), München; Markus Lüpertz (2003), Bad Homburg
Malerei: z. B. Antonio del Pollaiuolo (1470), London; Jacopo Tintoretto (1541), Modena; Paolo Veronese, (1565–1570), San Diego; Abraham Bloemaert (1592), früher Breslau; Andrea Schiavone (1538/40), Wien; Giorgione (um 1500), Venedig; Peter Paul Rubens (1636), Bayonne; Nicolas Poussin (um 1625), München; Giovanni Battista Tiepolo (1740–44 und 1755–60), Paris und Washington; William Turner (1837), London; André Masson (1933), Coll. Sistu; Mac Zimmermann (1964), Privatbesitz; Salvador Dalí, (1979/80 und 1977), Dali-Galerie; Robert Ederer (1974), Privatbesitz
Grafik: Wilhelm List (1899); Gerhard Marcks, (1959); Alfred Finsterer (1980) ➤ Abb. 5
Literatur: Im frühen Christentum wird Daphne als die keusche Jungfrau gedeutet, die durch sittliche Kraft ewiges Leben gewinnt, im Mittelalter sogar als Jungfrau Maria; der Dichter Francesco Petrarca vergleicht sich in seinem „Canzoniere“ (1370) mit dem abgewiesenen Apollo, weil er wie dieser seiner Geliebten Laura vergeblich nachjage; durch diese unglückliche Liebe aber gewinne er unsterblichen Ruhm als Dichter.
Musik: Der Daphne-Mythos war von allem Anfang der Kunstgattung Oper an ein sehr beliebter Stoff: Jacopo Peri (1597); Heinrich Schütz (1627) mit einem Text von Martin Opitz (erste deutsche Oper!); Francesco Cavalli (1663); Alessandro Scarlatti (1700); Georg Friedrich Händel (1708); Johann Josef Fux (1714); Richard Strauss (1938), allerdings mit einer vorovidischen Fassung der Geschichte; Orchestermusiken von Pierre Maurice (1936) und Ruth Zechlin (1980); ein Ballett von Leo Spies (1936).

An die Verwandlung der Daphne schließt die Erzählung von Jupiters Liebe zu Io an, die er, um sie vor der Eifersucht Junos zu schützen, in eine Kuh verwandelt. Breit wird dann das Schicksal des Phaëthon geschildert, der den Sonnenwagen seines Vaters Sol / Helios, des Sonnengottes, zu lenken versucht und dabei in den Glutstrahlen der Sonne verbrennt. Phaëthons Schwestern, die ihn beweinen, werden zu Schwarzpappeln, ihre Tränen zu Bernstein verwandelt. Ferner berichtet Ovid von zwei weiteren Geliebten Jupiters: von Callisto, die zum Sternbild des Großen Bären umgewandelt wird, und von Europa. Mit diesen Mythen verbindet der Dichter noch einige weitere Verwandlungssagen.

5 text

met. 2, 836–875

Europa

Merkur, der „Götterbote", ist gerade aus Athen in die Himmelsburg zurückgekehrt, da hat Jupiter bereits wieder einen Auftrag für ihn:

Sevocat[1] hunc genitor[2] nec causam fassus amoris[3]
„fide minister[4]" ait „iussorum, nate[5], meorum,
pelle moram[6] solitoque celer delabere[7] cursu,
quaeque[8] tuam matrem[9] tellus a parte sinistra[10]
suspicit[11] (indigenae Sidonida[12] nomine dicunt[13]),
hanc pete, quodque procul montano gramine pasci
armentum regale[14] vides[15], ad litora[16] verte!"
Dixit, et expulsi iamdudum monte iuvenci[17]
litora iussa petunt, ubi magni filia regis
ludere virginibus[18] Tyriis[19] comitata[20] solebat.

Abb. 7: Europa als Frau, symbolische Karte, aus: Münster, „Cosmographia" (Basel 1588) ➤ „Europa" v. W. Rinner, Reihe „Latein in unserer Zeit", S. 40

836 **1 sevoco** 1: beiseite rufen **2 genitor**, -oris m.: Schöpfer, Vater **3 causam amoris** (gen. explicativus): den Grund, nämlich die Liebe **4 minister**, -i m.: Vollzieher **5 natus**, -i m.: Sohn **6 mora**, -ae f.: Aufschub, Verzögerung **7 delabere** (Imperativ): gleite, fliege hinab **8 quaeque ... suspicit**: *et pete hanc (tellurem), quae tuam matrem suspicit* **9 tua mater**: der Stern deiner Mutter (Maia, die Mutter Merkurs, war in die Sternengruppe der Plejaden aufgenommen worden) **10 a parte sinistra**: von links, zur Linken
840 **11 suspicio**, -is, -ere, -spexi, -spectum: emporblicken zu **12 Sidonida** (griech. acc.): von Sidonis, erg. tellurem: Land um die Stadt Sidon in Phönikien **13 nomine dicunt**: nennen **14 regalis**, -e: königlich **15 quodque – vides** (relative Verschränkung): *et armentum regale, quod procul montano gramine pasci vides, verte* **16 litora** (poet. Pl.): Küste **17 iuvencus**, -i m.: Jungstier
845 **18 virginibus**: dat. auct. beim Pass. = a virginibus **19 Tyrius** 3: aus Tyros, einer Stadt in Phönikien, phönikisch **20 comitata** (h. pass.): begleitet

Non bene conveniunt[21] nec in una sede morantur
maiestas et amor. Sceptri gravitate[22] relicta
ille pater rectorque deum[23], cui dextra[24] trisulcis
ignibus[25] armata est, qui nutu concutit[26] orbem,
induitur[27] faciem tauri mixtusque[28] iuvencis
mugit[29] et in teneris formosus[30] obambulat herbis.
Quippe[31] color[32] nivis[33] est, quam nec vestigia duri
calcavere[34] pedis nec solvit aquaticus auster[35].

Abb. 8: Titelseite „Der Spiegel" *(Mai 2000)*

Colla[36] toris exstant[37], armis[38] palearia[39] pendent,
cornua parva quidem, sed quae contendere[40] possis
facta manu[41], puraque magis perlucida[42] gemma.
Nullae in fronte minae[43], nec formidabile[44] lumen[45]:
Pacem vultus habet. Miratur Agenore nata,
quod tam formosus, quod proelia nulla minetur[46];
sed quamvis mitem metuit contingere[47] primo;
mox adit et flores ad candida porrigit ora[48].

21 convenio 4, -veni, ventum: harmonieren **22 sceptri gravitas**, -atis f.: Würde des Szepters, der Herrschaft **23 deum** (alter gen.) = deorum **24 dextra**: erg. manus **25 trisulcus ignis**: der dreizackige Blitz **26 nutu concutere**: durch ein bloßes Nicken erschüttern

850 27 induor 3 (faciem): anlegen **28 misceo** 2 mixtum (pass.): sich mischen unter **29 mugio** 4: muhen **30 formosus** 3: schön, ansehnlich **31 quippe**: denn **32 color est**: erg. ei (dat. poss.) **33 nix**, nivis f.: Schnee **34 calco** 1: calcavere = calcaverunt; treten **35 aquaticus auster**: der regenreiche Südwind

36 colla (poet. Pl.): der Hals **37 torus**, -i m.: Muskelpolster, Wulst; toris exstare: vor Muskeln strotzen **38 armus** -i m.: Schulterblatt **39 palear**, -aris n.: Bauch, Wamme

855 40 contendo 3, contendi: behaupten, sagen **41 sed quae ... possis** (konsek. Relativsatz): aber von der Art, dass man behaupten könnte **42 magis perlucida gemma**: durchscheinender als ein Edelstein **43 minae**, -arum f.: Drohungen **44 formidabilis**, -e: Furcht einflößend **45 lumen**, -inis n.: Auge, Blick **46 minor** 1: androhen (coni. subi.)

860 47 quamvis mitem metuit contingere: sie scheute sich, ihn zu berühren, auch wenn er zahm war **48 ora** (poet. Pl.): Maul

Gaudet amans et, dum veniat[49] sperata voluptas,
oscula dat manibus; vix iam, vix cetera differt;
et nunc adludit[50] viridique exsultat[51] in herba,
nunc latus[52] in fulvis niveum deponit harenis;
paulatimque metu dempto[53] modo[54] pectora praebet[55]
virginea[56] palpanda[57] manu, modo cornua sertis[58]
inpedienda[59] novis. Ausa est quoque regia virgo
nescia, quem premeret[60], tergo considere tauri,
cum[61] deus a terra siccoque[62] a litore sensim
falsa pedum primis vestigia ponit[63] in undis.
Inde abit ulterius[64] mediique per aequora ponti[65]
fert praedam: Pavet haec litusque ablata relictum
respicit et dextra[66] cornum tenet, altera dorso[67]
inposita est; tremulae sinuantur[68] flamine[69] vestes.

49 veniat: coni. subi. **50 adludo** 3: sich spielerisch heranbewegen **51 exsulto** 1: springen
865 **52 latus**, -eris n.: Seite, Flanke **53 demo** 3, dempsi, demptum: nehmen **54 modo ... modo**: bald ... bald **55 praebeo** (+ Gerundivkonstr.): anbieten zum **56 virgineus** 3: ... des Mädchens, mädchenhaft **57 palpo** 1: streicheln **58 serta**, -orum n.: Blütenkränze **59 impedio** 4: belasten, h. umwinden **60 premo** 3, pressi, pressum: drücken, h. reiten
870 **61 cum** (cum inversum): als plötzlich **62 siccus** 3: trocken **63 falsa pedum vestigia ponit**: er setzt die Schritte in betrügerischer Absicht **64 ulterius** (adv.): weiter hinaus **65 per aequora medii pontis**: mitten über die Weite des offenen Meeres **66 dextra**: erg. manu; **altera**: erg. manus **67 dorsum**, -i n.: Rücken
875 **68 sinuor** 1: sich bauschen **69 flamen**, -inis n.: das Wehen, der Wind

Abb. 9: Titelseite „steirische berichte“ (Dez. 2003), Ausschnitt

5 Kommentar

met. 2, 836–875

837 fide minister iussorum, nate: Hermes / Mercurius, Sohn des Zeus / Jupiter und der Maia, von frühester Kindheit an raffinierter Dieb und genialer Redner, gilt als der Schützer der Herden und der Reisenden, der Redner und Sprachwissenschafter, des glücklichen Fundes und reichen Gewinns; er geleitet Tote in die Unterwelt und erledigt Aufträge des Zeus. Seine Attribute sind sein goldener Zauberstab, seine geflügelten Sandalen, Reisehut und Geldbeutel.
839 a parte sinistra: Der oberste Gott befindet sich in der Himmelsburg am Scheitelpunkt des Himmelsgewölbes über der Erdscheibe und blickt nach Süden – daher liegt Phönizien für ihn links.
839–41 quaeque ... tellus ... suspicit ... hanc pete: Hyperbaton ➤ B 37
844 f. filia magni regis: Europa und ihr Mythos sind so berühmt, dass Ovid es in der Manier hellenistischer Dichter unterlassen kann, sie namentlich zu nennen.
847 ff. maiestas: Die Beschreibung der *maiestas* Jupiters erfolgt mit feierlich-hymnischen und epischen Ausdrücken: Hymnisch sind die Relativsätze nach der Namensnennung, die die Machtbereiche angeben, episch (homerisch) ist die feierliche Umschreibung (Periphrase ➤ B 24) für *Jupiter als pater rectorque deum* in V. 848 und das Erschüttern des Alls durch ihn:

Siehe, ich will mit dem Haupte dir zunicken, damit du mir vertraust.
Dies ist nämlich unter den Göttern das sicherste Zeichen
meiner Zustimmung. Es gilt als untrüglich, unwiderruflich.
Immer führt ans Ziel, was immer ich nickenden Hauptes gewähre.
Also sprach er und nickte mit den finsteren Brauen Kronion
und die ambrosischen Locken des Herrschers wallten herab
vom unsterblichen Haupt; es erbebten die Höhen des Olymp.

vgl. Homer, Ilias I, 524 ff. Übers. v. H. Rupé. Darmstadt: WBG 112001

853 aquaticus auster: Der Südwind wird deshalb *aquaticus*, regenreich, genannt, weil er in Griechenland und Italien von November bis März Regen bringt.

864 adludit: Das Verb ist in diesem Textzusammenhang erotisch gebraucht; es bezeichnet das werbende Umtänzeln und bildet einen steigernden Rückgriff auf das harmlose Spiel der Mädchen V. 845.

873–875 pavet ... vestes: Die Erzählung endet mit der Entführung über das Meer. Die hier geschilderte Art, wie Europa auf dem Stier sitzt, wird in der Bildenden Kunst oft dargestellt. Das tatsächliche Ende der so bekannten Geschichte erzählt Ovid nicht (auch nennt er die Hauptakteurin nie namentlich): Jupiter entführt Europa nach Kreta und zeugt mit ihr dort drei Söhne, deren ältester, Minos, zum Herrscher über Kreta wird.

Als Landschaftsname taucht Europa um die Wende vom 7. zum 6. Jh. v. Chr. auf, ursprünglich völlig unabhängig von der mythischen Gestalt, und bezeichnet zunächst das festländische Griechenland im Gegensatz zur Peloponnes und den Inseln der Ägäis. In der Erdbeschreibung des Hekataios von Milet wird der gesamte bekannte Erdkreis dann in die beiden Hälften Europa und Asien gegliedert.

***Abb. 10: L'élèvement d´Europe, Felix Vallotton**, Gemälde (1908), Bern, Kunstmuseum*

5 Vertiefung

➤ Kompetenzorientierte Arbeitsaufgaben S. 140

1 **a** In welcher Pose zeigt sich Jupiter zu Beginn der Geschichte? Mit welcher Wortwahl, mit welchen Rhythmen, Formen und Stilfiguren unterstreicht Ovid diese Pose?

b Wodurch „demaskiert" der Dichter den Gott schon am Anfang des Textes und zeigt dessen wahre Motive?

2 **a** Wie bringt Ovid in der Formulierung *non bene conveniunt* … das Spannungsverhältnis, in dem sich der Gott bewegt, zum Ausdruck? Welche Formulierungen geben der Geschichte den Charakter einer Götterparodie?

b Welchen neuen Aspekt bringt Ovid mit V. 862 in die Geschichte ein (*gaudet amans* …) und inwiefern erlaubt er auf diese Art dem Publikum einen Blick hinter die Kulissen?

3 Erfährt Jupiter auch eine Metamorphose oder bleibt er im eigentlichen Sinn unverändert?

4 **a** Wie wird Europa dargestellt, durchschaut sie, was der Stier möchte? Was ist ihr Motiv, sich mit dem Stier zu beschäftigen?

b Wie reagiert sie, als sie bemerkt, dass sie entführt wird?

5 Sammle mit Hilfe des Internets Beispiele für die Rezeption des Mythos in der Karikatur! Siehe auch ➤ „Europa" v. W. Rinner, Reihe „Latein in unserer Zeit", S. 41 ff.

E3 text

Der Mythos von der Entführung der Europa wird vor allem in der Frauenliteratur des 20. Jahrhunderts beliebt; in den Texten finden sich viele Motive aus Ovids Metamorphose. Allen gemeinsam ist der Grundgedanke, dass Jupiter / Zeus, der mächtige Gott, Europa, der naiven jungen Frau, übel mitgespielt hat. Vgl. dazu **Monika Pelz, „Europas Töchter"** (2000):

Die du von der Schönheit eines weißen Stiers geblendet warst, Europa, wie schmählich wurdest du betrogen! Sanftmütig neigte er vor dir den mächtigen Schädel, und du kraultest seine Stirnlocke und bekränztest ihn mit Girlanden. So herrlich war dieser Stier, dass dir die Sinne schwanden. Kaum wissend, was geschah, lagst du schon auf ihm, die Wange an seinen Nacken geschmiegt. Und die Brise, die vorüber strich, hörte dich seufzen: Oh schöne neue Welt, in der es solche Kerle gibt! Und als ihr in die Wellen eintauchtet, da spürtest du das Wasser kaum. Mit einer Hand klammertest du dich an ein diamantenes Horn. In der anderen Hand hieltest du immer noch deinen Korb mit den Blumen.

Jedoch! Der Typ war so wenig ein weißer Stier wie du und ich. Vielmehr war es Zeus, der geile Hurenbock von Gott, welcher mit dir auf dem Rücken nach Kreta schwamm, wo er sich unversehens in einen Adler verwandelte und dich vergewaltigte. Zuletzt schien er dir nicht einmal ein Adler zu sein, sondern nichts als ein dreister Kuckuck, der sich ein Nest erschlichen hat. Metamorphosen nennt es der Dichter, du nanntest es: Ernüchterung.

Agenor, dein Vater, schickte seine Söhne aus, um die Schwester zu suchen. Und sie vollbrachten ruhmvolle Taten. Am berühmtesten wurde dein Bruder Kadmos, der die Zähne der Riesenschlange in den Boden säte, woraus das Volk der Spartaner spross. Von dir, rundwangige Europa, Enkelin des Poseidon, weiß man nur noch, dass du dem Zeus drei Söhne gebarst und dem Kontinent deinen Namen gabst. Nicht bekannt ist, dass du eine Vision künftiger Geschlechter hattest, deren Frauen sich schworen: Mein Bauch gehört mir.

Frauen sehen Europa. Hrsg. v. M. Gruber u. B. Neuwirth. Wien: Himberg 2000, S. 121 f.

5 fortwirken

Antike Kunstwerke: häufig auf Vasen, in Reliefs, Mosaiken und Wandgemälden

Malerei: Jacopo Tintoretto (1541), Modena; Tizian (1559–62), Boston; Paolo Veronese (1578–80), Rom und Venedig; Jan Brueghel d. J. (1621/22), Wien; Peter Paul Rubens (1630), Madrid; Rembrandt (1632), Malibu; Claude Lorrain (1667), London; Giovanni Battista Tiepolo (1753), Würzburg; Lovis Corinth (1920), Berlin; Ossip Zadkine (1920), Paris; Max Beckmann (1933), München; Pablo Picasso (1946), Privatbesitz; Georges Braque (1950), Berlin; Steve McKenna (1981), Bremen

Grafik: Europa ist seit dem 19. Jh. der am häufigsten in Karikaturen verwendete mythische Einzelstoff (35 % aller Karikaturen in Europa), auch in der Werbung wird Europa zur Chiffre für den Kontinent.

Plastik: Giulio Romano (1520–22), Modena; Antonio Filarete (1433–45), Bronzetür St. Peter, Rom; Antoine Bourdelle (1929), Montauban; Gerhard Marks (1930 und 1954), Bremen, Hamburg

Musiktheater: Antonio Salieri (1778); Georg Kaiser, (Tanzspiel, Uraufführung Berlin, 1920; Regie Max Reinhardt); Darius Milhaud, „Die Entführung der Europa“, (opéra minute, 1927); Helge Jörns, „Europa und der Stier“ (1988)

Abb. 11: Europa auf der Strecke geblieben, Barbara Henniger, Federzeichnung (1997)

Es folgen nun verschiedene Erzählungen um die Stadt Theben, die von Cadmus, dem Bruder der Europa, gegründet wurde. Einen Kontrast zu dessen – freilich mit düsteren Andeutungen versehenen – Erfolgsgeschichte von der Tötung des Drachens und der Gründung von Theben bietet die Geschichte vom Jäger Actaeon.

6 text

met. 3, 173–255

Actaeon

Actaeon, der Enkel des Cadmus, entlässt seine Jagdgefährten für eine kurze Mittagsrast, nachdem sie schon viele Tiere zur Strecke gebracht haben, und wandert selbst in einen der Diana geheiligten Wald, wo ein Fels eine Art Grotte und natürliches Auffangbecken für eine Quelle bietet. Dort badet gerade die ebenfalls von der Jagd ermüdete Göttin mit ihrem Gefolge.

Dumque ibi perluitur[1] solita Titania lympha[2],
ecce nepos Cadmi dilata[3] parte laborum
per nemus[4] ignotum non certis passibus[5] errans
pervenit in lucum[6] – sic illum fata[7] ferebant.
Qui simul intravit rorantia fontibus[8] antra[9],
sicut erant, nudae viso sua pectora nymphae
percussere[10] viro subitisque ululatibus[11] omne
inplevere[12] nemus circumfusaeque[13] Dianam
corporibus texere[14] suis; tamen altior illis
ipsa dea est colloque tenus[15] supereminet[16] omnis[17].
Qui color[18] infectis[19] adversi[20] solis ab ictu[21]
nubibus[22] esse solet aut purpureae[23] Aurorae,
is fuit in vultu visae sine veste Dianae.
Quae, quamquam comitum[24] turba est stipata[25] suarum,
in latus[26] obliquum[27] tamen adstitit[28] oraque retro
flexit et, ut[29] vellet promptas habuisse[30] sagittas[31],
quas habuit[32], sic hausit aquas vultumque virilem[33]
perfudit[34] spargensque[35] comas ultricibus[36] undis
addidit haec cladis[37] praenuntia verba futurae:

Abb. 12: Diana e Atteone, Cavalier d'Arpino, Gemälde (1603), Budapest, Museum der bildenden Künste

173 **1 perluo** 3, -lui, -lutum: abwaschen, med. / pass. baden **2 lympha**, -ae f. (griech.): klares Wasser **3 differo** 3, distuli, dilatum: aufschieben, unterbrechen **4 nemus**, -oris n.: Hain, Wald **5 non certis passibus**: mit ziellosem Schritt **6 lucus**, -i m.: Hain **7 fatum**, -i n.: Schick-sal(sspruch), Verhängnis **8 rorans fontibus**: feucht von Quellwasser **9 antrum**, -i n.: Grotte **10 percussere** = percusserunt: schlagen **11 subitus ululatus**: plötzliches Wehklagen

180 **12 inpleo** 2, -evi, -etum: anfüllen **13 circumfundor** 3, -fusum: dicht umgeben, sich drängen um **14 texere** = texerunt **15 collo tenus**: vom Hals aufwärts = um Haupteslänge **16 supereminео** 2: überragen **17 omnis** = omnes **18 qui color … is fuit**: *color, qui nubibus infectis … esse solet, is fuit in vultu* **19 inficio** 3, -feci, -fectum: färben **20 adversus** 3: zugewendet, von vorne **21 ictus**, -us m.: Strahl(ung) **22 nubes**, -is f.: Wolke **23 purpureus**: pupurfarben

185 **24 comes**, -itis f: Begleiterin **25 stipatus** 3: umgeben, umringt **26 latus**, -eris n.: Seite, Flanke **27 obliquus** 3: schräg, seitlich, h. adverbial **28 adsisto** 3, -stiti: sich hinstellen **29 ut**: wie; wenn auch **30 vellet habuisse** (coni. irreal. der Gegenwart od. coni. pot. der Vght.): sie hätte haben wollen **31 promptae sagittae**: bereite Pfeile, Pfeile zur Hand **32 quas habuit** (Attributsatz zu aquas): das sie gerade hatte **33 virilis**, -e (adi. zu vir): des Mannes

190 **34 perfundo** 3, -fudi, -fusum: überschütten **35 spargo** 3, sparsi, sparsum: besprengen **36 ultrix**, -icis f.: rächend **37 clades**, -is f.: Unglück

„Nunc tibi me posito visam velamine[38] narres[39],
si poteris narrare, licet!" Nec plura minata[40]
dat sparso capiti vivacis[41] cornua cervi,
dat spatium collo[42] summasque cacuminat aures[43]
cum pedibusque manus, cum longis bracchia mutat[44]
cruribus[45] et velat[46] maculoso[47] vellere[48] corpus;
additus et pavor[49] est: Fugit Autonoeïus heros
et se tam celerem[50] cursu miratur in ipso[51].
Ut vero vultus et cornua vidit in unda,
„Me miserum!" dicturus erat[52] – vox nulla secuta est!
Ingemuit[53] – vox illa fuit, lacrimaeque per ora
non sua fluxerunt; mens tantum pristina[54] mansit.
Quid faciat? Repetatne[55] domum et regalia tecta[56]
an lateat silvis? Pudor hoc, timor inpedit illud.
Dum dubitat, videre[57] canes, primique Melampus
Ichnobatesque sagax latratu signa dedere[58],
Gnosius Ichnobates, Spartana gente Melampus.

***Abb. 13: An Afternoon of Actaeon, Milet Andrejewic**, Gemälde (1983), New York, Schoelkopf Gallery*

Inde ruunt alii rapida velocius aura,
Pamphagos et Dorceus et Oribasos, Arcades omnes,
Nebrophonosque valens et trux cum Laelape Theron
et pedibus Pterelas et naribus utilis Agre
Hylaeusque ferox nuper percussus ab apro
deque lupo concepta Nape pecudesque secuta
Poemenis et natis comitata Harpyia duobus
et substricta gerens Sicyonius ilia Ladon
et Dromas et Canache Sticteque et Tigris et Alce
et niveis Leucon et villis Asbolos atris
praevalidusque Lacon et cursu fortis Aëllo
et Thoos et Cyprio velox cum fratre Lycisce
et nigram medio frontem distinctus ab albo

38 velamen, -inis n.: Gewand **39 narres** (abh. von licet): jetzt kannst du erzählen; *nunc narres licet me tibi visam (esse) posito velamine* **40 minor** 1: drohen **41 vivax**, -acis: langlebig

195 **42 dat spatium collo**: sie gibt dem Hals Länge = macht den Hals länger **43 summas** (prädikativ) **aures cacuminare** die Ohren oben zuspitzen **44 mutare cum**: tauschen mit, verändern in **45 crus**, -cruris n.: Schenkel **46 velo** 1: umhüllen **47 maculosus** 3: gefleckt **48 vellus**, -eris n.: Fell **49 pavor**, -oris m.: Furcht **50 celerem**: erg. esse **51 in ipso cursu**: mitten im Lauf

200 **52 dicturus erat**: er wollte gerade sagen **53 ingemesco** 3, -gemui: aufstöhnen **54 pristinus** 3: früher, ehemalig **55 repeto** 3, -petivi, -petitum: wieder aufsuchen **56 regalia tecta**: das königliche Haus

205 **57 videre** = viderunt **58 latratu signa dedere** = dederunt: Laut geben. Als erster gab Schwarzfuß Laut und Spurengänger mit feiner Nase, Spurengänger war von kretischer, Schwarzfuß von spartanischer Rasse; dann stürmen andere nach, schneller als ein Windstoß.

210 Allesfresser, Späher, Berggänger, alle drei Arkader, der starke Hirschmörder und, zusammen mit Sturmwind, der trotzige Waidmann, die fußschnelle Schwungfeder und die witternde Jägerin, der wilde Waldmann, den kürzlich ein Eber verletzt hatte, die von einem Wolf gezeugte Schluchtengängerin,

215 Passauf, die das Vieh hütete, Fassan mit zwei Welpen, Haltefest, der Sikyonier mit den schlanken Weichen (Seiten, Flanken), Läuferin, Rasslerin, Schecke, Tigerin, Starkmut, Schneeweiß mit hellen, Schornsteinfeger mit pechschwarzen Zotteln, der bärenstarke Spartaner und Windsbraut, die schnelle Läuferin,

220 Sputedich und, zusammen mit dem cyprischen Bruder, das flinke Wölflein und, die schwarze Stirn in der Mitte mit einem weißen Fleck gezeichnet, der Räuber, Mohrchen und mit struppigem Leibe das Zottelchen und,

Harpalos et Melaneus hirsutaque corpore Lachne
et patre Dictaeo, sed matre Laconide nati
Labros et Argiodus et acutae vocis Hylactor
quosque referre mora est[59]: Ea turba cupidine praedae[60]
per rupes scopulosque adituque carentia saxa[61],
quaque[62] est difficilis quaque est via nulla, sequuntur.
Ille fugit per quae fuerat loca[63] saepe secutus.
Heu! Famulos[64] fugit ipse suos. Clamare libebat[65]:
„Actaeon ego sum: Dominum cognoscite vestrum!“
Verba animo desunt; resonat latratibus[66] aether[67].
Prima Melanchaetes in tergo vulnera fecit,
proxima Theridamas, Oresitrophos haesit[68] in armo[69]:
Tardius exierant, sed per conpendia[70] montis
anticipata[71] via est; dominum retinentibus illis,
cetera turba coit confertque in corpore dentes[72].
Iam loca vulneribus desunt; gemit[73] ille sonumque,
etsi non hominis, quem non tamen edere possit
cervus, habet[74] maestisque replet[75] iuga[76] nota querellis
et genibus[77] pronis[78] supplex similisque roganti
circumfert tacitos tamquam sua bracchia vultus[79].
At comites rapidum[80] solitis hortatibus[81] agmen[82]
ignari instigant[83] oculisque Actaeona[84] quaerunt
et velut absentem certatim Actaeona clamant
(ad nomen caput ille refert[85]) et abesse[86] queruntur
nec capere oblatae segnem[87] spectacula[88] praedae[89].
Vellet[90] abesse quidem, sed adest; velletque videre,
non etiam sentire canum fera facta suorum.
Undique[91] circumstant, mersisque[92] in corpore rostris[93]
dilacerant[94] falsi dominum sub imagine cervi,
nec nisi finita per plurima vulnera vita[95]
ira pharetratae[96] fertur satiata Dianae.
Rumor[97] in ambiguo[98] est; aliis violentior aequo[99]
visa dea est, alii laudant dignamque severa
virginitate[100] vocant: Pars invenit utraque causas.

eine Kreuzung eines kretischen Vaters mit einer spartanischen Mutter, Ungestüm, Wildzahn und Belferer mit durchdringender Stimme.

225 **59 mora est**: es würde zu lange aufhalten **60 cupido praedae** (gen. obi.): Gier nach Beute **61 aditu carentia saxa**: unwegsame Klippen **62 qua**: wo **63 loca**, -orum n.: Gegend; *loca, per quae secutus fuerat* **64 famulus**, -i m.: Diener **65 libebat** (erg. ei): er wollte

230 **66 resonare latriatibus**: vom Gebell widerhallen **67 aether**, -eris m.: Aether, Himmel **68 haereo** 2, -haesi: hängen, sich festbeißen **69 armus**, -i m.: Schulterblatt **70 conpendium**, -i n.: Abkürzung, Schleichweg

235 **71 anticipo** 1: früher zurücklegen, verkürzen **72 conferre dentes**: gemeinsam die Zähne schlagen in **73 gemo** 3, -ui: stöhnen, seufzen **74 sonum habere**: einen Laut von sich geben **75 repleo** 2, -plevi, -pletum: erfüllen **76 iugum**, -i n.: Bergkamm

240 **77 genu**, -us n.: Knie **78 pronus** 3: gebeugt **79 circumferre bracchia tamquam tacitos vultus**: stumme Blicke wie Arme kreisen lassen **80 rapidus** 3: wild, tobend **81 hortatus**, -us m.: Ruf, Aufmunterung **82 agmen**, -inis n.: Meute **83 instigo** 1: anspornen **84 Actaeona**: griech. acc.

245 **85 referre**: zurückwenden, umdrehen **86 et abesse**: erg. eum **87 segnis**, -e: träge, säumig **88 spectacula capere**: das Schauspiel genießen **89 oblata praeda**: die von den Hunden gestellte Beute **90 vellet**: erg. Actaeon **91 undique**: von allen Seiten **92 mergo** 3, mersi, mersum: eintauchen, versenken **93 rostrum**, -i n.: Schnauze

250 **94 dilacero** 1: zerreißen **95 nec nisi finita vita**: erst als das Leben beendet war **96 pharetratus** 3: Köcher tragend, Epitheton ornans ➤ B 35 **97 rumor**, -oris m.: das Gerede **98 in ambiguo**: unentschieden **99 aequo** (abl. comp.): als angemessen, als gerecht **100 severa virginitas**: strenge, ernst genommene Jungfräulichkeit

met. 3, 173–255

173 Titania: Titanin, Titanenabkömmling. Diana / Artemis, die Zwillingsschwester Apollos, ist eine Tochter des Jupiter / Zeus und der Latona / Leto, die wiederum eine Tochter des Titanen Coeus / Koios ist. Ursprünglich war Artemis eine mediterrane Muttergottheit, Herrin der Tiere, Geburtshelferin und Mondgöttin, die mit ihren Pfeilen auch einen sanften Tod senden konnte. In dieser Metamorphose wird Diana mit vielen schmückenden Beiwörtern versehen, die ihre Funktion als göttliche Jägerin betonen, z. B. *succincta* (156), *sagittas* (188), *pharetrata* (252).
175 non certis passibus errans: Ovid bringt eine bereits säkularisierte Version des Mythos, weil er das Zusammentreffen von Göttin und Jäger als Zufall bzw. Versehen und nicht als schuldhafte Neugier des Actaeon darstellt, eine frühere Version (z. B. eine nicht erhaltene Tragödie des Aischylos) berichtete von Freveltaten und Schmähungen des Actaeon gegenüber der Göttin, für die er die gerechte Strafe erlitt.
176 fata ferebant: Die Formulierung weist ebenso wie *nepos Cadmi* darauf hin, dass sich jetzt der Fluch des Geschlechts des Cadmus erfüllen wird.
178 f. pectora percutere: Das Schlagen der Brust ist ein typischer Trauergestus, hier wird das Entsetzen damit ausgedrückt.
183–185 qui color ... fuit: Durch ein Gleichnis, eine alte literarische Technik, um den Handlungsverlauf zu verlangsamen, wird der Tatsache, dass die Göttin errötet, besondere Bedeutung verliehen.
194 vivacis cervi: Der Hirsch galt in der Antike als besonders langlebiges Tier, was hier fast als tragische Ironie aufgefasst werden kann.
198 Autonoeïus heros: adi. zu Autonoe, der Mutter Actaeons + *heros* (griech.) = Held (Periphrase ➤ B 24) = Actaeon
200 vidit: Das Motiv des Sehens ist verdoppelt, Actaeon sieht zuerst Diana nackt und als Folge dieses Anblicks muss er dann sein eigenes verwandeltes Spiegelbild sehen, verstärkt wird die Wirkung durch die v-Alliteration (➤ B 27), so z. B. auch V. 247.
206 ff. Katalog von Hundenamen. Die Katalogdichtung ist ebenfalls ein altes Element der epischen Dichtungsweise (vgl. den Schiffskatalog der „Ilias“ oder die „Eheuen“ des Hesiod). Durch einen Katalog wird die Bedeutung des Kommenden gesteigert, ein retardierendes Element eingeschoben. Hier betont die Größe der Meute die Bedrohung des Actaeon, die vielen Hunde sind auch in Beziehung zu den vielen Pfeilen im Köcher zu sehen, beides sind Waffen, die schlimme Wunden verursachen.
232 f. Melanchaetes (Schwarzmähne), **Therodamas** (Wildfänger), **Oresitrophus** (Bergsohn): Hundenamen; drei Hunde, die zuvor nicht genannt worden waren, weil sie eine Abkürzung genommen hatten
252 ira Dianae: Die Actaeon-Episode ist eingebettet in eine Kette von Geschichten über göttlichen Zorn. Die Göttin wirkt wie viele Gottheiten bei Ovid sehr menschlich, machtvoll, streng und zornig. Barmherzigkeit oder großzügige Toleranz sind ihr fremd.

6 Vertiefung

1 **a** Was wirkt jungfräulich schüchtern am Verhalten der Göttin Diana, was menschlich, wo kommen ihre Majestät und ihr Zorn zum Ausdruck?

b In wie vielen Phasen vollzieht sich die Verwandlung?

2 **a** Aus wessen Perspektive ist das Geschehen nach der Verwandlung geschildert, wer erzählt?

b Zeichne die Phasen der Selbstentfremdung des Actaeon nach! Was wird verwandelt, was bleibt konstant?

c Bedient er sich nach der Verwandlung noch menschlicher Kommunikationsmuster?

3 Welche Bedeutung haben in dieser Geschichte die Gesten, wo überall werden Gesten geschildert? Sammle die Termini und deren exakte Bedeutung mit Hilfe des Wörterbuchs!

4 **a** Welche paradoxe Wandlung vollzieht sich im Verhältnis zwischen den Hunden und ihrem Herrn?

b Inwiefern steigert sich die Paradoxie noch durch das Dazukommen der Freunde des Actaeon?

5 An welcher Stelle zeigt sich, dass der Mythos von Actaeon Ratlosigkeit, wenn nicht gar Befremden auslöst?

6 Arbeite heraus, welche „Verwandlungen" Ovids Actaeon im Ergänzungstext mitmacht!

E4 text

In **Christoph Ransmayrs** Roman **„Die letzte Welt"** (1988) macht sich der Römer Cotta auf die Suche nach dem verbannten Ovid in dessen Verbannungsort Tomi, der eisernen Stadt am Schwarzen Meer. Dort begegnet ihm eine Reihe seltsamer Gestalten, die alle ein Vorbild in Ovids *„Metamorphosen"* haben.

Cyparis, der Liliputaner, kam um die Mittagszeit aus den Staubwolken der Küstenstraße, aus dem ersten, kalten Staub des Jahres. Im Geschirr seines Planwagens zwei Falben, kam Cyparis das Meer entlang wie in allen Jahren zuvor, schrieb mit der Peitsche fauchende, wirre Zeichen in die Luft und schrie dazu die Namen von Helden und schönen Frauen gegen Tomi: So kündigte der Liliputaner schon von Weitem die Lust, den Schmerz und die Trauer und alle Leidenschaften jener Lichtspiele an, die er in der Dunkelheit der nächsten Tage über den abblätternden Kalk der Schlachthausmauer flimmern lassen würde. Cyparis der Filmvorführer kam. Aber es war Frühjahr. Im Keller des Branntweiners oder im Glutschein einer Esse, in Famas Kolonialwarenladen oder im Zwielicht eines Speichers, da und dort in Tomi unterbrach man, was man eben tat, trat vor die Tür oder öffnete das Fenster und blickte dem langsam heranwehenden Staub ratlos entgegen. Der Vorführer Cyparis kam zum ersten Mal im Frühjahr und nicht im August.

Wie in allen Jahren zuvor, mit einem langen Strick an den Planwagen gebunden, trottete auch diesmal ein müder, abgezehrter Hirsch dem Gespann hinterher. Der Liliputaner führte diesen Hirsch in den Dörfern der Küste stets als das Königstier seiner Heimat vor, die nach seinen Erzählungen irgendwo im Schatten des Kaukasus lag; er ließ das Tier zu klirrender Marschmusik auf der Hinterhand tänzeln, zog nach einem solchen Kunststück den schweren Schädel des Hirsches oft zu sich herab, flüsterte ihm in einer seltsamen, zärtlichen Sprache ins Ohr und verkaufte alljährlich das abgeworfene Geweih an den Meistbietenden in den Dörfern, an irgendeinen

Trophäensammler, dem die Abwurfstangen dann zum Wahrzeichen und Skelett einer unerfüllbaren Jagdleidenschaft wurden. Denn in den unwegsamen, dornigen Wäldern dieses Küstenstriches gab es keine Hirsche.

Auf dem Platz vor Famas Laden scharten sich Alte und Müßige, auch einige Aschengesichter aus der Strandprozession und rußige, scheue Kinder um das Gespann des Vorführers. Battus, Famas Sohn, roch an den dampfenden Flanken der Pferde und strich ihnen mit der flachen Hand den Schaum von den Nüstern. Warum so früh, sprach und fragte es aus der Schar, während Cyparis die Falben ausschirrte, warum nicht zur gewohnten Zeit? Und die Satteldecke da, die schöne Malerei auf der Plane und das Messing am Zaumzeug, alles anders und neu? So schön alles.

Cyparis führte die Rösser an eine steingefasste Tränke, aus der Blässhühner aufflogen, warf dem Hirsch Kastanien und eine Handvoll getrockneter Rosenknospen vor und blieb bei allen Verrichtungen ganz und wie immer in seinem leichten Gerede, einem Tonfall, der in der eisernen Stadt fremd war: Was brauche sich einer wie er, Cyparis, den Vorschriften der Jahreszeit zu beugen und mit seiner Ankunft den Sommer abzuwarten? Der Sommer warte doch im Gegenteil auf ihn. Dort, wo Cyparis erscheine, da sei immer August. Und lachte. Das Zaumzeug habe er auf dem Jahrmarkt in Byzanz gegen drei Vorführungen eingetauscht, eine Kostbarkeit. Und dort habe ihm ein Kulissenmaler auch die Wagenplane mit dem Tod eines griechischen Jägers verziert, Actaeons Tod, eines Idioten, der sein idiotisches Ende zwischen den Fängen seiner eigenen Schweißhunde gefunden habe. Das Tiefrote hier, über den Faltenwurf der Plane Verspritzte, das Leuchtende, das sei alles Jägerblut. Und lachte.

Chr. Ransmayr, Die letzte Welt. Nördlingen: Greno 1988, S. 21–23

6 fortwirken

Antike Kunst: beliebt in der griech. Vasenmalerei, in röm. Wandgemälden und Mosaiken

Malerei: Selten wird Actaeon dargestellt, wie er Diana mit Wohlgefallen beobachtet: z. B. Paulo Veronese (1561–63), Boston; meist ist Actaeon erschrocken und die Verwandlung vollzieht sich: Tizian (1556–59), Madrid; Andrea Schiavone (um 1559), Wien; Jan de Beer (1573), Wien; Joseph Heintz d. Ä. (um 1590), Wien; Jan Brueghel d. Ä. / Henri de Clerck, drei Gemälde (um 1610), Prag; Cavalliere d'Arpino (1601), Paris ➤ Abb. 12; Cornelis de Vos (1623), Graz; Rembrandt (1634), Anhalt; Thomas Gainsborough (um 1760), London; Eugène Delacroix, „Actaeons Kopf“ (1817/18), Sao Paulo; André Masson (1943), Depot du Fonds Masson; Milet Andrejewic, „An Afternoon of Actaeon“ (1983), New York ➤ Abb. 13.

Plastik: Antonio Filarete (1433–45), Bronzetür St. Peter in Rom; Adriaen de Vries (1600), London

Musik: Franz Schubert, Lied in 2 Fassungen, Text von Johann Mayrhofer (1820); Adrian Cruft, Ouvertüre (1951); einige Opern und Ballettmusiken

In der Reihe von Metamorphosen als Folge von göttlichem Zorn berichtet Ovid von Semele, der Mutter des Gottes Bacchus / Dionysos, der sich Jupiter im Blitzstrahl nähert, sowie vom Thebaner Tiresias, der von Juno wegen eines gegen sie gefällten Schiedsspruches geblendet, von Jupiter aber mit der Sehergabe beschenkt wird. Dann leitet der Dichter zur Erzählung von Narcissus und der Nymphe Echo über:

7 text

met. 3, 356–401

Echo

Aspicit hunc[1] trepidos agitantem[2] in retia[3] cervos
vocalis[4] nymphe[5], quae nec reticere[6] loquenti
nec prior ipsa loqui[7] didicit, resonabilis[8] Echo.
Corpus adhuc Echo, non vox erat; et tamen usum
garrula[9] non alium, quem nunc habet, oris habebat[10],
reddere de multis ut verba novissima[11] posset.

***Abb. 14: Griolamo Mocetto, Narcisse**, Gemälde (15. Jh.), Paris, Musée Jacquemart-André*

Fecerat hoc Iuno, quia[12], cum deprendere[13] posset
cum Iove saepe suo nymphas in monte iacentes[14],
illa deam longo prudens sermone tenebat[15],
dum fugerent nymphae. Postquam hoc Saturnia sensit,
„Huius“, ait, „linguae, qua sum delusa[16], potestas[17]
parva tibi dabitur vocisque brevissimus usus!“
reque minas firmat[18]; tamen haec[19] in fine loquendi
ingeminat[20] voces auditaque verba reportat[21].
Ergo ubi Narcissum per devia rura vagantem[22]
vidit[23] et incaluit[24], sequitur vestigia furtim,
quoque[25] magis sequitur, flamma propiore calescit[26],

356 **1 hunc** = Narcissum **2 agito** 1: h. treiben **3 rete**, retis n.: Jagdnetz **4 vocalis**, -e: geschwätzig, stimmbegabt **5 nymphe** = Echo **6 reticeo** 2 (+ dat.): das letzte Wort lassen **7 prior loqui**: zuerst reden, das Wort ergreifen **8 resonabilis**, -e: widerhallend

360 **9 garrulus** 3: geschwätzig **10 et tamen usum ...**: *et tamen garrula (Echo) non alium usum oris habebat quam (eum), quem nunc habet: ut verba novissima de multis (verbis) reddere posset* **11 verbum novissimum**: das letzte Wort **12 quia** (Fortsetzung ➤ V. 364): *illa* (= Echo) *deam sermone tenebat* **13 deprendo** 3 (= deprehendo): h. ertappen **14 cum Iove iacentes nymphae**: die in Liebesumarmung mit Jupiter liegenden Nymphen **15 tenebat** (impf. de conatu): versuchte hinzuhalten

365 **16 deludo** 3, -lusi, -lusum: täuschen **17 potestas**, -atis f.: h. Fähigkeit: *potestas huius linguae, qua d. sum, tibi parva et usus vocis brevissimus dabitur* **18 re minas firmare**: der Drohung die Verwirklichung folgen lassen **19 haec** = Echo **20 ingemino** 1: (als Echo) wiederholen **21 reporto** 1: h. wiederholen

370 **22 per devia rura vagari**: durch entlegene Felder / Fluren streifen, ziehen **23 vidit**: erg. Echo **24 incalesco** 3, -lui: entflammen **25 quoque magis** = et quo magis **26 flamma propiore calescit**: seine Nähe lässt sie noch mehr erglühen (calesco 3, calui + abl.: von etwas erglühen)

non aliter quam cum[27] summis circumlita taedis[28]
admotas[29] rapiunt vivacia sulphura[30] flammas.
O quotiens[31] voluit blandis[32] accedere dictis
et molles adhibere preces! Natura repugnat
nec sinit incipiat[33]; sed, quod sinit[34], illa parata est
exspectare sonos, ad quos sua verba remittat.
Forte puer comitum seductus[35] ab agmine fido
dixerat „Ecquis[36] adest?“ – et „Adest!“ responderat Echo.
Hic stupet[37], utque aciem partes dimittit[38] in omnes,
voce „Veni!“ magna clamat – vocat illa[39] vocantem.
Respicit et rursus nullo veniente „Quid“, inquit,
„me fugis?“ – et totidem[40], quot dixit, verba recepit.
Perstat[41] et alternae deceptus[42] imagine[43] vocis[44]
„Huc[45] coëamus!“ ait – nullique libentius umquam
responsura[46] sono „Coëamus!“ rettulit[47] Echo
et verbis favet[48] ipsa suis egressaque silva
ibat, ut iniceret sperato bracchia collo[49].

***Abb. 15: Le jardin du solitaire, Gui Billout** (1984), Zeitschriftenillustration*

Ille fugit fugiensque „Manus complexibus aufer[50]!
Ante[51]“, ait, „emoriar, quam sit tibi copia nostri[52]!“
Rettulit illa nihil nisi[53] „Sit tibi copia nostri!“
Spreta[54] latet[55] silvis pudibundaque[56] frondibus[57] ora
protegit[58] et solis ex illo[59] vivit in antris[60].
Sed tamen haeret amor crescitque dolore repulsae[61]
et tenuant vigiles[62] corpus miserabile curae,
adducitque cutem macies[63], et in aëra sucus[64]
corporis omnis abit; vox tantum atque ossa supersunt.
Vox manet, ossa ferunt lapidis traxisse figuram[65].
Inde latet[55] silvis nulloque in monte videtur,
omnibus[66] auditur: Sonus est, qui vivit in illa.

27 quam cum ...: *quam vivacia sulphura summis taedis circumlita flammas admotas rapiunt* **28 circumlitus summis taedis**: über die Spitzen der Fackeln gestrichen **29 admoveo** 2, -movi, -motum: in die Nähe bringen **30 vivacia sulfura**: lebenskräftiger, leicht entflammbarer Schwefel

31 quotiens: wie oft **32 blandus** 3: schmeichelnd **33 incipiat** = incipere **34 quod (natura) sinit**: was die Natur ihr gestattet **35 seduco** 3, -duxi, -ductum: trennen, pass.: sich absondern

36 ecquis: jemand **37 stupeo** 2, -ui: staunen **38 aciem** (oculorum) **dimittere**: spähend umherblicken **39 illa** = Echo; sie wiederholt *veni* **40 totidem**: ebenso viele Worte, ebenso viel Widerhall (akust. Abbild)

41 persto 1, -stiti: stehen bleiben **42 decipio** 3, -cepi, -ceptum: täuschen **43 imago**, -inis f.: Widerhall **44 alterna vox**: im Wechsel sprechende Stimme **45 huc**: hier **46 nulli sono libentius responsura** (part. fut.): sie wollte keinem Laut lieber antworten **47 referre**: h. erwidern **48 faveo** (+ dat.): gewogen sein, vertrauen **49 bracchia inicere sperato collo**: den Hals, nach dem sie sich sehnt, umarmen

50 manus complexibus aufer: weg mit den Händen von der Umarmung = lasse die Umarmung **51 ante** (adv.): früher, eher **52 copia nostri**: Macht über uns (mich) **53 nihil nisi**: nichts außer = nur **54 sperno** 3, sprevi, spretum: verschmähen **55 lateo** 2, -ui: sich verbergen **56 pudibundus** 3: schamhaft **57 frondes**, -dium f.: Laub **58 protego** 3, -texi, -tectum: bedecken, verbergen **59 ex illo**: erg. tempore **60 solum antrum**: einsame Höhle

61 repulsa, -ae f.: Abweisung **62 vigil**, -is: wach, nie ruhend **63 macies cutem adducit**: Magerkeit lässt die Haut schrumpfen **64 sucus**, -i m.: Saft **65 figuram trahere**: Gestalt annehmen, zu etwas werden

66 omnibus: erg. in montibus

7 Kommentar

met. 3, 356–401

Die Erzählung gibt eine Erklärung *(aition)* für das Phänomen des Widerhalls. Ovid verwendet wahrscheinlich eine hellenistische Vorlage.

358 Echo: griech. Nominativ fem. = der Widerhall; hier als Person und dem Geschlecht des Wortes entsprechend als Nymphe dargestellt. Nymphen, wörtl. „junge Frauen", wiederum sind Naturgottheiten der Quellen, der Gewässer, der Wälder, der Bäume etc.

359 corpus adhuc erat: Ovid weist darauf hin, dass Echo zu diesem Zeitpunkt noch nicht das uns bekannte akustische Phänomen Echo ist.

362 Iuno / Hera: Schwester und Gemahlin des Jupiter / Zeus, Göttin des Hauses und der Ehe; spürt in Ovids *„Metamorphosen"* den vielen heimlichen Liebschaften ihres Gatten Jupiter / Zeus (daher *suo Iove*) eifersüchtig nach und bestraft ihre Nebenbuhlerinnen.

365 Saturnia: = Juno / Hera (Patronymikon ➤ B 23 a); Juno ist die Tochter des Saturn / Kronos, der all seine Kinder gleich nach der Geburt verschlang, um nicht von einem Sohn vom Thron vertrieben zu werden. Allein Jupiter / Zeus, den seine Mutter versteckt hatte, entging ihm und zwang ihn, als er erwachsen war, seine Geschwister, auch Juno / Hera, wieder von sich zu geben.

397 sucus: Die „Säftelehre" der hellenistischen Medizin kennt im menschlichen Körper vier lebenswichtige Säfte, deren Mischung Gesundheit und Temperament bestimmen: Blut, Schleim *(Lymphe)*, gelbe und schwarze Galle.

399 ossa ferunt lapidis traxisse figuram: Während sich die lebensspendende Flüssigkeit in die Luft verflüchtigt, versteinern gleichzeitig die festen Elemente des Körpers, die Knochen; Ovid versucht, die Verwandlung physikalisch zu begründen.

7 Vertiefung

➤ Kompetenzorientierte Arbeitsaufgaben S. 141

1 Wie viele bzw. welche Götter, Nymphen, Menschen sind direkt oder indirekt in die Erzählung einbezogen? Welche Rolle spielen sie?

2 Im Aufbau der Erzählung sind zwei Zeitebenen (Vergangenes und Gegenwärtiges) ineinander verschachtelt. Stelle fest, welche drei Szenen in der Vergangenheit spielen!

3 **a** Welche Eigenschaft der Echo ist am stärksten hervorgehoben? Wie oft und mit welchen Formulierungen wird sie erwähnt? Bemühe dich mit Hilfe des Wörterbuchs um eine möglichst variantenreiche Übersetzung dieser Zentralbegriffe!

b Warum wird Echo verwandelt und warum gerade in dieser Art? Welcher Zusammenhang besteht zwischen Vergehen und Strafe?

c Worin besteht die besondere Tragik der Liebe der Echo zu dem spröden Jüngling?

4 Untersuche, wie Ovid in den V. 380–392 die abwehrenden Aussagen des Narcissus im Widerhall verändert!

8 text

met. 3, 415–479

Narcissus an der Quelle

Narcissus kommt, vom Jagen erhitzt, an eine glasklare Quelle in einem kühlen Wald und erblickt sein Spiegelbild.

Dumque sitim sedare cupit, sitis altera crevit,
dumque bibit, visae conreptus[1] imagine formae
spem sine corpore amat: Corpus putat esse, quod unda est.
Adstupet ipse sibi[2] vultuque inmotus eodem
haeret[3] ut e Pario formatum marmore signum[4].
Spectat humi positus geminum, sua lumina[5], sidus[6]
et dignos Baccho, dignos et Apolline crines[7]
inpubesque[8] genas et eburnea[9] colla[10] decusque[11]
oris et in niveo mixtum candore[12] ruborem[13]
cunctaque miratur, quibus est mirabilis ipse.
Se cupit inprudens[14] et, qui probat, ipse probatur,
dumque petit, petitur pariterque[15] accendit[16] et ardet[17].
Inrita[18] fallaci[19] quotiens[20] dedit oscula fonti!
In medias quotiens[20] visum captantia[21] collum
bracchia mersit[22] aquas nec se deprendit[23] in illis!

*Abb. 16: **Métamorphose de Narcisse, Salvador Dalí**, Gemälde (1937), London, Tate Gallery.© Salvador Dalí. Foundation Gala – Salvador Dalí/VKB, Wien, 2007*

Quid videat, nescit, sed, quod videt, uritur[24] illo;
atque oculos idem, qui decipit[25], incitat error.
Credule[26], quid frustra simulacra fugacia captas?
Quod petis, est nusquam; quod amas – avertere![27] – perdes.
Ista repercussae[28], quam cernis, imaginis umbra[29] est:

415 **1 corripio** 3, -ripui, -reptum: ergreifen **2 adstupere sibi**: über sich selbst staunen **3 haereo** 2, haesi, haesum: verharren **4 signum**, -i n.: Statue
420 **5 lumen**, -inis n.: Auge **6 geminum sidus**: Sternenpaar **7 crines**, -ium m.: Haar **8 impubis**, -e: jugendlich, noch nicht erwachsen **9 eburneus** 3: wie aus Elfenbein **10 collum**, -i n.: Hals, pl. steigert: der Hals überall **11 decus**, -oris n.: Anmut **12 candor**, -oris m.: glänzendes Weiß, Glanz **13 rubor**, -oris m.: Röte
425 **14 inprudens**: unwissend, nichts ahnend **15 pariter**: gleichermaßen **16 accendo** 3: in Brand, Leidenschaft versetzen **17 ardeo** 2, arsi: brennen **18 inritus** 3: vergeblich **19 fallax**, -acis: trügerisch **20 quotiens**: wie oft **21 capto** 1 (intensiv od. frequentativ zu capere): (immer wieder) fassen, umarmen **22 mergo** 3, mersi, mersum (+ abl.): eintauchen in **23 deprendo** 3, -prendi, -prensum: ergreifen
430 **24 uro** 3, ussi, ustum: (vor Liebe) (ver)brennen: *illo, quod videt, uritur* **25 decipio** 3, -cepi, -ceptum: täuschen **26 credulus** 3: leichtgläubig, vertrauensselig, credule: Vokativ; der Dichter spricht N. direkt an **27 avertere** (2. sg. Imperativ zu avertor 3): wende dich ab **28 repercutio** 3, -cussi, -cussum: zurückwerfen, spiegeln **29 umbra imaginis**: der Schatten eines Abbildes, also schon doppelt vom realen Gegenstand entfernt

Nil habet ista sui[30]: Tecum venitque manetque,
tecum discedet – si tu discedere possis[31].
Non illum Cereris[32], non illum cura quietis
abstrahere[33] inde potest, sed opaca[34] fusus[35] in herba
spectat inexpleto[36] mendacem[37] lumine formam
perque oculos perit ipse suos paulumque levatus[38],
ad circumstantes[39] tendens sua bracchia silvas
„Ecquis[40], io[41] silvae, crudelius“ inquit „amavit?
Scitis enim et multis latebra opportuna[42] fuistis.
Ecquem[43], cum vestrae tot agantur saecula vitae,
qui sic tabuerit[44], longo meministis in aevo?
Et placet et video, sed, quod videoque placetque,
non tamen invenio: Tantus tenet error amantem!

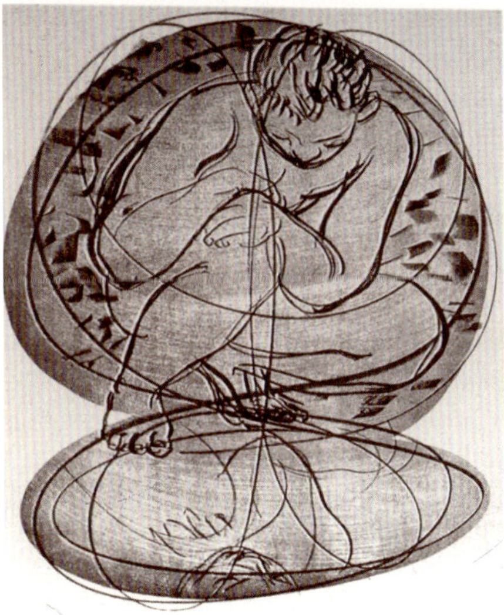

Abb. 17: Narcisse, Hans Erni,
Lithografie (1951)

Quoque[45] magis doleam, nec nos mare separat ingens
nec via nec montes nec clausis moenia portis:
Exigua[46] prohibemur aqua! Cupit ipse teneri!
Nam quotiens[47] liquidis porreximus[48] oscula lymphis[49],
hic totiens ad me resupino[50] nititur[51] ore.
Posse putes[52] tangi: Minimum est, quod amantibus obstat[53].
Quisquis es, huc exi[54]! Quid me, puer unice[55], fallis
quove petitus abis? Certe nec forma nec aetas
est mea, quam fugias; et amarunt[56] me quoque nymphae.
Spem mihi nescioquam[57] vultu promittis amico[58],
cumque ego porrexi[59] tibi bracchia, porrigis ultro[60];
cum risi, adrides; lacrimas quoque saepe notavi[61]
me lacrimante tuas; nutu[62] quoque signa remittis;
et, quantum[63] motu formosi suspicor[64] oris,
verba refers aures[65] non pervenientia nostras.

435 **30 sui** = gen. partitivus zu nil (= nihil), eigenes, eigenes Wesen **31 possis** (coni. pot.): falls du in der Lage bist **32 cura Cereris, quietis** (gen. obi.): die Sorge um das Essen und Schlaf **33 abstraho** 3, -traxi, -tractum: wegziehen **34 opacus** 3: schattig **35 fusus** 3: hingestreckt **36 inexpletus** 3: unerfüllt, unersättlich **37 mendax**, -acis: lügnerisch, trügerisch

440 **38 levor** 1: sich heben **39 circumsto** 1: ringsum stehen **40 ecquis**: irgendjemand **41 io** (Schmerzenslaut): ach, weh! **42 latebra opportuna**: willkommener Schlupfwinkel, Versteck **43 ecquem**: acc. zu ecquis: *meministis ecquem, qui sic tabuerit?*

445 **44 tabesco** 3, tabui: hinschmelzen, sich verzehren **45 quoque**: et quo magis; und weswegen

450 **46 exiguus** 3: klein, gering **47 quotiens ... totiens**: wie oft ... so oft; dt. sooft **48 porrigo** 3, -rexi, -rectum: hinreichen, -strecken; h. geben wollen **49 lympha**, -ae f. (griech.): klares Wasser **50 resupinus** 3: (zurück-)gebogen; am Boden liegend **51 nitor** 3, nisus sum: streben **52 putes** (coni. pot.): du / man könntest / könnte glauben **53 obsto** 1, -steti, -statum: entgegenstehen, im Wege stehen **54 exi** (Imperativ): komm heraus (N. wendet sich jetzt an sein Gegenüber im Wasser) **55 unicus** 3: einzig(-artig)

455 **56 amarunt** = amaverunt **57 nescioqui**, -quae, -quod: ich weiß nicht, welcher; irgendein **58 amicus**: freundlich **59 porrigo** 3, -rexi, -rectum: hinstrecken **60 ultro** (adv.): freiwillig, von dir aus **61 noto** 1: bemerken

460 **62 nutus**, -us m.: Nicken **63 quantum**: soweit **64 suspicor** 1: vermuten, schließen **65 auris**, -is f.: Ohr

Iste ego sum! Sensi; nec me mea fallit imago:
Uror amore mei, flammas moveoque feroque[66].
Quid faciam? Roger[67] anne[68] rogem? Quid deinde rogabo?
Quod cupio, mecum est: Inopem[69] me copia fecit.
O, utinam a nostro secedere[70] corpore possem!
Votum in amante novum: Vellem, quod amamus, abesset[71]!
Iamque dolor vires adimit[72], nec tempora vitae
longa meae superant[73], primoque extinguor[74] in aevo.
Nec mihi mors gravis est posituro[75] morte dolores:
Hic, qui diligitur, vellem, diuturnior[76] esset!
Nunc duo concordes[77] anima[78] moriemur in una."
Dixit et ad speciem rediit male sanus[79] eandem
et lacrimis turbavit aquas, obscuraque moto
reddita[80] forma lacu est. Quam cum vidisset abire,
„Quo refugis? Remane, nec me, crudelis, amantem
desere!" clamavit; „Liceat, quod tangere non est[81],
adspicere et misero praebere alimenta[82] furori[83]!"

66 flammas moveoque feroque: ich errege und erleide die Flammen (der Liebe), Leidenschaft
465 **67 rogo** 1: bitten, med. / pass. sich bitten lassen **68 anne** (durch die Fragepartikel -ne verstärktes an): oder **69 inops**, -opis: arm **70 secedo** 3: weggehen, sich trennen **71 vellem abesset, quod amamus** (von vellem abhängiger Wunschsatz): ich wünschte, was ich liebe, wäre fort **72 adimo** 3, -emi, -emptum: nehmen
470 **73 supero** 1: übrig sein **74 extinguo** 3, estinxi, extinctum: auslöschen **75 posituro** (zu mihi): part. fut., weil ich ablegen werde **76 diuturnior** (erg. esset): von vellem abh. Wunsch(-satz), ich wünschte, er wäre langlebiger **77 concors**, -rdis: einträchtig **78 anima**, -ae f.: Atemzug **79 male sanus**: von Sinnen, wahnsinnig
475 **80 reddo** 3, reddidi, redditum + dopp. acc., im pass. dopp. nom.: etw. machen **81 quod non est tangere**: weil es nicht möglich ist **82 alimentum**, -i n.: Nahrung **83 furor**, -oris m.: Raserei, Leidenschaft

Schließlich stirbt Narcissus aus Gram über diese vergebliche Liebe, Echo wiederholt seinen Abschiedsgruß an sein Spiegelbild, um ihrerseits von ihrem vergeblich Geliebten Abschied zu nehmen. Sein Körper wird in eine Narzisse verwandelt.

8 Kommentar

met. 3, 415–479

419 Pario marmore: Die Kykladeninsel Paros war für ihren qualitativ hochwertigen Marmor berühmt.
421 Bacchus (Dionysos): Sohn des Jupiter / Zeus und der Semele, Gott des Weines, der tierischen und pflanzlichen Fruchtbarkeit und der Ekstase; meist als attraktiver Jüngling mit leicht femininen Zügen dargestellt.
Apollo (Apollon): Gott der Kunst, der Medizin, des Orakels, der Sonne und des Lichtes, galt als Inbegriff männlicher Schönheit
437 Ceres (Demeter): Göttin des Getreides, des Ackerbaus und der Nahrung; Metonymie ➤ B 18
448 f. nec nos mare separat ... nec via ... nec moenia: Polysyndeton ➤ B 33
452 resupino ore: Enallagé (➤ B 46), die Reihenfolge zeigt die Bewegung: Das Spiegelbild liegt erst auf dem Rücken, strebt dann nach Narcissus und sein Mund erreicht fast die Wasseroberfläche.

8 Vertiefung

1 **a** Wie und mit welchen Begriffen wird die besondere Schönheit des Narcissus betont?

b Wodurch erreicht Ovid, dass die Schönheit des Knaben so kühl und statuenhaft wirkt? Was bezweckt er damit? Suche im Internet nach Gemälden, die Narcissus zeigen, und stelle fest, ob die Maler in diesem Punkt den Vorgaben des Mythos folgen!

2 In welchen Schritten steigert sich die Verliebtheit des Narcissus, ab welcher Phase wird ihm bewusst, dass er selbst das Objekt seiner Leidenschaft ist, welche Wirkung auf seine Seelenverfassung hat diese Entdeckung?

3 **a** Der Dichter erzielt in dieser Passage viel Effekt durch den gezielten Einsatz der Verben. An welchen Stellen spielt er mit identischen Verbalformen im Aktiv und Passiv und was erreicht er damit?

b Wo werden die Gegensätze „Sehen – Nicht-Sehen – Erkennen" besonders betont?

E5 texte

Die unerfüllte Liebe des Narcissus hat sich als griffiges Bild zur Beschreibung eines psychologischen Phänomens erwiesen. Stelle fest, in welchem der beiden unten aufgeführten Konzepte Ovids Narcissus stärker wirkt:

Der deutsche Psychiater Paul Naecke gebrauchte erstmals den Begriff Narzissmus. Mit Narzissmus bezeichnete er die Abweichung von der sexuellen Norm, bei der das Individuum sich selbst liebt. Sigmund Freud griff Naeckes Gedanken 1914 auf und machte mit seinem Aufsatz „Zur Einführung des Narzissmus" den Sagenhelden Narcissus zum zweitwichtigsten Protagonisten der Psychoanalyse nach Ödipus. Narzissmus ist somit:

> […] jenes Verhalten, bei welchem ein Individuum seinen eigenen Leib in ähnlicher Weise behandelt wie sonst den eines Sexualobjektes, ihn also mit sexuellem Wohlgefallen beschaut, streichelt, liebkost, bis es durch diese Vornahmen zur vollen Befriedigung gelangt.
>
> *S. Freud, Mythos Narziss. Hrsg. v. A.-B. Renger. Leipzig: Reclam 1999 (= UB 1661), S. 194*

Interessierte die Väter der Psychoanalyse am Narzissmus vor allem noch der Aspekt der erotischen Selbstbesetzung, so arbeiten die Analytiker heute eher mit einem entsinnlichten, entsexualisierten und wertneutralen Narzissmus-Begriff. Sie sprechen daher von Narzissmus schlicht als von der Besetzung des Selbst, weil sich eben jedes psychische Erleben zur Hälfte auf die eigene Person und zur anderen Hälfte auf andere Menschen beziehe.

> Jeder ist mit Selbstliebe geboren, die Hälfte des Handelns ist selbstbezogen. Narzissmus ist die pathologische Ausprägung davon.
>
> *H. Beland, Psychoanalytiker. Berlin 2001*

Die Grenzen zwischen normalem und krankhaftem Narzissmus sind fließend. Welches Maß an Selbstbezug noch gesund und welche Interaktion mit anderen schon gestört ist, lässt sich nicht genau festlegen:

Otto F. Kernberg, „Borderline-Störungen und Pathologischer Narzissmus" (1978), gibt eine Definition der narzisstischen Persönlichkeit. Entspricht Ovids Narcissus diesem Bild?

Narzisstische Persönlichkeiten fallen auf durch ein ungewöhnliches Maß an Selbstbezogenheit im Umgang mit anderen Menschen, durch ihr starkes Bedürfnis, von anderen geliebt und bewundert zu werden, und durch den eigenartigen (wenn auch nur scheinbaren) Widerspruch zwischen einem aufgeblähten Selbstkonzept und gleichzeitig einem maßlosen Bedürfnis nach Bestätigung durch andere. Ihr Gefühlsleben ist seicht; sie empfinden wenig Empathie für die Gefühle anderer und haben – mit Ausnahme von Selbstbestätigungen durch andere Menschen oder eigene Größenfantasien – im Grunde sehr wenig Freude am Leben; sie werden rastlos und leiden unter Langeweile, sobald die äußere Fassade ihren Glanz verliert und momentan keine neuen Quellen der Selbstbestätigung mehr zur Verfügung stehen. Man beobachtet auch starken Neid auf andere [...]. Die mitmenschlichen Beziehungen solcher Patienten haben im Allgemeinen einen eindeutig ausbeuterischen und zuweilen sogar parasitären Charakter; narzisstische Persönlichkeiten nehmen gewissermaßen für sich das Recht in Anspruch, über andere Menschen ohne Schuldgefühle zu verfügen, sie zu beherrschen und auszunutzen; hinter einer oft recht charmanten und gewinnenden Fassade spürt man etwas Kaltes, Unerbittliches.

O. F. Kernberg, Borderline-Störungen und Pathologischer Narzißmus. Frankfurt a. M. ³1990, S. 261 f.

In **Oscar Wildes** Roman **„The Picture of Dorian Gray"** (1891) findet sich ein Charakter, der ebenfalls narzisstische Züge aufweist. Untersuche die folgende Textprobe auf Ähnlichkeiten und Unterschiede zu Ovids Narcissus:

Nach ungefähr einer Viertelstunde hörte Hallward auf zu malen; er sah erst Dorian Gray, dann das Bild lange an und biss dabei stirnrunzelnd in den Stiel eines großen Pinsels. „Fertig", rief er schließlich; er bückte sich und schrieb mit langen, zinnoberroten Buchstaben seinen Namen in die linke Ecke der Leinwand.

Lord Henry trat heran und betrachtete das Gemälde. Es war in der Tat ein wunderbares Kunstwerk; auch die Ähnlichkeit war wunderbar. „Lieber Freund, meinen allerherzlichsten Glückwunsch", sagte Lord Henry. „Es ist das schönste Porträt unsrer Zeit. Mr. Gray, kommen Sie und schauen Sie es sich an."

Der Junge schrak auf, als sei er aus einem Traum erwacht. „Ist es wirklich fertig?" murmelte er und stieg vom Podest. „Aber ja", sagte der Maler. „Und Sie haben mir heute großartig gesessen. Ich bin Ihnen zu großem Dank verpflichtet.",„Das ist einzig und allein mein Verdienst", warf Lord Henry ein. „Stimmt's, Mr. Gray?"

Dorian gab keine Antwort; lustlos kam er herbei und stellte sich vor sein Bild. Als er es sah, wich er zurück, und seine Wangen röteten sich einen Moment lang vor Freude. Ein Ausdruck von Entzücken trat in seine Augen, als habe er sich zum ersten Mal selbst erkannt. Reglos und staunend stand er da; er nahm undeutlich wahr, dass Hallward etwas zu ihm sagte, vermochte aber den Sinn der Worte nicht zu erfassen. Das Bewusstsein seiner Schönheit überkam ihn wie eine Offenbarung. Es war für ihn ein ganz neues Gefühl. Basil Hallwards Komplimente hatte er immer nur für liebenswürdig übertriebene Freundschaftsbekundungen gehalten. Er hatte sie sich angehört, darüber gelacht, sie wieder vergessen. Sie hatten sein Wesen nicht beeinflusst. Dann war Lord Henry erschienen, mit seinem seltsamen Lobgesang auf die Jugend, seiner schaurigen Warnung vor ihrer Kürze. Das hatte ihn aufgewühlt, aber erst jetzt, da er das Abbild seiner Schönheit betrachtete, durchdrang ihn blitzartig die volle Wahrheit dessen, was Lord Henry gesagt hatte. Ja, eines Tages würde sein Gesicht runzlig und welk, sein Auge trübe und farblos, die Anmut seiner Gestalt zerrüttet und verdorben sein. Das Scharlachrot würde aus seinen Lippen weichen, das Gold aus seinem Haar schwinden. Das Leben, das seine Seele formen sollte, würde seinen Körper verunstalten. Er würde hässlich, abstoßend und unansehnlich werden.

Wie ein Messer durchfuhr ihn bei diesem Gedanken ein heftiger Schmerz und brachte jede zarte Fiber in ihm zum Erzittern. Seine Augen wurden dunkel wie Amethyste; ein Tränenschleier umflorte sie. Ihm war, als legte sich ihm eine eisige Hand aufs Herz.

„Gefällt's Ihnen nicht?" rief Hallward schließlich, ein wenig gekränkt durch Dorians Schweigen, dessen Bedeutung er nicht verstand.

O. Wilde, Das Bildnis des Dorian Gray. Übers. v. B. Oehlschlägel. Gütersloh: Mohn 1985, S. 28 f.

7–8 fortwirken

Antike Kunst: Wandgemälde (z. B. im Haus des Loreius Tiburtinus, Pompeji), Reliefs und Mosaike
Malerei: z. B. Jacopo Tintoretto (1555), Rom; Michelangelo de Caravaggio (1595), Rom; Nicolas Poussin (1627), Paris; Peter Paul Rubens (um 1638), Madrid, Rotterdam; William Turner (1803), London; John William Waterhouse, (1903), Liverpool; Max Ernst (1936), Athen; Salvador Dalí (1937), London ➤ Abb. 16; André Masson (1934), Coll. Wildenstein; Leonor Fini (1971), Basel
Karikatur und Grafik: Honoré Daumier (1842) ➤ Abb. 18; Hans Erni (1953) ➤ Abb. 17
Plastik und Skulptur: Benvenuto Cellini (um 1550), Florenz; Constantin Brancusi (1909), Paris; Auguste Rodin (1889), Paris
Musik: Opern von Georg Philipp Telemann (1709); Alessandro Scarlatti (1714; 1720); Christoph Willibald Gluck, „Eco e Narcisso“ (1779); Jules Massenet, „Idylle antique“ für Sopran und gemischten Chor, (1877); Benjamin Britten, Instrumentalmusik „Six Metamorphoses after Ovid“ (Pan, Phaeton, Niobe, Bacchus, Narcissus, Arethusa), op. 49 (1951); zwei Lieder von Jan Sibelius (1915 und 1918); Thomas Musgrave (1988), Komp. für Soloflöte und elektron. Elemente
Literatur: Narcissus wird in der Emblematik unter positiven und negativen Aspekten gesehen unter dem Motto „Erkenne dich selbst“ bzw. „Eigenliebe macht blind“; im Mittelalter und der frühen Neuzeit steht Narcissus als Warnung vor Stolz und der vergänglichen Welt des Scheins, auch bei Giovanni Boccaccio (1350–60). Im französischen Symbolismus steht er für die Ablehnung körperlicher Liebe zugunsten ästhetischer Betrachtung.
Dramatische Bearbeitungen: z. B. durch Calderon de la Barca (1658); Jean Jacques Rousseau, Komödie „Narcisse“ (1732–40); Friedrich Schlegel, „Lucinde“ (Roman, 1799); zahlreiche Gedichte, u. a. von Johann Gottfried Herder (1785); August Wilhelm Schlegel, „Dichter sind doch immer Narzisse“; Georg Trakl; Stefan George; Rainer Maria Rilke (1913); Paul Valéry; Franz Werfel (1920); Samuel Beckett (1935); oft in der Lyrik nach dem 2. Weltkrieg, z. B. Günter Grass, „Narziss“ (1960); Marie Luise Kaschnitz, „Narziss“ (1957); Rose Ausländer „Battery Park“ (1965); Inge Müller, „Wer gibt dir ein Recht den Stummen zu spielen“; Karin Kiwus, „Herr und Knecht“ (1976) etc.

Abb. 18: Le Beau Narcisse, Honoré Daumier, Zeitschrift „Charivari“ vom 27. 11. 1842

Als Bacchus mit seinem Gefolge nach Theben kommt, wagt es König Pentheus, der Enkel des Cadmus, sich gegen den Gott und dessen seltsamen Kult zu stellen. Berichte über die wunderbaren Kräfte des Bacchus vermögen ihn nicht umzustimmen. Zur Strafe dafür wird Pentheus von seiner eigenen Mutter und deren Begleiterinnen im ekstatischen Rauschzustand des Kults zerfleischt. Durch sein Schicksal gewarnt, schließen sich die thebanischen Frauen dem orgiastischen Bacchuskult an. Nur die Töchter des Minyas halten sich fern und verehren weiterhin Pallas Athene. Während die anderen Frauen feiern, sitzen die Schwestern daheim am Webstuhl und erzählen sich dabei Geschichten. Die erste Schwester beginnt mit der Erzählung vom Maulbeerbaum, dessen Früchte heute nicht – wie ursprünglich – weiß, sondern schwarz sind:

9 text

met. 4, 55–166

Pyramus und Thisbe

Pyramus et Thisbe – iuvenum pulcherrimus alter,
altera, quas[1] oriens[2] habuit, praelata[3] puellis –
contiguas[4] tenuere domos[5], ubi dicitur[6] altam
coctilibus muris[7] cinxisse Semiramis urbem.
Notitiam[8] primosque gradus[9] vicinia[10] fecit;
tempore crevit amor. Taedae quoque iure coissent[11],
sed vetuere patres. Quod[12] non potuere vetare:
ex aequo[13] captis ardebant mentibus[14] ambo.
Conscius[15] omnis abest; nutu[16] signisque loquuntur,
quoque magis[17] tegitur, tectus magis aestuat ignis.

Abb. 19: Allein, Wolfgang Mattheuer, Gemälde (1970), Crivitz, Privatbesitz

Fissus[18] erat tenui[19] rima, quam duxerat[20] olim,
cum fieret, paries[21] domui communis utrique.
Id vitium nulli[22] per saecula longa notatum[23]

55 **1 quas**: bezogen auf puellis **2 oriens**, -tis m.: (sol) Osten, Orient **3 praelatus** 3 (praeferre): ausgezeichnet vor, unter **4 contiguus** 3: benachbart **5 domos tenere**: Häuser bewohnen, tenuere = tenuerunt **6 ubi dicitur**: *ubi Semiramis altam urbem coctilibus muris cinxisse dicitur* **7 murus coctilis**: Mauer aus gebrannten Ziegeln **8 notitia**, -ae f.: Bekanntschaft **9 gradus**, -us m. (erg. amoris): Schritte **10 vicinia**, -ae f.: Nachbarschaft

60 **11 taedae iure coissent** (coni. irreal. d. Vght.): sie hätten auch rechtmäßig geheiratet **12 quod** (weist auf den folgenden Hauptsatz hin): was **13 ex aequo**: gleichermaßen **14 mentibus captis** (erg. amore): mit verliebten Herzen **15 conscius**, -i m.: Mitwisser **16 nutus**, -us m.: das Nicken, Winken **17 quoque magis** ... = *et quo magis (ignis) tegitur, (eo) magis ignis aestuat*

65 **18 findo** 3, fidi, fissum: spalten **19 tenuis**, -e: zart **20 rimam ducere**: einen Riss bekommen **21 paries**, -etis m.: Wand: *utrique domui communis paries tenui rima fissus erat* **22 nulli**: dat. auctoris **23 noto** 1: wahrnehmen, bemerken

(quid non sentit amor?) primi vidistis amantes
et vocis fecistis iter; tutaeque per illud[24]
murmure blanditiae[25] minimo transire solebant.
Saepe, ubi constiterant hinc Thisbe, Pyramus illinc,
inque vices[26] fuerat captatus[27] anhelitus oris[28],
„Invide[29]“, dicebant, „paries, quid amantibus obstas?
Quantum erat[30], ut sineres toto nos corpore iungi,
aut, si hoc nimium[31] est, vel[32] ad oscula danda pateres?
Nec[33] sumus ingrati: tibi nos debere[34] fatemur,
quod datus est verbis ad amicas[35] transitus[36] aures.“
Talia diversa[37] nequiquam[38] sede locuti
sub noctem dixere „Vale“ partique[39] dedere[40]
oscula quisque suae non pervenientia[41] contra.
Postera nocturnos aurora[42] removerat ignes[43]
solque pruinosas[44] radiis[45] siccaverat[46] herbas,
ad solitum coiere[47] locum. Tum murmure parvo
multa prius[48] questi statuunt, ut nocte silenti[49]
fallere custodes foribusque excedere temptent,
cumque domo exierint, urbis quoque tecta relinquant;
neve[50] sit errandum lato spatiantibus[51] arvo,
conveniant[52] ad busta[53] Nini lateantque sub umbra
arboris. Arbor ibi niveis uberrima[54] pomis,
ardua[55] morus[56] erat, gelido contermina[57] fonti.
Pacta[58] placent; et lux tarde[59] discedere visa
praecipitatur aquis[60] et aquis nox exit ab isdem.
Callida[61] per tenebras versato cardine[62] Thisbe
egreditur fallitque suos adopertaque[63] vultum

Abb. 20: ***Die Liebenden über der Stadt*, Marc Chagall,** *Gemälde (1917), Moskau, Tretjakov-Galerie*

24 per illud: erg. iter
70 **25 blanditiae**, -arum f.: Koseworte, zärtliche Worte **26 in vices**: gegenseitig **27 fuerat captatus** = erat captatus **28 anhelitus oris**: Atem **29 invidus** 3: neidisch, missgünstig **30 quantum erat**: wie wenig würde es ausmachen
75 **31 nimium**: zu viel **32 vel**: h. wenigstens, auch nur **33 nec**: doch / aber nicht **34 debere, quod**: zu verdanken haben, dass **35 amicus** 3: befreundet, geneigt **36 transitus**, -us m.: Durchgang, Zugang **37 diversus** 3: getrennt **38 nequiquam**: vergeblich **39 parti**: erg. parietis **40 dedere** = dederunt, Subjekt = quisque (constructio ad sensum ➤ B 45)
80 **41 contra pervenire**: auf die andere Seite gelangen **42 postera aurora**: der folgende Morgen **43 nocturni ignes**: die nächtlichen Feuer = Sterne **44 herbae pruinosae**: taubedeckte Gräser **45 radius**, -i m.: h. Strahl **46 sicco** 1: trocknen **47 coiere ad** = coierunt ad: zusammenkommen, sich treffen bei **48 prius** (adv.): vorher, zunächst **49 silens**, -ntis: still
85 **50 neve**: und nicht (führt ut ... in V. 84 weiter) **51 spatiantibus**: dat. auct. zu errandum; spatior: gehen, wandern **52 conveniant, lateant**: abhängig von statuunt, ut **53 bustum**, -i n.: Grab **54 uber**, -eris: ergiebig, fruchtbar
90 **55 arduus** 3: h. hochragend **56 morus**, -i f.: Maulbeerbaum **57 conterminus** 3: benachbart **58 pactum**, -i n.: Abmachung **59 tarde**: h. zu langsam **60 lux aquis praecipitatur**: die Sonne versinkt im Wasser **61 callidus** 3: schlau: *versato cardine callida Thisbe per tenebras egreditur* **62 cardinem versare**: die Haustüre öffnen; cardo, -inis m.: Türangel **63 adopertus vultum** (griech. acc.): das Gesicht verhüllt

pervenit ad tumulum dictaque[64] sub arbore sedit:
Audacem[65] faciebat amor. Venit ecce recenti[66]
caede leaena[67] boum spumantes oblita[68] rictus[69],
depositura sitim[70] vicini fontis in unda.
Quam procul ad lunae radios Babylonia Thisbe
vidit et obscurum timido pede fugit in antrum[71],
dumque fugit, tergo velamina[72] lapsa reliquit.
Ut lea saeva sitim multa compescuit[73] unda,
dum redit in silvas, inventos[74] forte sine ipsa
ore cruentato[75] tenues laniavit[76] amictus.
Serius[77] egressus[78] vestigia vidit in alto
pulvere[79] certa ferae totoque expalluit[80] ore
Pyramus; ut vero[81] vestem quoque sanguine tinctam[82]
repperit, „Una duos“, inquit, „nox perdet amantes,
e quibus illa fuit[83] longa dignissima vita;
nostra nocens anima est. Ego te, miseranda[84], peremi[85],
in loca[86] plena metus qui iussi nocte venires
nec prior huc veni. Nostrum divellite[87] corpus
et scelerata fero consumite viscera morsu[88],
o quicumque[89] sub hac habitatis rupe[90], leones!
Sed timidi est[91] optare necem.“ Velamina Thisbes
tollit et ad pactae[92] secum fert arboris umbram,
utque dedit notae[93] lacrimas, dedit oscula vesti,
„Accipe nunc“, inquit, „nostri quoque sanguinis
haustus![94]“

Abb. 21: Thisbe, J. W. Waterhouse, *Gemälde (1909), Privatbesitz*

95 **64 dictus**: h. vereinbart **65 audacem**: erg. eam **66 recens**, -entis: h. unmittelbar von **67 leaena**, -ae f.: Löwin **68 oblita spumantes rictus** (griech. acc.): am, um den schäumenden Rachen; oblino 3, -levi, -litum: beschmieren **69 rictus**, -us m.: Rachen **70 sitim deponere**: den Durst löschen (depositura: part. fut. in finaler Bedeutung)

100 **71 antrum**, -i n.: Höhle **72 velamen**, -inis n.: Gewand, Umhang; lapsa velamina tergo (abl. sep.): der vom Rücken geglittene Umhang **73 sitim compescere**: den Durst stillen **74 inventos**: zu amictus, -us m., Gewand, Umhang: *(lea) ore cruentato laniavit tenues amictus forte sine ipsa (Thisbe) inventos* **75 ore cruentato**: mit blutigem Maul **76 lanio** 1: zerfetzen

105 **77 serius** (adv.): später **78 egressus** = Pyramus: erg. ex urbe **79 pulvis**, -eris m.: Staub, Sand **80 expallesco** 3, -pallui: erbleichen **81 vero**: sogar **82 tingo** 3, tinxi, tinctum: färben, benetzen **83 fuit**: dt. besser coni., sie wäre gewesen

110 **84 miserandus** 3: bedauernswert **85 perimo** 3, -emi, -emptum: töten, vernichten **86 in loca**: *qui iussi, (ut) nocte in loca metus plena venires, nec ... veni;* iubere + coni. statt AcI **87 divello** 3, -velli, -vulsum: zerfleischen, zerreißen **88 morsus**, -us m.: Biss **89 o quicumque**: alle, die: *o leones, quicumque sub hac rupe habitatis, divellite* **90 rupes**, -is f.: Felsen

115 **91 timidi est** (gen. poss.): es ist ein Zeichen von Feigheit **92 pactus** 3: vereinbart, verabredet **93 notae**: zu vesti **94 haustus accipere**: einen Trunk nehmen

quoque[95] erat accinctus[96], demisit in ilia[97] ferrum.
Nec mora[98], ferventi moriens e vulnere[99] traxit
et iacuit resupinus[100] humo[101]: Cruor emicat[102] alte,
non aliter quam cum vitiato[103] fistula[104] plumbo
scinditur[105] et tenui stridente[106] foramine[107] longas
eiaculatur[108] aquas[109] atque ictibus[110] aëra[111] rumpit[112].
Arborei fetus[113] aspergine[114] caedis in atram
vertuntur faciem[115], madefactaque[116] sanguine radix[117]
purpureo tingit pendentia mora[118] colore.

***Abb. 22: Piramo e Tisbe, Gregorio Pelagi**, Gemälde (1590), Rom, Gabinetto delle Stampe*

Ecce metu nondum posito, ne fallat[119] amantem,
illa redit iuvenemque oculis animoque requirit,
quantaque vitarit[120] narrare pericula gestit[121];
utque[122] locum et visa cognoscit in arbore formam[123],
sic facit incertam pomi color: Haeret[124], an haec sit.
Dum dubitat, tremebunda[125] videt pulsare cruentum
membra solum[126] retroque pedem tulit[127] oraque buxo[128]
pallidiora[129] gerens exhorruit[130] aequoris instar[131],
quod tremit, exigua cum summum[132] stringitur[133] aura.

95 quoque: *et ferrum, quo accinctus erat, in ilia demisit* **96 accingo** 3, -cinxi, -cinctum: (um)gürten **97 ilia**, -ium n. pl.: Eingeweide, Unterleib; in ilia demittere: hineinstoßen in
98 nec mora: sogleich **99 vulnus fervens**: brennende Wunde; Wunde, aus der heiß das Blut quillt **100 resupinus** 3: zurückgebogen, rücklings **101 humo** (abl. loci statt humi): am Boden **102 emico** 1: emporspritzen **103 vitiatus** 3: fehlerhaft, beschädigt **104 fistula**, -ae f.: Rohr **105 scindo** 3, scidi, scissum: zerreißen; pass. platzen **106 strideo** 2, stridi: zischen **107 foramen**, -inis n.: Loch, h. abl. sep. **108 eiaculor** 1: herausschleudern **109 aquae**: h. Wasserstrahl **110 ictus**, -us m.: Stoß **111 aër**, -is m.: Luft **112 aëra rumpere**: die Luft zerschneiden (griech. acc. zu aër)
113 fetus, -us m.: Frucht **114 aspergo**, -ginis f.: Bespritzung, h. Bluttropfen **115 in atram faciem verti**: schwarz gefärbt werden **116 madefacio** 3M, -feci, -factum: nass machen **117 radix**, -icis f.: Wurzel **118 morum**, -i n.: Maulbeere **119 fallo** 3: verfehlen
120 vito 1: vermeiden **121 gestio** 4, -ivi: sich freuen auf: *et gestit narrare, quanta pericula vitarit* (= vitaverit) **122 ut – sic**: zwar – doch **123 forma**, -ae f.: h. Umriss **124 haereo** 2, haesi, haesurum: stocken, im Zweifel sein **125 tremebundus** 3: zuckend: *videt tremebunda membra pulsare cruentum solum* **126 cruentum solum**: der blutige Boden **127 retro pedem ferre**: zurückweichen **128 buxus**, -i f.: Buchsbaum
129 pallidus 3: bleich: *ora gerens pallidiora buxo* **130 exhorresco** 3, -horrui: erschrecken, schaudern **131 instar** (indecl. + gen.) **aequoris**: gleich wie eine Wasserfläche **132 summum** (erg. aequoris): h. Oberfläche des Wassers **133 stringo** 3, strinxi, strictum: streifen

Sed postquam remorata[134] suos cognovit amores[135],
percutit indignos[136] claro plangore[137] lacertos[138]
et laniata comas[139] amplexaque corpus amatum
vulnera supplevit[140] lacrimis fletumque cruori
miscuit et gelidis in vultibus oscula figens[141]
„Pyrame“, clamavit, „quis te mihi casus ademit?
Pyrame, responde! Tua te, carissime, Thisbe
nominat. Exaudi vultusque attolle[142] iacentes[143]!“
Ad nomen Thisbes oculos iam morte gravatos[144]
Pyramus erexit[145] visaque recondidit[146] illa.
Quae postquam vestemque suam cognovit et ense
vidit ebur[147] vacuum, „Tua te manus“, inquit, „amorque
perdidit, infelix! Est et[148] mihi fortis in unum
hoc[149] manus, est et[148] amor: Dabit hic[150] in vulnera vires.
Persequar extinctum letique[151] miserrima dicar
causa comesque tui; quique[152] a me morte revelli[153]
heu sola poteras, poteris nec morte revelli[153].
Hoc tamen amborum verbis[154] estote rogati[155],
o multum[156] miseri, meus illiusque parentes,
ut[157], quos certus amor, quos hora novissima[158] iunxit,
componi[159] tumulo non invideatis eodem.
At tu[160], quae ramis arbor miserabile corpus
nunc tegis unius, mox es tectura duorum,
signa tene caedis pullosque[161] et luctibus[162] aptos[163]
semper habe fetus, gemini monumenta[164] cruoris!“
Dixit et aptato pectus mucrone[165] sub imum[166]
incubuit[167] ferro, quod adhuc a caede tepebat[168].
Vota tamen tetigere deos, tetigere parentes:
Nam color in pomo est, ubi permaturuit[169], ater,
quodque rogis superest[170], una requiescit in urna.

134 remoror 1: verweilen **135 suos amores**: ihren Geliebten, Pyramus **136 indignus** 3: h. nicht verdienend = unschuldig **137 plangor**, -oris m.: Wehklage **138 lacertus**, -i m.: Arm **139 comas laniari**: sich die Haare raufen **140 suppleo** 2, -plevi, -pletum: anfüllen **141 oscula figere**: küssen **142 exaudi attolle**: verstärkt für audi, tolle **143 vultus iacentes**: die gesenkten Lider, den gesenkten Blick **144 gravatus** 3: beschwert, schwer **145 erigo** 3, -rexi, -rectum: aufrichten, h. aufschlagen **146 recondo** 3, -didi, -ditum: wieder schließen **147 ebur**, eboris n.: Elfenbein, h. Schwertscheide aus Elfenbein **148 et** = etiam **149 in unum hoc**: zu diesem einen (dem Selbstmord) **150 dabit hic** (amor) **vires in vulnera**: diese (Liebe) wird mir Kraft verleihen, mir Wunden zuzufügen **151 letum**, -i n.: Tod **152 quique** = et (tu), qui ... **153 revello** 3, -velli, -volsum: wegreißen, pass. entrissen werden **154 verbis amborum**: in beider Namen **155 hoc rogare**: um dies bitten **156 multum** (adv.): sehr **157 ut**: *ut non invideatis (eos) in eodem tumulo componi, quos ...* (non negiert invideatis) **158 hora novissima**: die letzte Stunde **159 compono** 3, -posui, -positum: h. bestatten **160 at tu, arbor**: *at tu, arbor, quae ramis (tuis) nunc ... tegis, mox (corpora) duorum tectura es; tene signa caedis ...* **161 pullus** 3: dunkel **162 luctus**, -us m.: Trauer **163 aptus** (+ abl.): passend zu **164 monumentum**, -i n.: Erinnerungszeichen **165 mucronem aptare**: das Schwert ansetzen **166 sub imum** (= infimum) **pectus**: direkt unterhalb der Brust **167 incumbo** 3, -cubui: sich in etwas stürzen **168 tepeo** 2: warm sein **169 permaturesco** 3, -turui: reif werden **170 rogis superesse**: den Scheiterhaufen überdauern

9 Kommentar

met. 4, 55–166

Die Erzählung, die aus dem Orient kommt, vereint tragische und komische Elemente. Daher kann sie – je nach Vernachlässigung eines Elements – sowohl als Tragödie als auch als Komödie aufgefasst werden. Es wird vermutet, dass Ovid weitgehend durch die Aufführung eines röm. Mimus, also einer Art Theaterstück, beeinflusst worden ist.

55 **Pyramus**, -i, **Thisbe**, -es: griech. Eigennamen

58 **Semiramis**: sagenhafte Königin und Gründerin von Babylon; sie soll die Stadt auch mit hohen Ziegelmauern (*coctilibus muris*) umgeben und terrassenförmige Gärten (die „hängenden Gärten") angelegt haben, die als eines der sieben Weltwunder galten. Das historische Vorbild zu dieser Gestalt war die assyrische Königin Sammuramat (gest. vermutlich 782 v. Chr.), um die sich allmählich verschiedene märchenhafte Motive sammelten.

60 **taedae coissent**: Metonymie ➤ B 17; zu den röm. Hochzeitsriten gehörte, dass die Braut nach Opfern und nach Anrufung der Ehegottheiten beim Licht Glück bringender Fackeln aus Weißdornholz in das Haus des Bräutigams geleitet wurde.

85 **fallere custodes**: Ovid nimmt hier die römische Praxis zum Vorbild, wo sich in den Häusern von wohlhabenden Menschen ein Türhüter hinter der Eingangstür oder in einer Kammer (Portierloge) seitlich der Türe befand. Pyramus und Thisbe wollen sich unbemerkt vorbeischleichen.

88 **Ninus**: nach griech. Überlieferung Ehemann der Semiramis und Gründer der Stadt Ninos (= Ninive); seine Gattin soll für ihn ein gewaltiges Grabmal errichtet haben, das Ovid vor die Stadtmauern von Babylon verlegt.

90 **morus**: Gemeint ist die *morus alba* oder *myrtus communis*, eine Art des Maulbeerbaums mit weißgelben Früchten.

96 **audacem facit amor**: Ovid bedient sich in dieser Textpassage typischer Motive des antiken Romans, vor allem des Liebesromans (die Bereitschaft, aus Liebe Gefahren auf sich zu nehmen, das Täuschen von Aufsichtführenden, plötzliche Gefahr und Flucht). Die Gattung des Romans (der Name stammt erst aus viel späterer Zeit) war im Hellenismus sehr beliebt.

127 Aus der *morus alba* ist eine *morus nigra* mit purpurroten Früchten geworden; diese doppelte Fruchtart der Maulbeere bildet die Grundlage der Verwandlungsgeschichte.

134 **buxus**: Das Holz weist eine weißgelbliche, „totenbleiche" Färbung auf.

137 **amores**: Metonymie ➤ B 16

154 **estote rogati**: feierliche Ausdrucksweise wie in der Rechtssprache üblich

9 Vertiefung

➤ Kompetenzorientierte Arbeitsaufgaben S. 142

1 **a** Teile die Erzählung in Abschnitte und suche für jeden Abschnitt einen passenden Titel!

b Inwiefern steigert sich die Handlung innerhalb der einzelnen Abschnitte? Wo erreicht das Geschehen seine(n) Höhepunkt(e)? Mit welchen Stilmitteln betont der Dichter diese?

2 Zeige, in welchen Schritten Ovid das Zunehmen der Liebe zwischen den beiden schildert!

3 **a** An welchen verschiedenen Orten spielt die Handlung?

b Wie verbindet Ovid die Liebesgeschichte mit der Landschaft?

c Welche Rolle spielen Zufall und Irrtum?

4 Vergleiche die Erzählung Ovids mit der Gestaltung durch Shakespeare und Gryphius! Worin unterscheiden sich die Darstellungen? Beachte dabei die literarische Gattung, die handelnden Personen, den Wegfall von Motiven etc.!

E6 texte

William Shakespeare lässt in seiner Komödie **„Ein Sommernachtstraum"** (erste Aufführung um 1595 in London) zu einer Hochzeitsfeier im Palaste des Theseus, des Herzogs von Athen, von Handwerkern das Rüpelspiel „Pyramus und Thisbe" aufführen. Die Probe aus diesem Spiel entspricht etwa den Versen met. 4, 95–119:

THISBE: Dies ist ja Nickels Grab; wo ist mein Liebchen denn?

LÖWE: Oh! *(Der Löwe brüllt, Thisbe läuft davon.)*

DEMETRIUS: Gut gebrüllt, Löwe!

THESEUS: Gut gelaufen, Thisbe! [...] *(Der Löwe zerreißt den Mantel der Thisbe.)* Gut gezaust, Löwe!

DEMETRIUS: Und da kam Pyramus. *(Pyramus kommt.)*

LYSANDER: Und da verschwand der Löwe. *(Löwe ab.)*

PYRAMUS: Ich dank' dir, süßer Mond, für deine Sonnenstrahlen,
Die also hell und schön den Erdenball bemalen;
Dieweil bei deinem Gold und funkelnd süßem Licht
Zu kosten ich verhoff' mein'r Thisben Angesicht.
Doch halt, o Pein!
Was soll dies sein?
Was für ein Graus ist dies?
Aug', siehst du noch?
O schweres Joch!
Mein Herz, mein Liebchen süß,
Dein Mantel gut
Befleckt mit Blut!
Ihr Furien, kommt im Trab
Herbei und rächt
Und löscht und brecht
Den Lebensfaden ab. [...]
Warum denn, o Natur, tatest du den Löwen bauen?
Weil solch ein schnöder Löw' mein Lieb hat umgebracht;
Sie, welche ist – nein, war – die schönste aller Frauen,
Die je des Tages Glanz mit ihrem Schein geziert.
Komm, Tränenschar!
Auf, Schwert! Durchfahr'
Die Brust dem Pyramo!
Die Linke hier,
Wo's Herz hüpft mir;
So sterb' ich denn, so, so!
Nun tot ich bin,
Der Leib ist hin,
Die Seel' speist Himmelsbrot.
O Zung', lisch aus!
Mond, lauf' nach Haus!
Nun tot, tot, tot, tot, tot! *(Er stirbt.)*

W. Shakespeare, Ein Sommernachtstraum. Übers. v. W. v. Schlegel. Stuttgart: Reclam 1972 (= UB 73), S. 64 f.

Andreas Gryphius (1616–1664), schlesischer Dramatiker und Lyriker, gilt als typischer Dichter des Barock. Sein bekanntestes, auch heute noch mitunter aufgeführtes „Schimpfspiel" trägt den Titel **„Absurda Comica oder Herr Peter Squentz"**. Es erschien 1663 und zeigt, wie eine Gruppe von Handwerkern unter vielfachen Hindernissen die Liebesgeschichte von Piramus und Thisbe aufführt:

PIRAMUS:

Dies ist die fröhliche Stund'
In der ich, Thisbe, deinen Mund
Recht küssen soll hinten und vorn.
Ich mein, sie sitzt bei jenem Born.
[...]
Wie, ist das nicht ihr Mantel hier?
Was gilt's, sie ist noch gar allhier.
O lieber Gott, was soll das sein?
Der Mantel blutet wie ein Schwein,
Das man itzt abgestochen hat.
Helft, liebe Freunde! Was nun Rat?
Ein grimmes Tier hat sie erbissen,
Wie sehr wird mir das Herz zerrissen!
[...]
Ei, ei, was werd ich nun erdenken?
Ich werde mich vor Angst erhenken.
Ei nein, der Strick ist viel zu teu'r,
Der Hanf ist nicht geraten heu'r.
O hätt' ich meinen Degen bei mir,
Mein Bauch, den wollt' ich geben dir!
Die Liebe hat mich so besessen,
Dass ich mein Schwert daheim vergessen.
Ich mag doch länger hier nicht bleiben,
Ich werde mich gewiss entleiben,
Ich laufe mit dem Kopfe wider die Wand
Oder ersteche mich mit der Hand.
(Er läuft fort und fällt über seinen Degen.)
Nein, bitte, schau, was soll das sein?
Hab ich doch hier das Schwerte mein!
Allons! nun ist's mit mir getan.
Mein lieber Hals, du musst daran.
Ei, es ist wahrlich schad' um mich.
Frisch auf, mein Herz, und dich ersticht!
(Er zieht den Degen, wendet sich gegen die Zuschauer und spricht:)
Erschrecket nicht, liebe Leute, ich ersteche mich nicht recht, es ist nur Spiel. Wer es nicht sehen kann, der gehe hinaus oder mache die Augen zu, bis ich die schreckliche Tat verrichtet habe [...]. Ei, bitte, fürchtet euch doch nicht so, es hat nichts zu bedeuten. Seht, ich will mich nur mit dem Knopf erstechen.
(Er macht den Wams auf, setzt den Knopf auf die Brust, die Spitze gegen die Bühne, fällt nieder, steht wieder auf, läuft um das ganze Theater herum und fängt an:)
Seht, bitte, seht, ich bin steintot.
Ach, wie wird Thisbe mich beklagen!
Ei, bitte, lasst's ihr doch nicht sagen.
Ade, mein Leben hat ein End!,
Hier fall ich auf Bauch, Kopf und Händ'.
(Er fällt wieder nieder, heult eine Weile, verdreht die Augen und schweigt endlich still; der Mond löscht das Licht aus.)

A. Gryphius, Absurda Comica oder Herr Peter Squentz.

Modernisierte Ausgabe.
Hrsg. v. H. Cysarz. Ditzingen: Reclam 1984 (= UB 917), S. 42–44

Auch **Shakespeares „Romeo und Julia"** (1595) thematisiert das Motiv der verbotenen Liebe zwischen zwei jungen Menschen. Versuche, Gemeinsamkeiten und Unterschiede zwischen dem Abschiedsmonolog des Pyramus und dem des Romeo herauszufinden.

(Romeo öffnet die Gruft.) Denn hier liegt Julia, und ihre Schönheit macht dieses Gewölbe zu einem Schlossfestsaal voller Licht. Tod, lieg du dort, von einem Toten beerdigt.

(Er legt Tybalt in die Gruft.) Wie oft, wenn Menschen ganz nahe dem Tode sind, waren sie schon fröhlich! was ihre Wärter einen Blitz vor dem Tod nennen. Oh, wie kann ich [90] dies einen Blitz nennen? O meine Liebste, meine Frau! Tod, der den Honig deines Atems gesaugt hat, hat noch keine Macht über deine Schönheit gehabt. Du bist nicht besiegt. Der Schönheit Fahne ist noch rot in deinen Lippen und in deinen Wangen, [95] und des Todes bleiche Flagge ist dort noch nicht gehisst. Tybalt, liegst du dort in deinem blutigen Tuch? Oh, welch größeren Gefallen kann ich dir tun, als mit der Hand, die deine Jugend entzwei schlug, dessen Jugend zu zerreißen, der dein Feind war? [100] Vergib mir, Vetter! Ah, liebe Julia, warum bist du noch so schön? Soll ich glauben, dass der körperlose Tod verliebt ist und dass das dürre, verabscheute Ungeheuer dich hier im Dunkeln hält, damit du seine Geliebte bist? [105] Aus Angst davor will ich immer bei dir bleiben und nie wieder aus diesem Palast der trüben Nacht fortgehen. Hier, hier will ich bleiben bei

Würmern, die deine Kammerjungfern sind. Oh, hier will ich meine immerwährende Ruhe halten [110] und das Joch Unglück verheißender Sterne von diesem weltmüden Fleisch abschütteln. Augen, schaut zum letzten Mal! Arme, nehmt eure letzte Umarmung! Und, Lippen, o ihr, die Türen des Atems, besiegelt mit einem rechtmäßigen Kuss einen zeitlosen Handel mit dem alles an sich reißenden Tod! [115] Komm, bitterer Führer, komm, widerwärtiger Wegweiser! Du verzweifelter Lotse, setze jetzt gleich auf die zerschmetternden Felsen deine seekranke, matte Barke! Auf das Wohl meiner Liebsten! *(Er trinkt.)* O zuverlässiger Apotheker! Deine Drogen sind schnell. So sterbe ich mit einem Kuss. [120] *Er fällt.*

W. Shakespeare, Romeo und Julia. Übers. v. H. Geislein. Stuttgart: Reclam 1979 (= UB 9942), S. 193

9 fortwirken

Antike Kunst: Wandgemälde, z. B. aus Pompeji, Museum Neapel

Malerei: z. B. Lucas Cranach d. Ä. (1520–25), Bamberg; Hans Baldung Grien (1530), Berlin; Jacopo Tintoretto (1541), Modena; Giulio Romano (1492–1546), Rom; Luca Giordano (1692–1702), El Escorial; Rembrandt (1652/53), Berlin; Nicolas Poussin (1650), Frankfurt, Städel; Gaspard Dughet, Liverpool

Plastik: Antonio Filarete (1433–45), Bronzetüren, St. Peter, Rom

Literatur: Kirchenväter und Autoren des Mittelalters verurteilten die Sage, weil sie die Leidenschaft zu sehr hervorhebe, man deutete sie aber auch moralisch als Symbol für die Leiden Christi und die Erlösung; der Philosoph und Theologe Abelard verwendete den Stoff in der Erzählung von seiner Liebe zu Heloïse (11./12. Jh.); Chrétien de Troyes (12.Jh.); Boccaccio (1342); Geoffrey Chaucer (1385–86), dessen Werk wohl William Shakespeare anregte: Er verwandelte die Liebestragödie in eine Posse und bezog sie in das Schauspiel „Ein Sommernachtstraum“ (1595) ein ➤ S. 48; Andreas Gryphius erweitert das Rüpelspiel zu einem selbstständigen Lustspiel, „Herr Peter Squentz“ (1663) ➤ S. 49. Das Motiv der verbotenen Liebe behandelt William Shakespeare auch in „Romeo und Julia“ ➤ S. 49 f.

Musik: Opern u. a. von Christoph Willibald Gluck (1746), Johann Adolf Hasse (1769) und Benjamin Britten, „A Midsummer Night´s Dream“ (1960); Leonard Bernstein, „West Side Story“ (1957); Jeffery Cotton, „Pyramus und Thisbe“, Ballett (2001), dazu Cottons Interpretation:

> Die Charaktere Pyramus und Thisbe mögen hier ein geteiltes Deutschland repräsentieren, aber viel wesentlicher repräsentieren sie den geteilten deutschen Geist. In ihrer metaphorischen Kraft ist die Mauer die eigentliche Hauptfigur der Geschichte. Jedenfalls scheint Ovid zu sagen, dass es aus der Mauer kein Entrinnen gibt – man kann von ihr fortlaufen, oder sie niederreißen, aber sie wird zurückkommen.
>
> *J. Cotton, Mauern. Programmnotiz 7. 10. 2003*

Auch die beiden anderen Töchter des Minyas erzählen in der Folge Geschichten von unglücklichen Liebenden. Doch dann ereilt sie die Strafe des Bacchus / Dionysos, den sie durch ihre Arbeit missachtet hatten. Der Gott verwandelt sie in Fledermäuse.

Der Kreis der thebanischen Sagen schließt mit der Verwandlung des Stammvaters Cadmus in eine Schlange (met. 4, 416–603). Die anschließende Sage führt nach Argos. Sie handelt von Perseus, dem Helden, den Jupiter in Gestalt eines Goldregens vom Himmel mit Danae gezeugt hatte; er rettete Andromeda vor dem Meerungeheuer und erschlug die schreckliche Medusa (met. 4, 604–5, 249). Dies bildet den Rahmen für mehrere Verwandlungsmythen. Wir hören zunächst vom Raub der Proserpina / Persephone, der Tochter der Ceres / Demeter, durch Pluto / Hades, den Gott der Unterwelt. In dem Streit zwischen Ceres und Pluto um die geraubte Proserpina entscheidet schließlich Jupiter, dass diese jeweils sechs Monate bei der Mutter und sechs Monate bei dem Gatten verweilen solle. Nach mehreren kürzeren Erzählungen werden die von den Musen besiegten Töchter des Pierus zur Strafe für ihre anmaßende Herausforderung der Musen und für ihre Geschwätzigkeit in Elstern verwandelt. Es folgen Erzählungen mit gleichem Grundmotiv: Jeweils ist ein Mensch so vermessen, sich in einer ihm eigenen Kunstfertigkeit oder hinsichtlich einer bestimmten Eigenschaft für besser als ein göttliches Wesen zu halten. So wird die im Weben und Sticken geschickte Arachne von Athene in eine Spinne verwandelt, der im musikalischen Wettkampf von Apollo besiegte Marsyas von diesem gehäutet. Zwischen diesen Geschichten stehen zwei Erzählungen über die Bestrafung von Frevlern durch Latona / Leto, die Mutter des Apollo und der Diana / Artemis:

Niobe, die Königin von Theben, verhöhnte Latona, da diese nur zwei, sie selbst dagegen 14 Kinder geboren habe. Sie hielt die Frauen von Theben ab, Latona zu verehren und forderte göttliche Ehren für sich. Zur Strafe töteten Diana und Apollo alle Kinder der Niobe, die vor Schmerz zu Stein erstarrte.

Angeregt durch diese Erzählung über Königin Niobe erinnert sich jemand eines weiteren Falles der Bestrafung und Metamorphose durch Latona. Als diese mit ihren Zwillingskindern am Arm vor der eifersüchtigen Juno / Hera flieht, gelangt sie, schon ganz erschöpft von Hitze und Durst, zu einem klaren See in Lykien.

10 text

met. 6, 339–381

Die lykischen Bauern

Iamque Chimaeriferae[1], cum sol gravis[2] ureret arva[3],
finibus in Lyciae longo dea fessa labore[4]
sidereo[5] siccata[6] sitim collegit[7] ab aestu
uberaque[8] ebiberant[9] avidi lactantia[10] nati.
Forte lacum mediocris aquae[11] prospexit in imis
vallibus: Agrestes[12] illic fruticosa[13] legebant
vimina[14] cum[15] iuncis[16] gratamque paludibus ulvam[17].
Accessit positoque genu[18] Titania terram
pressit, ut hauriret gelidos potura[19] liquores[20].
Rustica turba vetat. Dea sic affata[21] vetantes:
„Quid prohibetis aquis? Usus communis aquarum est;

Abb. 23: Latona-Brunnen, J. A. Hautmann (1853), Schloss Herrenchiemsee

339 **1 Chimaerifera Lycia**: Lykien, das die Chimäre hervorbrachte; *iamque ... in finibus Chimaeriferae Lyciae dea (= Latona), cum sol ... ureret, longo labore fessa (et) ab sidereo aestu siccata sitim collegit et nati ... ubera ebiberant* **2 gravis**, -e: h. drückend heiß **3 arvum**, -i n.: Flur
340 **4 labor**, -is m.: h. Mühsal, Anstrengung **5 aestus sidereus**: Sonnenglut **6 sicco** 1: austrocknen **7 sitim colligere**: durstig werden **8 uber**, -eris n.: Mutterbrust **9 ebibo** 3, -bibi: aus-, leertrinken **10 lacto** 1: Milch spenden **11 mediocris aquae** (gen. qual.): nicht allzu tief **12 agrestis**, -is m.: Bauer **13 fruticosus** 3: buschig
345 **14 vimen**, -inis n.: Weidenrute **15 cum**: mit (bez. die Zusammengehörigkeit) **16 iuncus**, -i m.: Binse **17 ulva grata paludibus**: Schilfgras, das gern im Sumpfgelände wächst **18 genu ponere:** das Knie beugen **19 poto** 1: trinken; potura (part. fut. final): um zu trinken **20 liquor**, -is m.: Flüssigkeit, Nass **21 affor**, affari, affatus sum: ansprechen

nec solem proprium[22] natura nec aëra[23] fecit
nec tenues[24] undas. Ad publica munera veni!
Quae tamen ut detis, supplex peto. Non ego nostros
abluere[25] hic artus[26] lassataque[27] membra parabam[28],
sed relevare sitim[29]. Caret os umore[30] loquentis
et fauces arent[31], vixque est via vocis in illis.
Haustus[32] aquae mihi nectar[33] erit, vitamque fatebor[34]
accepisse simul: Vitam dederitis[35] in unda.
Hi quoque vos moveant, qui nostro bracchia tendunt
parva sinu." Et casu[36] tendebant bracchia nati.
Quem non blanda[37] deae potuissent verba movere?
Hi tamen orantem perstant[38] prohibere minasque,
ni[39] procul abscedat[40], conviciaque[41] insuper[42] addunt.
Nec satis est: ipsos[43] etiam pedibusque manuque
turbavere[44] lacus imoque e gurgite[45] mollem
huc illuc[46] limum[47] saltu[48] movere maligno[49].
Distulit[50] ira sitim. Neque enim[51] iam filia Coei[52]
supplicat[53] indignis nec dicere sustinet ultra[54]
verba minora[55] dea tollensque ad sidera palmas[56]
„Aeternum[57] stagno", dixit, „vivatis in isto!"
Eveniunt[58] optata[59] deae: Iuvat[60] esse sub undis
et modo[61] tota[62] cava submergere membra palude,

Abb. 24: Latona und die Verwandlung der lykischen Bauern, Giulio Carpioni, *Gemälde (1665), Dresden, Galerie Alte Meister*

350 **22 proprium**, -i n.: Besitz, Privateigentum **23 aëra** (griech. acc. zu aër, -is m.): Luft **24 tenuis**, -e: dünn, klar **25 abluo** 3, -lui, -lutum: abwaschen, reinigen **26 artus**, us m. pl.: Glieder **27 lasso** 1: ermatten **28 parare** (+ inf.): sich anschicken **29 sitim relevare**: den Durst löschen **30 umore loquentis carere**: die Feuchtigkeit eines Sprechenden entbehren, ausgetrocknet sein

355 **31 areo** 2: trocken sein, brennen **32 haustus**, -us m.: Schluck, Trunk **33 nectar**, -aris n.: Nektar, Göttertrunk **34 vitamque fatebor** ... = *et fatebor (me) simul (cum aqua) vitam (a vobis) accepisse* **35 dederitis**: durch das fut. ex. wird das Resultat besonders betont **36 casu**: zufällig

360 **37 blandus** 3: schmeichelnd, freundlich **38 persto** 1, -stiti: beharren, dabei bleiben **39 ni** = nisi **40 abscedo** 3, -cessi, -cessum: weggehen **41 convicium**, -i n.: Schimpfwort **42 insuper** (adv.): obendrein **43 ipsos:** zu lacus (poet. Pl.) **44 turbo** 1 (-vere = -verunt): aufwühlen, trüben **45 gurges**, -itis m.: Wassertiefe

365 **46 huc illuc**: hierhin dorthin **47 limus**, -i m.: Schlamm **48 saltus**, -us m.: h. das Hüpfen, Springen **49 malignus** 3: boshaft **50 differo**, -ferre, distuli, dilatus: verschieben, vergessen lassen **51 neque enim iam**: denn nicht mehr **52 filia Coei**: Tochter des Coeus, Latona **53 supplico** 1 (+ dat.): anflehen **54 ultra** (adv.): länger, weiterhin **55 verba minora dea**: Worte, die geringer sind als eine Göttin = einer Göttin unwürdige Worte; dea: h. abl. comp. **56 palma**, -ae f.: Handfläche, Hand **57 aeternum** (adv.): ewig

370 **58 evenio** 3, -veni, -ventum: eintreffen, sich erfüllen **59 optatum**, -i n.: Wunsch **60 iuvat**: es gefällt (nämlich den verwandelten Bauern) **61 modo – modo**: bald – bald **62 tota**: zu membra

nunc proferre[63] caput, summo modo gurgite[64] nare[65],
saepe super ripam stagni consistere, saepe
in gelidos resilire[66] lacus. Sed nunc quoque turpes
litibus[67] exercent linguas pulsoque[68] pudore,
quamvis sint sub aqua, sub aqua maledicere[69] temptant.
Vox quoque iam rauca[70] est inflataque colla[71] tumescunt[72]
ipsaque dilatant[73] patulos[74] convicia[75] rictus.
Terga caput tangunt, colla[71] intercepta[76] videntur,
spina[77] viret[78], venter, pars maxima corporis, albet[79]
limosoque[80] novae saliunt[81] in gurgite ranae."

63 proferre caput: h. auftauchen, den Kopf herausrecken **64 summo (in) gurgite**: auf der Wasseroberfläche **65 no** 1: schwimmen **66 resilio** 4: zurückspringen
375 67 lis, litis f.: Streit, Zank: *turpes linguas litibus exercent et pulso pudore … maledicere temptant* **68 pello** 3, pepuli, pulsum: aufgeben, ablegen **69 maledico** 3, -dixi, -dictum: schmähen, lästern **70 raucus** 3: rau **71 collum inflatum**: der aufgeblasene Hals **72 tumesco** 3, -ui: anschwellen **73 dilato** 1: breit machen, dehnen **74 patulus** 3: breit **75 convicia** ➤ 41 **76 intercipio**, is, ere, -cepi, -ceptum: wegnehmen
380 77 spina, -ae f.: Wirbelsäule **78 vireo** 2: grün sein **79 albeo** 2: weiß sein **80 limosus** 3: sumpfig **81 salio** 4, -ui: hüpfen

***Abb. 25: Latona und die lykischen Bauern, Nikolas Reusner**, Emblem (1581), Frankfurt/Main*

10 Kommentar

met. 6, 339–381

Die Geschichte von der Verwandlung der lykischen Bauern hebt sich mit ihrer volkstümlichen Atmosphäre und dem Märchenmotiv der Probe stark von den umgebenden Metamorphosen ab. Während in anderen Erzählungen, in denen Menschen geprüft werden, die Gottheit erst unerkannt bleibt, wird hier der Frevel noch dadurch gesteigert, dass die Göttin nicht verkleidet ist und sich in einer echten Notlage befindet.

339 f. Chimaeriferae Lyciae: Die Chimäre soll in Lykien gehaust haben; sie ist ein mythisches Phantasieungeheuer: „vorne ein Löwe, hinten eine Schlange, in der Mitte eine Ziege" („Ilias" 1, 181) und speit Feuer. Der Held Bellerophontes auf seinem geflügelten Pferd Pegasos besiegte und tötete sie.

346 Titania: Latona / Leto ist die Tochter des Titanen Coeus / Koios. Ovid bringt durch dieses Attribut in Erinnerung, dass es eine Gottheit ist, die hier so menschlich demütig um Wasser bittet.

349 f. **prohibetis, usus communis, proprium**: Ausdrücke aus der Rechtssprache; die Göttin argumentiert damit, dass der Zugang zum Wasser natürliches Recht des Menschen sei.
356 **nectar**: der ewige Jugend verleihende Trank der Götter
360 **quem non potuissent movere**: eingeschobener persönlicher Kommentar des Dichters
368 **palmas ad sidera tollens**: die übliche Haltung bei Gebeten zu den Göttern der Oberwelt
373 f. **saepe super ripam stagni consistere, saepe in gelidos resilire lacus**: Anapher und Parallelismus ➤ **B 30** und **B 32**
376 **quamvis sint sub aqua** ...: Lautmalerei ➤ **B 29**

10 Vertiefung

1 **a** Wie ist die Rede der Latona aufgebaut? Fasse die vorgebrachten Argumente stichwortartig zusammen! Welche rhetorischen Mittel verwendet Latona?

b Welche Beweggründe veranlassen die Göttin, so demütig zu bitten?

2 Was erfahren wir über die Motive für das Verhalten der Bauern? Ändern sich diese Motive während der Auseinandersetzung mit Latona?

3 **a** Welche Bezüge bestehen zwischen dem Verhalten der Bauern als Menschen und als Frösche? Was bleibt gleich und was ändert sich?

b Wann wird die Metamorphose genannt? Von welcher Stelle an wird deutlich, in was die Bauern verwandelt werden?

4 Untersuche die ➤ V. 355 f. und 376 nach den eingesetzten Darstellungsmitteln und versuche, die Wirkung dieser Darstellungsmittel festzustellen!

5 Vergleiche das Verhalten und die Selbstwahrnehmung der Bauern nach ihrer Verwandlung mit Gregor Samsa in Franz Kafkas Erzählung „Die Verwandlung" (➤ ET 7). Welche Gemeinsamkeiten und welche Unterschiede zeigen sich?

E7 text

Die Werke **Franz Kafkas** (1883–1924) spiegeln ein verbreitetes Lebensgefühl vieler Menschen des jungen 20. Jahrhunderts wider. Wie in einem Alptraum anonymen Mächten ausgeliefert, sich selbst entfremdet, erschüttert in seinem Vertrauen zu Nahestehenden und einsam in einem Labyrinth undurchsichtiger Verhältnisse sucht der Mensch als Fremder oder Ausgeschlossener immer wieder nach Sicherheit, Halt und Geborgenheit. In der Erzählung **„Die Verwandlung"** (1912) schildert Kafka das seltsame Schicksal des Gregor Samsa.

Als Gregor Samsa eines Morgens aus unruhigen Träumen erwachte, fand er sich in seinem Bett zu einem ungeheueren Ungeziefer verwandelt. Er lag auf seinem panzerartig harten Rücken und sah, wenn er den Kopf ein wenig hob, seinen gewölbten, braunen, von bogenförmigen Versteifungen geteilten Bauch, auf dessen Höhe sich die Bettdecke, zum gänzlichen Niedergleiten bereit, kaum noch erhalten konnte. Seine vielen, im Vergleich zu seinem sonstigen Umfang kläglich dünnen Beine flimmerten ihm hilflos vor den Augen.
„Was ist mit mir geschehen?" dachte er. Es war kein Traum. Sein Zimmer, ein richtiges, nur etwas zu kleines Menschenzimmer, lag ruhig zwischen den vier wohlbekannten Wänden. Über dem Tisch, auf dem eine auseinander gepackte Musterkollektion von Tuchwaren ausgebreitet war – Samsa war Reisender –, hing das Bild, das er vor Kurzem aus einer illustrierten Zeitschrift ausgeschnitten und in einem hübschen, vergoldeten Rahmen unter-

gebracht hatte. Es stellte eine Dame dar, die, mit einem Pelzhut und einer Pelzboa versehen, aufrecht dasaß und einen schweren Pelzmuff, in dem ihr ganzer Unterarm verschwunden war, dem Beschauer entgegenhob.

Gregors Blick richtete sich dann zum Fenster, und das trübe Wetter – man hörte Regentropfen auf das Fensterblech aufschlagen – machte ihn ganz melancholisch. „Wie wäre es, wenn ich noch ein wenig weiterschliefe und alle Narrheiten vergäße“, dachte er, aber das war gänzlich undurchführbar, denn er war gewöhnt, auf der rechten Seite zu schlafen, konnte sich aber in seinem gegenwärtigen Zustand nicht in diese Lage bringen. Mit welcher Kraft er sich auch auf die rechte Seite warf, immer wieder schaukelte er in die Rückenlage zurück. Er versuchte es wohl hundertmal, schloss die Augen, um die zappelnden Beine nicht sehen zu müssen, und ließ erst ab, als er in der Seite einen noch nie gefühlten, leichten, dumpfen Schmerz zu fühlen begann. „Ach Gott“, dachte er, „was für einen anstrengenden Beruf habe ich gewählt! Tagaus, tagein auf der Reise. Die geschäftlichen Aufregungen sind viel größer als im eigentlichen Geschäft zu Hause, und außerdem ist mir noch diese Plage des Reisens auferlegt, die Sorgen um die Zuganschlüsse, das unregelmäßige, schlechte Essen, ein immer wechselnder, nie andauernder, nie herzlich werdender menschlicher Verkehr. Der Teufel soll das alles holen!“

F. Kafka, Die Erzählungen. Hrsg. v. R. Hermes. Frankfurt: Fischer 2002, S. 96 f.

10 fortwirken

Malerei: z. B. Jacopo Tintoretto (um 1541), Modena; Luca Giordano (1689), Rom; häufig in der niederländischen Landschaftsmalerei, z. B. Jan Brueghel d. Ä. (1601 und 1605), Frankfurt, Städel und Amsterdam
Gobelin: Toussaint Debreuil (1588–1601), Wien
Sgraffitohaus: Retz (um 1576)
Plastik: Balthazar und Gaspar Marsy (1668–71), „Bassin de Latone“ im Park von Versailles und nach diesem Vorbild zahlreiche andere Brunnenskulpturen
Musik: Karl Ditters v. Dittersdorf, 6. Programmsymphonie (1739–1799)

In der Folge erzählt Ovid von Pelops, der um seine Schwester Niobe trauert. Er ist König in Argos und dehnt schließlich sein Reich über die ganze Halbinsel aus, die nach ihm benannt ist. Anschließend leitet der Dichter zu den Mythen um das athenische Königshaus über. Wir hören von Medea, die Jason und den Argonauten den Raub des Goldenen Vlieses ermöglicht. Als Jason sich von ihr abwendet, sucht Medea Schutz in Athen und wird Gattin des König Aegeus. Nach einem Versuch, dessen Sohn Theseus zu töten, muss sie fliehen. Der Held Theseus wird zum Mittelpunkt der folgenden Berichte. Wir hören aber auch von König Minos, dem Herrscher über Kreta und Feind Athens. Minos hält in Knossos den Baumeister und Künstler Daedalus fest, der wegen eines Mordes aus Athen geflüchtet war. Daedalus hatte für Minos als Behausung für den Minotaurus, ein halb stier-, halb menschengestaltiges Wesen, das Labyrinth errichtet. Zusammen mit anderen Jünglingen aus Athen soll auch Theseus diesem Ungeheuer geopfert werden. Doch mit Hilfe der Ariadne, der Tochter des Minos, gelingt es Theseus, den Minotaurus zu bezwingen und mittels eines Fadens aus dem Labyrinth zu entkommen. Er entführt die Königstochter, lässt sie aber dann auf der Insel Naxos zurück. Dort kümmert sich der Gott Bacchus / Dionysos liebevoll um die Verlassene. Er versetzt Ariadnes Krone als Sternbild in den Himmel, damit sie auf ewig als Gestirn glänze. Ovid kehrt dann in seiner Erzählung nach Kreta zurück und berichtet über das Schicksal von Daedalus und dessen Sohn Icarus:

met. 8, 183–235

Daedalus und Icarus

Daedalus interea Creten[1] longumque perosus[2]
exilium tactusque loci natalis[3] amore
clausus erat pelago[4]. „Terras licet[5]", inquit, „et undas
obstruat[6], at caelum certe patet: ibimus illac[7]!
Omnia possideat[8], non possidet aëra[9] Minos."
Dixit et ignotas animum dimittit[10] in artes
naturamque novat[11]. Nam ponit in ordine pennas[12],
a minima coeptas[13], longam breviore sequente[14],
ut clivo crevisse putes[15] – sic rustica[16] quondam[17]
fistula disparibus[18] paulatim surgit avenis[19].

*Abb. 26: **Der Nachbar, der will fliegen, Wolfgang Mattheuer**, Gemälde (1984)*

Tum lino[20] medias et ceris[21] alligat[22] imas[23]
atque ita compositas parvo curvamine[24] flectit[25],
ut veras imitetur aves. Puer Icarus una[26]
stabat et – ignarus[27] sua se tractare pericla[28] –
ore renidenti[29] modo, quas vaga[30] moverat aura,
captabat[31] plumas[32], flavam modo pollice[33] ceram
mollibat[34] lusuque[35] suo mirabile patris
impediebat opus. Postquam manus ultima coepto

183 **1 Crete**: Kreta; Creten: griech. acc. **2 perosus** 3 (+ acc.): von Hass erfüllt gegen **3 locus natalis** (h. gen. obi.): Geburtsort, Heimat
185 **4 pelagus**, -i m. (griech.): Meer **5 licet** unterstützt possideat **6 obstruo** 3, -struxi, -structum: versperren (erg. Minos) **7 illac**: dort **8 possideat** (konzessiv): mag er auch besitzen **9 aër**, -is m.: Luft, aëra = griech. acc. **10 animum dimittere in** (+ acc.): sich mit etwas befassen, beschäftigen **11 novo** 1: h. verändern **12 penna**, -ae f.: Feder
190 **13 coeptus** 3: angefangen (mit, bei) **14 longam** (erg. pennam) **breviore sequente** (abl. abs.): wobei (immer) eine kürzere Feder einer längeren folgte **15 putes**: (coni. pot.) man könnte glauben **16 rustica fistula**: Hirtenflöte **17 quondam**: h. manchmal **18 dispar**, -paris: ungleich lang **19 avena**, -ae f.: Halm, Rohr **20 linum**, -i n.: Faden, Band **21 cera**, -ae f.: Wachs **22 alligo** 1: zusammenbinden, befestigen **23 imus** 3: der unterste; medias ... imas: erg. pennas **24 curvamen**, -inis n.: Krümmung **25 flecto** 3, flexi, flexum: biegen, krümmen
195 **26 una** (adv.): dabei **27 ignarus** 3 (+ AcI): unwissend, ohne zu wissen, dass **28 pericla tractare**: spielen mit; pericla = pericula **29 renidens**, -entis: freudestrahlend **30 vagus** 3: flüchtig, leicht wehend **31 capto** 1: haschen; captabat (impf. de conatu): er versuchte zu ... **32 pluma**, -ae f.: Flaumfeder **33 pollex**, -icis m.: Daumen **34 mollibat** = molliebat, mollio 4: weich machen **35 lusus**, -us m.: Spiel

imposita est[36], geminas opifex[37] libravit[38] in alas[39]
ipse suum corpus motaque pependit[40] in aura.
Instruit et natum „Medio“ que „ut limite[41] curras,
Icare“, ait, „moneo, ne, si demissior[42] ibis,
unda gravet[43] pennas, si celsior, ignis[44] adurat[45].
Inter utrumque vola[46]! Nec te spectare Booten
aut Helicen iubeo strictumque Orionis ensem[47].
Me duce carpe viam[48]!“ Pariter[49] praecepta volandi
tradit et ignotas umeris[50] accommodat[51] alas.
Inter opus monitusque[52] genae maduere[53] seniles[54]
et patriae tremuere[55] manus. Dedit oscula nato
non iterum repetenda[56] suo pennisque levatus[57]
ante[58] volat comitique timet[59] – velut ales[60], ab alto
quae teneram[61] prolem[62] produxit in aëra nido[63] –
hortaturque sequi damnosasque[64] erudit[65] artes
et movet ipse suas et nati respicit[66] alas.

Abb. 27: Ikarus im Käfig, Barbara Henniger, *Feder und schwarze Tusche (1985)*

Hos aliquis, tremula[67] dum captat harundine[68] pisces,
aut pastor baculo[69] stivave[70] innixus[71] arator
vidit et obstipuit[72], quique[73] aethera carpere[74] possent,
credidit esse deos. Et iam Iunonia laeva
parte Samos, fuerant Delosque Parosque relictae,
dextra Lebinthus erat fecundaque melle[75] Calymne,
cum[76] puer audaci coepit gaudere volatu[77]
deseruitque ducem caelique[78] cupidine tractus[79]

200 **36 manus imponere coepto**: an das Werk Hand anlegen **37 opifex**, -icis m.: Künstler, Handwerker **38 libro** 1: ins Gleichgewicht bringen **39 in geminas alas**: zwischen den beiden Flügeln **40 pendeo** 2, pependi: hängen, schweben **41 limes**, -itis m.: Grenze, Weg, h. Flugbahn **42 demissus** 3: niedrig

205 **43 gravo** 1: schwer machen **44 ignis**, -is m.: h. Sonne **45 aduro** 3, -ussi, -ustum: versengen **46 volo** 1: fliegen **47 strictus ensis**: das gezückte Schwert **48 viam carpere**: einen Weg nehmen **49 pariter** (adv.): h. zugleich, zur gleichen Zeit **50 umerus**, -i m.: Schulter **51 accomodo** 1: anpassen

210 **52 monitus**, -us m.: Ermahnung **53 madesco** 3, -dui: feucht werden; maduere = maduerunt **54 genae seniles**: die alten Wangen, die Wangen des alten Mannes **55 tremo** 3, -mui: zittern **56 repetendus** 3: wiederholbar **57 levo** 1: leicht machen, emporheben **58 ante**: voraus, voran **59 timere** (+ dat.): besorgt sein um **60 ales**, alitis f.: Vogel **61 tener** 3: zart **62 proles**, -is f.: Brut **63 nidus**, -i m.: Nest; nido (abl. sep.): aus dem Nest

215 **64 damnosus** 3: verhängnisvoll, verderblich **65 erudio** 4: lehren, beibringen **66 respicere** (+ acc.): sich nach etw. umsehen, zurückschauen auf **67 tremulus** 3: zitternd, schwankend **68 harundo**, -dinis f.: Angelrute **69 baculum**, -i n.: Stock, Stab **70 stiva**, -ae f.: Pflugsterz **71 innitor** 3, innixum: sich stützen auf **72 obstipesco** 3, -pui: erstaunen **73 quique** = *et eos, qui ..., deos esse credidit* **74 aethera carpere**: langsam durch die Lüfte fliegen

220 **75 fecunda melle**: honigreich **76 cum** (inversum): als plötzlich **77 volatus**, -us m.: Flug **78 caeli** (gen. obi.): nach dem Himmel **79 tractus** 3: angezogen, verleitet

altius egit iter[80]. Rapidi[81] vicinia[82] solis
mollit[83] odoratas[84], pennarum vincula, ceras.
Tabuerant[85] cerae. Nudos quatit[86] ille lacertos[87]
remigioque[88] carens non ullas percipit[89] auras,
oraque caerulea[90] patrium clamantia nomen
excipiuntur aqua, quae nomen traxit[91] ab illo.
At pater infelix, nec iam pater[92], „Icare“, dixit,
„Icare“, dixit, „ubi es? Qua te regione requiram[93]?
Icare“ dicebat, pennas aspexit in undis
devovitque[94] suas artes corpusque sepulcro[95]
condidit[96], et tellus[97] a nomine dicta sepulti[98].

225 **80 iter agere**: den Weg einschlagen **81 rapidus** 3: reißend, h. glühend heiß **82 vicinia**, -ae f.: Nähe **83 mollio** 4: h. weich machen **84 odoratus** 3: wohlriechend, duftend **85 tabesco** 3, -bui: schmelzen **86 quatio** 3, quassum: schütteln **87 lacertus**, -i m.: Arm **88 remigium**, -i n.: Ruderwerk (h. Flügel) **89 percipio** 3M, -cepi, -ceptum: empfangen **90 caerulea** zu aqua (abl.): caeruleus 3: blau.
230 **91 traho** 3, traxi, tractum: h. ableiten **92 nec iam**: schon nicht mehr **93 requiro** 3, -quisivi, -quisitum: suchen; requiram: coni. dubit. **94 devoveo** 2, -vovi, -votum: verwünschen, verfluchen **95 sepulcrum**, -i n.: Grab
235 **96 condo** 3, -didi, -ditum: h. beisetzen, bestatten **97 tellus**, -uris f.: Land, h. Ort **98 sepultus** 3: bestattet

Abb. 28: Der Sturz des Ikarus, Franz Radziwill, Gemälde (1960), Privatbesitz

11 Kommentar

met. 8, 183–235

183 Daedalus: Der Name leitet sich aus dem Griechischen her, *daidalos* bedeutet kunstsinnig. Daedalus ist berühmt als Baumeister, Künstler und Erfinder. Aus Eifersucht auf die Erfindungen seines Neffen und Lehrlings Perdix (Zirkel, Säge, Töpferscheibe) hatte er diesen von der Akropolis in Athen hinabgestürzt, wurde vom Areopag verurteilt, musste seine Heimatstadt verlassen und floh nach Kreta.
Die Sage von Daedalus stellt den großen Handwerker, Erfinder und Techniker dar – ein häufiges Sagenmotiv vieler Völker (vgl. z. B. Wieland der Schmied). Die Sage macht aber auch das Dämonische, Gefährliche der Technik erkennbar, die Gefährdung durch die *superbia*, gleichzeitig die uralte Sehnsucht des Menschen, fliegen zu können.
184 exilium: Der in Athen wegen Mordes verurteilte Daedalus war nach Kreta zu König Minos geflohen.
185 f. terras ... patet: Hinweis auf die gewaltige Macht des Minos, die sich über Erde und Meer ausdehnt.
187 Minos: sagenhafter König von Kreta, Sohn des Zeus und der Europa; wegen seiner gerechten und weisen Herrschaft wirkt er nach seinem Tode als Richter über die Toten in der Unterwelt.

189 naturam novare: Indem Daedalus es möglich macht, mittels technischer Hilfsmittel zu fliegen, eröffnet er dem Menschen eine neue Dimension (*nova forma*) der Existenz.
191 f. nam … avenis: Die Syrinx (Hirtenflöte) besteht aus nebeneinander angeordneten Pfeifen, deren Länge von einer Pfeife zur nächsten abnimmt; sie sind oben in einer geraden, unten in einer schrägen Linie aneinandergereiht.
195 ut veras imitetur aves: Ovid betont wiederum den Gegensatz zwischen Natur und Technik, trotzdem erscheint die Natur in der Technik perfekt nachgeahmt.
201 opifex: Ovid verwendet dieses Wort an einer einzigen anderen Stelle in den „*Metamorphosen*", wo er vom göttlichen Weltschöpfer spricht (met. 1, 79); daraus wird deutlich, dass er die technische Leistung des Daedalus als schöpferischen Akt gesehen haben will.
203–206 medioque … vola: Primär will Daedalus mit diesen Worten erreichen, dass sein Sohn weder der Sonne noch dem Wasser zu nahe kommt, in zweiter Hinsicht klingt die von Aristoteles (4. Jh. v. Chr.) zum ethischen Prinzip erhobene Lehre vom Ideal der Mitte zwischen zwei Extremen an.
206 f. Bootes, Helice, Orion: Sternbilder für die Orientierung des Seemanns; Bootes, der „Ochsentreiber", ein Sternbild hinter dem Großen Bären, und Helice, der Große Bär, stehen hier wohl für den Norden, Orion, der auf der Nordhalbkugel nur während des Winters zu sehen ist, für den Süden.
207 strictus ensis: Das Sternbild Orion, benannt nach dem mythischen Jäger Orion, wird als ein das Schwert oder die Keule schwingender Jäger gedeutet.
Orionis: Das erste „i" ist metrisch als Länge zu lesen.
212 iterum repetenda: Pleonasmus ➤ B 39
218 stiva: eine am antiken Hakenpflug am hinteren Teil der Pflugschar befestigte, zum Lenken dienende Stange
220 f. Samos – Delos – Paros – Lebinthos – Calymne: Paros und Delos würden zur Flugroute des Daedalus von Kreta nach Athen passen, die anderen Inseln liegen eigentlich zu weit östlich von der idealen Flugbahn, Ovid benötigt aber diesen „Umweg", weil das Meer, das seinen Namen vom abgestürzten Icarus bekommen haben soll, eben vor der kleinasiatischen Küste liegt.
221 Iunonia Samos: Auf der Insel Samos befand sich ein uraltes Heiligtum der Juno/Hera.
230 Icarium mare: südl. Teil des Ägäischen Meeres im Umkreis der Insel Ikaria
235 Icaria: Die Insel Ikaria oder Ikaros liegt westl. von Samos und wurde schon früh mit Icarus in Verbindung gebracht.

11 Vertiefung

➤ Kompetenzorientierte Arbeitsaufgaben S. 146

1 In welche einzelnen Szenen ist die Erzählung gegliedert? Versieh diese mit passenden Überschriften!

2 Wer ist die Hauptperson dieser Geschichte? Beachte den jeweiligen Textumfang, die Verwendung der direkten Rede etc.

3 **a** Was genau bedeutet der Begriff *ars*? Worin besteht die *ars* des Daedalus? Wer ist für ihn das Vorbild? Suche die zwei Aussagen, welche dies zeigen!

b Welche Begriffe zeigen die zwei gegensätzlichen Aspekte, die in dem Wort *ars* enthalten sind?

c Welchen neuen Aspekt bekommt *ars*, als Daedalus seinem Sohn das Fliegen beibringt?

d Welches Urteil fällt Daedalus endlich selbst über seine Kunst, nachdem Icarus abgestürzt ist?

4 Mit welchen sprachlichen und stilistischen Mitteln (Wortwahl, Rhythmik, Stilfiguren etc.) macht Ovid die große Sorge des Daedalus deutlich?

5 **a** Wie verhält sich Icarus, während sein Vater arbeitet? Für wie alt würdest du ihn nach seinem Verhalten schätzen? Was ahnt er noch nicht?

b Warum hält sich Icarus wohl nicht an die gut gemeinten und detaillierten Ratschläge, die ihm sein alter Vater unter Tränen gibt?

c Entspricht der Ausbruch des Icarus aus dem vernünftigen Ordnungsrahmen, den sein Vater vorgibt, seinem kurz zuvor geschilderten Verhalten? Wie alt würdest du einen Jungen schätzen, der sich trotz besseren Wissens zum Ungehorsam hinreißen lässt?

6 Welche Menschen beobachten Daedalus und Icarus, welche Wirkung hat die *ars* des Daedalus auf sie?

7 Worin besteht die Metamorphose? Was fällt im Vergleich mit anderen Verwandlungen auf?

8 Suche im Internet weitere Beispiele für die literarische Rezeption der Metamorphose und ordne sie, sofern das möglich ist, den im einleitenden Absatz zu ET 8 genannten Aspekten zu!

E8 texte

Die folgenden Rezeptionsbeispiele illustrieren jeweils einen Aspekt der in der Geschichte enthaltenen Möglichkeiten – den Traum von der Freiheit, vom Fliegen, vom Sprengen der menschlichen Bedingtheit, vom Ausbrechen aus den Zwängen des Alltags etc. Versuche, in jedem der Texte einen oder mehrere dieser Teilaspekte wieder zu finden!

Theodor Fontane, „Ikarus“ (um 1891)

Immer wieder dieselbe Geschichte:
Siege, Triumphe, Gottesgerichte.
Wem jeder Sprung, auch der kühnste, geglückt,
Der fühlt sich dem Gesetz entrückt,
Er ist heraus aus dem Alltagstrott,
Fliegen will er, er ist ein Gott;
Er fällt dem Sonnengespann in die Zügel –
Da schmelzen dem Ikarus die Flügel,
Er flog zu hoch, er stürzt, er fällt,
Ein neu Spektakelstück hat die Welt:
Eben noch zum Himmel getragen ...
Apollo, zürnend, hat ihn erschlagen.

Th. Fontane, Sämtl. Werke. Bd. 6. Hrsg. v. W. Keitel. München: Hanser 1964, S. 386

Udo Lindenberg, „Schneewittchen“ (1977)

Sie war siebzehn, als ich sie kennen lernte
irgendwo im Ruhrgebiet
sie war kein Greenhorn, diese süße Blasse
sie war ein Mädchen der kosmischen Klasse
ich war eine Nacht mit ihr zusammen
und ich stand in Flammen!

Sie sagte: Früher stand ich den ganzen Tag
am Flipperautomat
Discos und Kinos, das bockte nicht mehr
doch dann kam Joe, der kleine Pusher
den liebte ich total
der sagte: Hier hab' ich die Lösung
ey, probier doch mal! –
Joe hat mich längst verlassen
er ist schon lange nicht mehr hier
doch die treue kleine Schwester, die blieb bei mir

Und sie sagte: Es tut mir sorry für dich
warum fliegst du nicht auch wie ich
auf bunten Riesenflügeln
hoch über dieser nüchternen Welt?
Was glaubst du, warum ich so happy bin
das steckt alles in dieser Nadel drin
und wenn er zu hart wird, dieser Törn,
kann ich jederzeit aufhör'n!

Ein Jahr später hab' ich sie wieder gesehen
und sie nannte sich Schneewittchen
ihre Augen waren wie das Bermudadreieck
sie zogen mich in die Tiefe, und ich war ganz weg
doch auf dem Grund sah ich den heißen Schnee
und ich wusste, sie verbrannte, und das tat mir
sehr weh

Heute haben sie mir erzählt
Schneewittchen lebt nicht mehr
sie kam zu nah an die Sonne mit dem letzten Schuss
ihre Flügel schmolzen wie die von Ikarus
sie verreckte im Bahnhofsklo
als sie 'ne Überdosis nahm
die mörderische Fixe steckte noch in ihrem Arm

Und durch die Halle geht ein Mann
seriös und akkurat
er ist das Superschwein
vom Kinderkillersyndikat
und im Koffer zwei Kilo Winterlandschaft
für die tödlichen Weihnachtsfeiern
seine Weste so weiß wie Schnee
und er fährt mit dem Intershity
bis Brown-Sugar-Town
1. Klasse TEE

U. Lindenberg, Panische Nächte, Album, 1977

Abb. 29: Icare, Henri Matisse, *Farblithografie. Henri Matisse „Ikarus, 1947"/© Succession Matisse/VKB, Wien, 2007*

Abb. 30: Ikarus, Roland Berger, *Linolschnitt (1980)*

Bettina Wegner, „Ikarus“ (1974)

War voll von Liebe und war voll Vertraun
und Wärme war um ihn und war viel Zeit.
So konnte er sich große Flügel baun,
und alles in ihm war unendlich weit.

Da war es schließlich möglich, dass er flog
die Erde ließ er unter sich zurück.
Bis man die Wärme von ihm nahm und ihn belog
da blieb vom Ganzen in ihm nur ein Stück.

So fiel er nieder, stürzte und zerbrach.
Wer sagt, er wäre nie geflogen, lügt.
Man trug ihm die zerbrochnen Flügel nach
und jeder weiß, dass er nie wieder fliegt.

B. Wegner, Wenn meine Lieder nicht mehr stimmen. Reinbeck b. Hamburg: Rowohlt 1979, S. 52

Wolf Biermann, „Ballade vom preußischen Ikarus“ (1976)

Da, wo die Friedrichstraße sacht
Den Schritt über das Wasser macht
da hängt über der Spree
Die Weidendammerbrücke. Schön
Kannst du da Preußens Adler sehn
wenn ich am Geländer steh

dann steht da der preußische Ikarus
mit grauen Flügeln aus Eisenguss
dem tun seine Arme so weh,
er fliegt nicht weg – er stürzt nicht ab
macht keinen Wind – und macht nicht schlapp
am Geländer über der Spree

Der Stacheldraht wächst langsam ein
Tief in die Haut, in Brust und Bein
ins Hirn, in graue Zelln
Umgürtet mit dem Drahtverband
Ist unser Land ein Inselland umbrandet von bleiernen Welln

da steht der preußische Ikarus
mit grauen Flügeln aus Eisenguss
dem tun seine Arme so weh
er fliegt nicht weg – und stürzt nicht ab
macht keinen Wind – und macht nicht schlapp
am Geländer über der Spree

Und wenn du wegwillst, musst du gehn
Ich hab schon viele abhaun sehn
aus unserm halben Land
Ich halt mich fest hier, bis mich kalt
Dieser verhasste Vogel krallt
und zerrt mich übern Rand

dann bin ich der preußische Ikarus
mit grauen Flügeln aus Eisenguss
dann tun mir die Arme so weh
dann flieg ich hoch – dann stürz ich ab
mach bisschen Wind – dann mach ich schlapp
am Geländer über der Spree.

W. Biermann, Alle Lieder. Köln: Kiepenheuer u. Witsch 1991, S. 284 f.

Reinhard Mey, „Über den Wolken" (1974)

Wind Nord/Ost, Startbahn null-drei, bis hier hör ich die Motoren.
Wie ein Pfeil zieht sie vorbei, und es dröhnt in meinen Ohren,
und der nasse Asphalt bebt. Wie ein Schleier staubt der Regen,
bis sie abhebt und sie schwebt der Sonne entgegen.

Über den Wolken muss die Freiheit wohl grenzenlos sein.
Alle Ängste, alle Sorgen, sagt man, blieben darunter verborgen und dann
würde, was hier groß und wichtig erscheint, plötzlich nichtig und klein.

Ich seh ihr noch lange nach, seh sie die Wolken erklimmen,
bis die Lichter nach und nach im Regengrau verschwimmen.
Meine Augen haben schon jenen winz'gen Punkt verloren.
Nur von fern klingt monoton das Summen der Motoren.

Dann ist alles still, ich geh', Regen durchdringt meine Jacke;
irgendjemand kocht Kaffee in der Luftaufsichtsbaracke.
In den Pfützen schwimmt Benzin, schillernd wie ein Regenbogen.
Wolken spiegeln sich darin. Ich wär gern mit geflogen.

R. Mey, *Single, 1974*

11 fortwirken

Schon in der Antike hat die bildende Kunst häufig Szenen aus dieser Sage dargestellt, z. B. auf Vasenbildern oder Wandgemälden.

Plastik: Donatello (1386–1466), Florenz; Antonio Filarete (1433–45), Bronzetür von St. Peter in Rom; Antonio Canova, (1777–79), Venedig; Auguste Rodin, Gipsmodell (um 1895), Paris; Gerhard Marcks (1930), Halle; Andreas Urteil (1963), Wien

Malerei: z. B. Jacopo Tintoretto (1541), Modena; Peter Brueghel d. Ä. (1558), Brüssel (sein Gemälde inspirierte wiederum zahlreiche Literaten vor allem zu Gedichten); Anthonis van Dyck (um 1630), Toronto; Peter Paul Rubens (1626–38), Madrid; Francisco Goya (1824–28), Madrid; Marc Chagall (1974–77), Paris; Max Beckmann (1950), Washington; Pablo Picasso (1957), Paris; Franz Radziwill (1960), Wilhelmshaven ➤ Abb. 28; Bernhard Heisig (1975), Berlin; Ernst Fuchs (1978), Wien; Wolfgang Mattheuer, z. B. „Der Nachbar, der will fliegen" (1983 und 1984) ➤ Abb. 26, „Seltsamer Zwischenfall" (1984), „Was nun" (1980) etc.; Allen Jones (1964), Köln

Grafik: Dürer (um 1490); Henri Matisse, (1943 und 1947) ➤ Abb. 29; Hans Fronius (1969), Ernst Fuchs (1975 und 1980)

Literatur: Seit der Renaissance steht Icarus als Chiffre für den lobenswerten und unermüdlichen Forschergeist einerseits, andererseits für Hochmut, das Übertreten von Naturgesetzen und das Streben nach Extremem. Der Stoff erscheint in Romanen, z. B. Ottomar Enking, „Ikariden" (1900) oder Hans Neuenfels, „Isaakaros" (1991), in Dramen wie z. B. Lauro de Bosis „Icaro" (1927) sowie in zahlreichen Gedichten, auch im 20. Jh., z. B. bei Gottfried Benn (1913), Ernst Jandl (1954), Günter Kunert (1964), Marie Luise Kaschnitz (1967), Wolf Biermann (1976) ➤ S. 62, Rose Ausländer (1977), Sara Kirsch (1992).

Musik: Opern, z. B. Gottfredo Petrassi (1950), Rom; Paul Dambis (1976), Riga; J. Forman (1981) Albuquerque; Anestis Logothetis, „Daidalia" (1980) sowie einige kammermusikalische Kompositionen

Über den Schmerz des trauernden Daedalus freut sich das Rebhuhn (*perdix*). Daedalus hatte einst aus Neid seinen Neffen und genialen Schüler Perdix in Athen vom Felsen der Akropolis hinabgestürzt. Pallas Athene hatte jedoch Perdix während des Sturzes in ein Rebhuhn verwandelt.

In der Folge werden Geschichten um Theseus erzählt. Dieser erlangt durch seine Heldentaten Ansehen und Berühmtheit. So erbittet die Stadt Calydon seine Hilfe gegen einen wütenden Eber, der das Land verwüstet. Diesen Eber hatte die Göttin Diana als Strafe dafür geschickt, dass König Oeneus sich geweigert hatte, ihr Opfer darzubringen. Meleagrus, Sohn des Königs Oeneus, gelingt es zusammen mit der aus Arkadien stammenden schönen Atalanta, das Untier zu erlegen. Da die beiden Brüder seiner Mutter dem Meleagrus sowohl seine Beute als auch Atalantas Liebe missgönnen, erschlägt er sie im Streit. Für seine Mutter Althaea bedeutet dies einen schweren Gewissenskampf: Soll sie ihre Brüder rächen oder ihren Sohn ungestraft lassen? Schließlich wirft sie ein Holzscheit, von dem die Parzen geweissagt hatten, Meleagrus werde solange leben, bis es verbrannt sei, ins Feuer und vernichtet so das Leben des Sohnes; dann legt Althaea Hand an sich selbst. Unsagbare Trauer herrscht in Calydon, unsagbares Leid erfüllt die trauernden Schwestern, bis schließlich Diana sie mit einem Federkleid umgibt, ihnen Schnäbel und Krallen wachsen lässt und sie so in Perlhühner (*meleagrides*) verwandelt.

Theseus will mit seinen Gefährten von Calydon nach Athen zurückkehren. Unterwegs werden sie aber von dem Hochwasser führenden, reißenden Strom Achelous aufgehalten. Der Flussgott lädt sie ein, das Ende des Hochwassers bei ihm abzuwarten. Als beim Mahle Theseus nach den in der Ferne erkennbaren Inseln fragt, erzählt der Flussgott vom Schicksal der Echinaden. Diese waren einst Nymphen gewesen, die es verabsäumt hatten, dem Flussgott zu opfern, und zur Strafe von ihm in Inseln verwandelt wurden. Ähnlich war es auch Perimele ergangen, die sich vom Flussgott hatte verführen lassen. Sie wurde zur Strafe von ihrem Vater Admetus in das Meer gestürzt, durch Bitten des Achelous aber von Neptun in eine Insel verwandelt. Der Zweifel an solchen Wundergeschichten, den Ixion, einer der Gefährten des Theseus, äußert, führt dann zu folgender Erzählung:

Als einst Jupiter und Merkur in Menschengestalt durch das kleinasiatische Phrygien wanderten, wurden den müden Wanderern allerorts Ruhestatt und Speise verweigert. Allein in der armseligen Hütte des greisen Ehepaares Philemon und Baucis fanden sie Aufnahme und freundliche Bewirtung. Die Götter schickten schließlich eine gewaltige Flut, die die ungastliche Landschaft in einen Sumpf verwandelte und alles Leben vernichtete. Aus der kleinen Hütte des Philemon und der Baucis aber wurde ein glänzender Tempel, den das Ehepaar bis zu seinem gemeinsamen Tod hüten sollte. Danach wurden sie in Bäume verwandelt, deren Äste einander umschlangen.

Als Theseus noch mehr von göttlichen Wundern hören will, erzählt der Flussgott vom Frevel des Erysichthon. Dieser hatte eine heilige Eiche gefällt und war dafür von der Göttin Ceres mit unstillbarem Hunger bestraft worden, sodass er sich schließlich selbst verzehrte. Dann schildert Achelous seine Kämpfe mit Hercules und mit dem Kentauren Nessus, den Tod des Hercules und dessen Aufnahme in den Olymp. Von der Geburt des Heroen aber lässt Ovid dessen Mutter Alkmene selbst berichten, die noch durch lange Zeit von Eurystheus, dem erbitterten Feind des Hercules und seiner Nachkommen, verfolgt wird. Helfend und tröstend erscheint da der von Hebe verjüngte Iolaos, einst Gefährte des Hercules bei dessen berühmten zwölf Taten im Dienste des Eurystheus. Nun findet der Dichter Gelegenheit, zwei Geschichten aus Kreta einzufügen: die Geschichte von Byblis und von Iphis. Die schöne Byblis, für die verbotene Liebe zum eigenen Bruder bestraft, löst sich in Reuetränen auf und wird zur Quelle. Iphis, als Mädchen geboren, wird vom Vater, der nur einen Sohn haben wollte, als Knabe aufgezogen. Sie soll die schöne Janthe heiraten, welche sie für einen Jüngling hält. Am Tage der Hochzeit erhört die Göttin Isis das Flehen der Iphis und verwandelt sie in einen Mann. So kann auch Hymenaeus, der Gott der Ehe, mit den Hochzeitsfackeln erscheinen. Von der glücklichen Vermählung des Iphis leitet Ovid über zu der Unglückshochzeit des Orpheus in Thrakien:

12 text

met. 10, 1–77

Orpheus und Eurydice

Inde[1] per immensum[2] croceo[3] velatus[4] amictu[5]
aethera digreditur[6] Ciconumque Hymenaeus ad oras
tendit[7] et Orphea[8] nequiquam voce vocatur.
Adfuit ille quidem, sed nec sollemnia verba[9]
nec laetos vultus nec felix attulit omen[10];
fax[11] quoque, quam tenuit, lacrimoso[12] stridula[13] fumo[14]
usque[15] fuit nullosque invenit motibus[16] ignes[17].
Exitus auspicio gravior: nam nupta[18] per herbas
dum nova Naïadum turba comitata[19] vagatur,
occidit in talum[20] serpentis[21] dente recepto[22].
Quam[23] satis ad superas postquam Rhodopeïus auras[24]
deflevit vates[25], ne non temptaret[26] et[27] umbras,
ad Styga[28] Taenaria est ausus descendere porta[29]

1 **1 inde**: von dort (nämlich von der Hochzeit) **2 immensum**: zu aethera (griech. acc.); unermesslich **3 croceus** 3: goldgelb **4 velo** 1: bedecken, bekleiden **5 amictus**, -us m.: Umhang, Überwurf **6 digredior** 3M, -gressum: fortgehen **7 tendo** 3, tetendi: h. streben, eilen **8 Orpheus** 3: zu Orpheus gehörend, Orphea vox = vox Orphei **9 sollemnia verba**: feierliche Worte, Segenswünsche

5 **10 omen**, -inis n.: Vorzeichen **11 fax**, facis f.: Fackel **12 lacrimosus** 3: Tränen erregend **13 stridulus** 3: zischend **14 fumus**, -i m.: Rauch **15 usque** (adv.): fortwährend, immer wieder **16 motus**, -us m.: Bewegung, h. trotz des Schwingens **17 nullos ignes invenire**: kein Feuer fangen **18 nupta**, -ae f. Braut **19 comitata**: h. pass. begleitet

10 **20 talus**, -i m.: Knöchel, Ferse; *dente serpentis in talum recepto occidit* **21 serpens**, -entis f.: Schlange **22 dentem serpentis recipere**: einen Schlangenbiss erleiden (recipio 3M, -cepi, -ceptum: aufnehmen) **23 quam** (rel. Anschluss): diese; *postquam Rhodopeïus vates quam (eam) satis ad superas auras deflevit, ausus est descendere ..., ne non et umbras temptaret* **24 superae aurae**: die Oberwelt **25 Rhodopeïus vates** = Orpheus **26 umbras temptare**: die Schatten zu gewinnen suchen **27 et** = etiam **28 Styga** (griech. acc.): Styx, Unterweltsfluss **29 Taenaria porta** (abl. instr.): durch die Taenarische Pforte, eine Pforte zur Unterwelt

Abb. 31: Tod der Eurydike, Gerhard Marcks, *Holzschnitt (1947)*

perque leves[30] populos simulacraque[31] functa sepulcro[32]
Persephonen adiit[33] inamoenaque[34] regna tenentem
umbrarum dominum; pulsisque ad carmina nervis[35]
sic ait: „O positi sub terra numina mundi,
in quem recidimus[36], quidquid[37] mortale creamur,
si licet et falsi positis ambagibus[38] oris
vera loqui sinitis: Non huc, ut opaca viderem
Tartara[39], descendi, nec uti villosa colubris[40]
terna[41] Medusaei vincirem guttura monstri[42].
Causa viae est coniunx, in quam calcata[43] venenum
vipera[44] diffudit[45] crescentesque abstulit annos[46].

Abb. 32: Orpheus in der Unterwelt, Gerhard Marcks, Holzschnitt (1947)

Posse pati volui nec me temptasse[47] negabo –
vicit Amor. Supera deus hic bene notus in ora est[48];
an sit et hic, dubito[49]. Sed et hic tamen auguror[50] esse[51],
famaque si veteris non est mentita[52] rapinae[53],
vos quoque iunxit Amor. Per ego haec loca[54] plena[55] timoris,
per Chaos[56] hoc ingens vastique silentia regni,
Eurydices, oro, properata retexite[57] fata[58]!
Omnia debentur[59] vobis paulumque morati[60]
serius aut citius[61] sedem properamus ad unam.
Tendimus[62] huc omnes, haec est domus ultima[63], vosque

30 levis, -e: h. körperlos; leves populi: die körperlosen Scharen (der Verstorbenen) **31 simulacrum**, -i n.: Schemen, Schatten **32 sepulcrum**, -i n.: Grab, Begräbnis; sepulcro fungi: h. bestattet werden, die schon bestattet sind

33 adeo, -is, -ire: sich wenden an; adiit: Endsilbe h. lang **34 inamoenus** 3: widerwärtig, traurig **35 nervus**, -i m.: Saite; nervos pellere: die Saiten schlagen **36 recido** 3, -cidi, -casurum: zurückfallen, -sinken **37 quidquid** = omnes, qui **38 ambages**, -um f. pl.: h. Ausflüchte, Weitschweifigkeit; ambagibus falsi oris positis: ohne Herumreden über die wahren Absichten

39 opaca Tartara, -orum n.: die finstere Unterwelt **40 coluber**, -i m.: Schlange **41 terna guttura colubris villosa**: die drei von Schlangen umringten Rachen, terna (poet.) = tria **42 Medusaeum monstrum**: der Höllenhund Cerberus / Kerberos **43 calco** 1: treten **44 vipera**, -ae f.: Natter, Schlange **45 diffundo** 3, -fudi, -fusum: ausgießen, verspritzen **46 crescentes anni**: Jahre, in denen die Kraft (noch) zunimmt = Jugendblüte

47 tempto 1: versuchen **48 supera in ora**: in der Oberwelt **49 an sit et hic**: *dubito, an et(iam) hic (notus) sit* **50 auguror** 1: vermuten **51 esse**: erg. eum notum esse **52 mentitus** 3: erfunden, erlogen **53 rapina**, -ae f.: Raub, Entführung **54 per haec loca**: bei diesem Ort (Schwurformel) **55 plenus** 3: voll

56 per Chaos hoc ingens: bei diesem Chaos, dieser grenzenlosen Welt der Finsternis **57 retexo** 3, -texui, -textum: wieder auftrennen = rückgängig machen **58 properata fata**: das übereilte, verfrühte Todeslos **59 debeor** 2: h. verfallen sein **60 moror** 1: verweilen, erg. apud superos **61 serius aut citius**: früher oder später **62 tendo** 3, tetendi: h. sich begeben, eilen **63 domus ultima**: erg. hominum

humani generis[64] longissima regna tenetis.
Haec[65] quoque, cum iustos[66] matura peregerit annos,
iuris erit vestri[67]: Pro[68] munere[69] poscimus usum[70].
Quodsi[71] fata negant veniam pro coniuge, certum est[72]
nolle redire mihi. Leto[73] gaudete duorum!“
Talia dicentem nervosque ad verba moventem[74]
exsangues flebant[75] animae: Nec Tantalus undam
captavit[76] refugam[77] stupuitque[78] Ixionis orbis[79]
nec carpsere[80] iecur[81] volucres[82] urnisque vacarunt[83]
Belides inque tuo sedisti, Sisyphe, saxo.
Tunc primum lacrimis victarum carmine fama est[84]
Eumenidum maduisse genas. Nec regia coniunx[85]
sustinet[86] oranti nec, qui regit ima, negare
Eurydicenque vocant. Umbras erat illa recentes[87]
inter et incessit passu de[88] vulnere tardo.
Hanc simul et legem[89] Rhodopeïus accipit Orpheus,
ne flectat retro[90] sua lumina[91], donec Avernas
exierit[92] valles, aut irrita[93] dona futura.
Carpitur[94] acclivis per muta[95] silentia trames[96],
arduus, obscurus, caligine[97] densus[98] opaca[99].
Nec procul afuerunt[100] telluris margine[101] summae[102] –

Abb. 33: Orpheus in der Unterwelt, Johann Martin von Wagner, Gemälde (1809), Würzburg, Martin von Wagner Museum

35 **64 regna humani generis** (gen. obi.): Herrschaft über ... **65 haec** = Eurydice **66 iustus** 3: h. zustehend **67 iuris vestri erit** (gen. poss.): sie wird eurem Rechtsbereich zufallen, sie wird euch rechtmäßig gehören **68 pro**: h. anstatt **69 munus**, -eris n.: h. Geschenk **70 usus**, -us m.: Nutznießung, Leihgabe **71 quodsi**: wenn aber **72 certum est mihi**: es ist mein fester Entschluss **73 letum**, -i n.: Tod

40 **74 nervos movere**: die Leier spielen, die Saiten rühren **75 aliquem flere**: jmdn. beweinen **76 capto** 1: haschen **77 refugus** 3: flüchtig, zurückweichend **78 stupesco** 3, -pui: stocken, innehalten **79 orbis**, -is m.: h. Rad **80 carpo** 3, carpsi, carptum: rupfen, zerfleischen **81 iecur**, -coris n.: Leber **82 volucris**, -is f.: Vogel, h. Geier **83 urnis vacare**: frei sein von den Krügen = die Krüge stehen lassen

45 **84 tunc** ...: *fama est tunc primum genas Eumenidum carmine victarum lacrimis maduisse*; madesco 3, -dui: nass, benetzt werden **85 regia coniunx** = Persephone / Proserpina: *nec regia coniunx nec (is), qui ima regit, sustinet oranti negare et Eurydicen vocant* **86 sustineo** 2, -ui, -tentum: aushalten, übers Herz bringen **87 umbrae recentes**: die Schatten der eben erst Verstorbenen **88 de**: h. wegen, infolge

50 **89 lex**, -gis f.: h. Bedingung **90 retro**: zurück **91 lumen**, -inis n.: h. Auge, Blick **92 exire Avernas valles**: das Reich der Unterwelt verlassen **93 irritus** 3: unwirksam, vergeblich **94 carpo** 3: schrittweise, vorsichtig gehen **95 mutus** 3: stumm; muta silentia: lautlose Stille **96 acclivis trames**: der Weg nach oben **97 caligo**, -inis f.: Finsternis **98 densus**: h. dicht erfüllt **99 opacus** 3: dunkel, finster

55 **100 afuerunt**: Kürzung des e aus metrischen Gründen **101 margo**, -inis m.: Rand, Grenze **102 summa tellus**: Erdoberfläche

hic[103], ne deficeret[104], metuens avidusque videndi
flexit amans oculos et protinus illa relapsa[105] est,
bracchiaque intendens prendique[106] et prendere certans[107]
nil nisi[108] cedentes[109] infelix arripit[110] auras.
Iamque[111] iterum moriens non est de coniuge quicquam
questa suo – quid enim nisi se quereretur[112] amatam? –
supremumque „vale“, quod iam vix auribus ille
acciperet, dixit revolutaque[113] rursus eodem[114] est.
Non aliter stupuit[115] gemina nece[116] coniugis Orpheus,
quam tria[117] qui timidus, medio portante catenas[118],
colla canis[119] vidit: quem non pavor ante reliquit,
quam natura prior, saxo per corpus oborto[120];
quique[121] in se crimen traxit[122] voluitque videri
Olenos esse nocens[123], tuque, o confisa figurae[124],
infelix Lethaea, tuae, iunctissima quondam
pectora, nunc lapides, quos umida[125] sustinet[126] Ide.
Orantem frustraque iterum transire volentem[127]
portitor[128] arcuerat[129]. Septem tamen ille diebus
squalidus[130] in ripa Cereris sine munere[131] sedit;
cura dolorque animi lacrimaeque alimenta[132] fuere.
Esse deos Erebi crudeles questus in altam
se recipit Rhodopen[133] pulsumque aquilonibus[134] Haemum.

***Abb. 34: Orpheus. Eurydike. Hermes, Gerhard Marcks**, Holzschnitt (1947)*

103 hic = *Orpheus: metuens, ne (Eurydice) deficeret, et avidus videndi amans oculos flexit* **104 deficere**: h. ermatten, aufgeben **105 relabor** 3, -lapsus sum: zurücksinken **106 prendo** (prehendo) 3, -di, -sum: halten, ergreifen **107 certo** 1: sich bemühen **108 nil nisi**: nichts außer **109 cedo** 3, cessi, cessum: zurückweichen **110 arripio** 3M, -ripui, -reptum: an sich reißen

60 **111 iamque**: *iamque iterum moriens (erg. Eurydice) non quicquam questa est de suo coniuge ... et supremum vale dixit, quod ille auribus iam vix acciperet, et ... eodem rursus revoluta est* **112 quereretur** (coni. pot.): worüber hätte sie klagen sollen **113 revolvo** 3, -volvi, -volutum: zurückwälzen, pass. versinken **114 eodem**: ebendorthin (woher sie gekommen war) **115 stupesco** 3, -pui: erstarren **116 gemina nex**: neuerlicher Tod

65 **117 quam tria** ...: *quam (is), qui timidus tria colla canis – medio (collo) catenas portante – vidit* **118 catena**, -ae f.: Kette **119 canis**, -is m.: der Höllenhund Cerberus / Kerberos **120 saxo per corpus oborto** (abl. abs.): nachdem Stein den Körper überzogen hat, der Körper zu Stein geworden war; oborior 4, ortus sum: entstehen **121 quique**: knüpft an stupuit (V. 64) an **122 in se crimen trahere**: das Vergehen, die Schuld auf sich nehmen **123 nocens**, -entis: schuldig **124 confisus figurae**: im Vertrauen auf die Schönheit

70 **125 umidus** 3: feucht, reich an Quellen **126 sustineo** 2, -ui, -tentum: h. tragen **127 orantem ... volentem**: erg. Orpheum **128 portitor**, -oris m.: Fährmann **129 arceo** 2: zurück-, abweisen **130 squalidus** 3: schmutzig, h. im Trauergewand **131 munus Cereris**: Geschenk der Ceres = Brot, Nahrung

75 **132 alimentum**, -i n.: Nahrung **133 Rhodopen** (griech. acc. zu Rhodope f.): Gebirge in Thrakien **134 pulsus aquilonibus**: windgepeitscht, sturmumbraust

Orpheus, Sohn des thrakischen Königs und Flussgottes Oiagros (oder des Apollo) und der Muse Kalliope, verkörpert gleichermaßen den großen, berühmten Sänger wie die Macht der Musik. Sein Lied und sein Saitenspiel besänftigen nach dem Mythos die wilden Tiere, bewegen die leblose Natur, rühren die Götter der Unterwelt, vermögen aber auch die Menschen in Raserei zu versetzen. Im Mythos von Orpheus und Eurydice vereinigen sich mehrere elementare Vorstellungen und Erfahrungen der Menschen: Liebe, die den Tod überdauert; die aufwühlende und bezwingende Macht der Musik; die unentrinnbare Gewalt des Todes. Die Quelle für die bei Ovid vorliegende Form der Sage war vermutlich ein hellenistisches Gedicht. Die Sage war bereits in der Antike sehr beliebt und ein oft verwendetes Motiv in der darstellenden Kunst.

1 **inde**: Hymenaeus, der Hochzeitsgott, kommt von der Hochzeit des Iphis.
croceus amictus: ein safranfarbiger Umhang, gehört zu den Attributen des Hymenaeus. Auch die Braut trug am Hochzeitstag über der Tunica einen safranfarbigen (gelben) Mantel.

2 **Hymenaeus**: der Hochzeitsgott. Zu seinen Attributen gehören auch Fackel, Kranz und Flöte.
ad oras Ciconum: Die Ciconen sind ein thrakischer Volksstamm; Thrakien war die Heimat des Orpheus.

3 **Orphea nequiquam voce vocatur**: Der Vers kündigt erstmals die tragischen Ereignisse an; *nequiquam*, vergeblich, steht in zentraler Position zwischen *Orphea voce*, die alles in den Schatten stellende Stimme des Orpheus ruft vergeblich. Auch die Spondeen und die Häufung dunkler Vokale tragen dazu bei, die Stimmung zu verdüstern.

4 f. **nec solemnia verba nec laetos vultus nec felix omen**: Anapher ➤ B 30

5 **felix omen**: Die Römer beobachteten bei allen wichtigen Anlässen Vorzeichen; ein Beispiel ungünstiger Vorzeichen wird anschließend angeführt, so rauchen z. B. die Hochzeitsfackeln, in deren Schein man die Braut in ihr neues Heim geleitete, beißend statt hell und stark zu brennen.

9 **turba Naïadum**: Nymphen, junge Frauen, halbgöttliche Bewohnerinnen der Quellen und Flüsse. Eine solche Nymphe ist auch die Braut (Eurydice), die andere Naiaden zur Hochzeit eingeladen hat.

11 **Rhodopeïus vates**: der Sänger vom Rhodopegebirge (in Thrakien) = Orpheus (Periphrase, ➤ B 24 a)

13 **Taenaria porta**: Das Tainaron-Vorgebirge bildet das südlichste Kap der Peloponnes. In einer zum Meer führenden Schlucht öffnet sich eine Höhle, die als Eingang in die Unterwelt galt.
Styx: eigentlich griech. *stygos hydor* – Wasser des Grauens, einer der vier Unterweltsflüsse, hier als *pars pro toto* (➤ B 22) für Unterwelt

14 **simulacra functa sepulcro**: Tote, die ein Begräbnis erhalten haben. In die Unterwelt durfte nur, wer bestattet worden war; die Verstorbenen verweilen dort als körperlose, aber mit individuellen Merkmalen ausgestattete Wesen, eben als Schatten oder Schemen.

15 **Persephone / Proserpina**: Tochter des Jupiter / Zeus und der Ceres / Demeter, von Pluto / Hades in die Unterwelt entführt, als seine Gemahlin auch Göttin und Königin der Unterwelt

17 f. **o positi sub terra ...**: Orpheus beginnt mit einer demütig schmeichelnden Anrede, um das Wohlwollen der Götter zu gewinnen (*captatio benevolentiae*). In der Folge singt er ein Lied, das strukturell einer Gerichtsrede entspricht.

18 **recidere**: Tod bedeutet Rückkehr in die Unterwelt, Leben umgekehrt Aufstieg in die Oberwelt.

20 f. **opaca Tartara**: Der Tartarus ist in der Unterwelt der Strafort der Frevler und Hybristen (griech., Hybris = Anmaßung, Überheblichkeit); der Name wird aber oft – so auch hier – allgemein für die Unterwelt gebraucht.

22 Medusaeum monstrum: Anspielung auf die zwölfte Arbeit des Hercules / Herakles: Er musste den Höllenhund Cerberus / Kerberos fesseln und in die Oberwelt bringen. Cerberus hütet das Tor zum Hades; ihm werden mehrere Köpfe zugeschrieben, die – ähnlich wie das Haupt der Medusa – mit Schlangen besetzt sind. Cerberus ist dem Mythos nach ein Urenkel der Medusa.

26 ff. Vicit amor ...: Durch den Appell an die Liebe, die sowohl ihn und Eurydice als auch das Götterpaar verbunden hat, hofft er, eine Atmosphäre des Wohlwollens zu schaffen.

28 fama veteris rapinae: Anspielung auf den Raub der Proserpina durch Pluto

30 Chaos: der finstere, unermessliche Abgrund der Unterwelt

31 properata retexite fata: *fatum*, das Schicksal, kann einerseits den Götterspruch bedeuten, durch den das Schicksal ausgedrückt wird (von *for*, *fari*, *fatus*), andererseits aber auch das selbst über den Göttern stehende unabänderliche Schicksal. *Retexite* spielt auf die alte Vorstellung an, dass die Moiren / Parzen, drei weibliche Gottheiten, den Lebensfaden des Menschen spinnen, zumessen und schließlich abschneiden. Orpheus maßt sich hier ein Urteil darüber an, ob der Tod seiner Eurydice zum rechten Zeitpunkt erfolgt ist.

36 f. iustos annos peregerit, iuris erit vestri: Als außergewöhnlich begabter Mensch will er sich mit der Gegebenheit des Todes und der Sterblichkeit nicht abfinden. Er unterstellt den Göttern, einen Fehler gemacht und Eurydice die ihr zustehenden Jahre nicht gegönnt zu haben.

39 Leto gaudete duorum: Verzweifelt oder trotzig versucht der Sänger, die Götter durch eine Selbstmorddrohung zu erpressen.

41 ff. exsangues flebant animae: Ovid nützt die Gelegenheit zu einem knappen und nicht ganz ernsthaften „Rundblick" in der Unterwelt (das Wesen der Strafe der großen Büßer besteht ja gerade darin, dass diese unendlich und nicht zu unterbrechen ist). Er kann sich auf Anspielungen auf die Büßer beschränken, weil deren Mythen seinem Publikum wohlbekannt sind.

41 Tantalus: Er hatte den Göttern seinen Sohn Pelops als Speise vorgesetzt, um ihre Allwissenheit zu prüfen. Die Götter erweckten Pelops zu neuem Leben. Tantalus muss zur Strafe in der Unterwelt, in einem See unter einem fruchtbeladenen Baum stehend, ewig dürsten und hungern, weil Wasser und Früchte ständig vor seinem Mund und seinen Händen zurückweichen (Tantalusqualen).

42 Ixionis orbis: Ixion bedrängte Hera mit seiner Liebe und wurde zur Strafe von Zeus in den Tartarus gestürzt. Zur ewigen Buße wurde er auf ein sich ständig drehendes Feuerrad geflochten.

43 carpsere iecur volucres: Der Riese Tityos wollte sich an Leto vergreifen, wurde aber von den Pfeilen ihrer Kinder Apollo und Artemis getötet. Zur Strafe wurde er in der Unterwelt, auf den Boden ausgestreckt, gefesselt; ein Geierpaar zerhackte ihm die stets wieder nachwachsende Leber, die in der Antike als Sitz der Begierden angesehen wurde.

44 Belides: Die 50 Enkelinnen des Ägypterkönigs Belos, meist nach ihrem Vater Danaos „Danaiden" genannt, müssen als Strafe im Hades Wasser in Urnen (bzw. Fässer) ohne Boden schöpfen, weil sie ihre Ehemänner in der Hochzeitsnacht ermordet haben.

Sisyphus: Der sagenhafte Gründer von Korinth, der durch seine Schlauheit sogar die Götter überlistet hat, muss in der Unterwelt immer wieder einen schweren Marmorblock einen steilen Berg hinaufwälzen. Doch jedes Mal knapp unter dem Gipfel „hurtig mit Donnergepolter entrollt der tückische Marmor" (vgl. „Odyssee" 11, 598).

46 Eumenides: griech. „die Wohlgesinnten", euphemistische = beschwichtigende Bezeichnung für die Erinnyen / Furien, die erbarmungslosen Rachegöttinnen, die jeden Frevel gegen ungeschriebene Gesetze von Gut und Böse bestrafen

51 Avernae valles: Der Kessel des Avernersees bei Cumae in Kampanien galt als Eingang zur Unterwelt.

57 flexit amans oculos: Die Verderben bringende Wirkung eines verbotenen Blickes zurück begegnet auch im Alten Testament, wo Lots Frau versteinert wird, als sie sich nach der untergehenden Stadt Sodom umschaut.
61 quid quereretur: Eurydice klagt bei Ovid nicht, sie weiß sich geliebt. Vergil, der den Orpheusstoff ebenfalls behandelt (vgl. *„Georgica"* 4, 453–527) hat, legt ihr eine 5 Verse lange Klage in den Mund, in der sie Orpheus für ihren neuerlichen Tod verantwortlich macht. Darauf scheint Ovid hier anzuspielen.
63 revoluta est: Gezielt setzt Ovid hier die medial / passivische Verbalform, um die Unabänderlichkeit des Todes anzudeuten.
65 f. Die Sage erzählt, ein Mann, der den Hercules habe den Cerberus schleppen sehen, sei vor Schreck zu Stein erstarrt.
69 Olenos (griech. nom. sg.): Lethaea, die Gattin des Olenos, soll die Götter durch den Stolz auf ihre Schönheit beleidigt haben. Als ihr Gemahl Olenos die Schuld auf sich zu nehmen suchte, wurde er zusammen mit ihr auf dem Berge Ida in Stein verwandelt.
71 Ide: ein waldiges Gebirge bei Troja
73 portitor: Der Fährmann Charon bringt die Schatten über die Unterweltströme in den Hades; als Fährlohn bekommt er ein Geldstück (*obolus*), das man den Toten unter die Zunge legte.
74 squalidus ... sedit: Ovid weckt hier Assoziationen zu Niobe, die vor Schmerz zu Stein wurde, und zu anderen versteinerten Mythengestalten. Sein Schmerz hat ihn – fast – getötet und der Kreislauf von Leben und Sterben, den er zu durchbrechen gesucht hatte, ist wieder geschlossen.
76 Erebus: ein Sohn des Chaos, Gott der Finsternis; wird oft als Chiffre für die Unterwelt gebraucht
77 Haemus: das Balkangebirge in Thrakien

12 Vertiefung

➤ Kompetenzorientierte Arbeitsaufgaben S. 148

1 Gliedere die Erzählung in vier große Abschnitte! An welchen Schauplätzen spielt die Erzählung?

2 **a** Es wird immer wieder darauf verwiesen, dass die Orpheus-Erzählung eine zyklische, also wieder zum Ausgangspunkt zurückkehrende, Struktur hat. Versuche diese Struktur anhand des Textes nachzuvollziehen!

b Welchen Aspekt der Geschichte wollte der Dichter wohl durch diese Struktur verdeutlichen?

3 Durch welche Atmosphäre ist die Darstellung der Hochzeitsfeier bestimmt? Mit welchen sprachlichen und stilistischen Mitteln (Klangfarbe, Wortstellung, Stilfiguren etc.) wird diese hervorgehoben? Welche Leitwörter lassen sich beobachten?

4 Was motiviert Orpheus, sich mit dem Tod seiner Frau nicht zufrieden zu geben, sondern Unmögliches zu versuchen? Wie zeigt Ovid, dass es sich bei Orpheus' Wagnis um etwas Außergewöhnliches handelt?

5 **a** Das Lied des Orpheus ist nach den Gesetzen der Rhetorik strukturiert (*exordium* / Einleitung, *narratio* / Erzählung, *argumentatio* / Beweisführung, *peroratio* / Schlusswort). Gliedere das Lied des Orpheus (➤ V. 17–39) danach und untersuche es auf die verwendeten rhetorischen Kunstgriffe!

b Wie beurteilst du die Argumentationslinie des Orpheus? Ist sie aus deiner Sicht nachvollziehbar?

c Welche Rolle spielt die Macht der Musik in der Erzählung und wie ist sie mit Liebe und Tod verknüpft?

6 **a** Welches Gebot erhält Orpheus? Mit welchen sprachlichen und stilistischen Mitteln (Stilfiguren, Wortstellung etc.) wird es zum Ausdruck gebracht?

b Was lässt sich über die Befindlichkeit der Eurydice aussagen? Reagiert sie in irgendeiner Form auf ihre Rücksendung in die Oberwelt?

7 **a** Wie erklärt Ovid das Verhalten des Orpheus beim Aufstieg aus der Unterwelt? Welcher der genannten Beweggründe ist am stärksten betont?

b Welche Gefühle zeigt jetzt Orpheus, welche Eurydice? Wie zeigt Ovid die unentrinnbare Gewalt des Todes?

8 Wie geht Orpheus mit dem endgültigen Verlust seiner Frau um? Wie hat sich sein Leben bzw. sein Selbstwertgefühl durch den Besuch in der Unterwelt geändert? Wodurch illustriert der Dichter die Befindlichkeit des Orpheus?

E9 texte

In den zahlreichen Bearbeitungen, die der Mythos erfahren hat, werden immer wieder andere Gründe dafür genannt, warum Orpheus sich umdreht. Vergleiche diese mit der von Ovid gegebenen Version!

- Vergil, *„Georgica“* 4, 453 ff. (29 v. Chr.): aus Wahnsinn
- Seneca (1. Jh. n. Chr.), *„Hercules Oetaeus“*, V. 1086 f.: aus Misstrauen (*nec credens sibi redditam Eurydicen sequi*)
- Angelo Poliziano, „Die Tragödie des Orpheus“ (1480): aus Begeisterung und Freude
- Christoph Willibald Gluck (nach der Vorlage von Cazabigi), „Orfeo ed Euridice“ (1782): verlockt durch Eurydices Liebesbegehren
- Jacques Offenbach, „Orpheus in der Unterwelt“ (1858): erst aus Gleichgültigkeit gar nicht, dann erschreckt durch einen Blitzschlag des Zeus
- Hans Erich Nossak, „Orpheus und …“ (1948): aus der plötzlichen Erkenntnis heraus, dass es Persephone war, die ihn zu seinem schönsten Lied inspirierte, nicht Eurydice
- Rainer Maria Rilke, „Orpheus. Eurydike. Hermes“ (1904): Eurydike hat keine emotionale Bindung mehr zu dem Mann, der vor ihr geht.

Verschiedene Rezeptionsbeispiele – vor allem Gedichte – setzen sich auch mit der Rolle der Eurydice auseinander und fragen nach deren Gedanken, Wünschen und Bedürfnissen. Analysiere die folgenden Textproben unter diesem Aspekt und arbeite heraus, was sich gegenüber Ovid verändert hat!

Jean Anouilh, „Eurydice“ (1942)

Der Orpheus in Anouilhs Drama „Eurydice“ ist ein armer Caféhaus-Geiger, der mit seinem unbegabten Vater durch die Provinzstädte zieht. Eurydice und ihre Mutter sind Mitglieder einer Schauspieltruppe ähnlichen Niveaus. Auf einem Bahnhof hört Eurydice Orpheus' Geigenspiel. Sie sucht den Musiker und entscheidet sich in kürzester Frist, bei ihm zu bleiben. Nach dem Unfalltod der Eurydice spricht Orpheus mit dem Tod und überredet ihn, ihm Eurydice wiederzugeben. Dieser lässt sich schließlich von Orpheus' Wehklagen erweichen und gibt ihm Eurydice zurück, stellt jedoch die Bedingung, dass Orpheus Eurydice nicht vor Tagesanbruch ansehen dürfe, sonst müsse sie wieder sterben. So warten Orpheus und Eurydice auf den Tag. Orpheus aber versucht, Eurydice über ihre Vergangenheit auszufragen, und kann sich nicht mit der Antwort Eurydices begnügen, nicht die Geliebte des Direktors der Schauspieltruppe gewesen zu sein. Er möchte ihr in die Augen sehen, um festzustellen, ob sie die Wahrheit sagt:

Eurydice hält ihn umschlungen, legt den Kopf gegen seinen Rücken, fleht ihn an: O bitte, Liebling, dreh dich nicht um, sieh mich nicht an ... Was nützt es? Lass mich leben ... Weißt du, du bist schrecklich, schrecklich wie ein Engel. Du glaubst, dass alle stark und klar einhergehen wie du und die Schatten zu beiden Seiten des Weges verscheuchen. Es gibt aber auch nur ganz kleine, zaudernde Lichter, die der Wind peitscht. Und die Schatten werden länger, stoßen uns, zerren an uns und werfen uns um ... O bitte, sieh mich nicht an, Liebling, sieh mich noch nicht an ... Vielleicht bin ich nicht so, wie du mich wolltest. So, wie du dir mich im Glück des ersten Tages erdacht hattest ... Aber du fühlst mich, nicht wahr, an dir. Ich bin da, ich bin warm, ich bin sanft, und ich liebe dich. Ich werde dir alle Glückseligkeiten schenken, die ich dir schenken kann. Aber verlange von mir nicht mehr, als ich geben kann, sei damit zufrieden ... Sieh mich nicht an. Lass mich leben ... bitte ... ich möchte so gerne leben ...

Orpheus schreit: Leben, leben! Wie deine Mutter und ihr Liebhaber vielleicht, mit Sentimentalitäten, Lächeln, Nachsichtigkeiten und dann gutem Essen, nach denen man Liebe treibt – und alles ist in Ordnung. Nein, das nicht. Ich liebe dich zu sehr, um zu leben! *Er hat sich umgedreht, sieht sie an; sie stehen sich gegenüber, von erschreckender Stille gehemmt.*

J. Anouilh, Euridice. In: Dramen, 1. Band. München: Langen-Müller o. J., S. 315 f.

Margaret Atwood, „Orpheus (1)“ (1984)

Vor mir gingst du her
und stießest mich zurück
zum grünen Licht, dem einstmals Fangzähne
gewachsen waren, die mich töteten.
Ich war gehorsam, aber taub, nicht anders
als ein eingeschlafner Arm; die Rückkehr
zur Zeit war nicht von mir gewählt.
Inzwischen wurde ich gebraucht zum Schweigen.
Obwohl sich etwas spannte zwischen uns;
ähnlich einem Flüstern, einem Strick;
mein früherer Name,
festgezurrt.
Du hattest deine alte Koppelleine
bei dir, könntest sie Liebe nennen,
und deine Fleischesstimme.

Vor deine Augen hieltest du dir stets
das Bild, von dem du wolltest,
dass ich es würde: wenn ich wieder lebte.
Und deine Hoffnung nur ließ mich dir folgen.
So war ich deine Halluzination, dir lauschend,
geschmückt mit Blumen, du besangst mich;
und schon begann mir neue Haut zu wachsen
im leuchtend nebelhaften Leichentuch
meines andren Körpers; schon
klebte Schmutz an meinen Händen, und ich hatte
Durst.

Doch konnte ich nur deinen Umriss
sehen: Kopf und Schultern,
schwarz vor der Mundhöhle,
so konnte ich auch dein Gesicht
gar nicht erkennen, als du dich umwandtest
und zu mir redetest, denn du hattest
mich schon verloren. Das letzte, was
ich sah von dir, war nur ein düsteres Oval.
Obwohl ich wusste, wie dich dieser Fehlschlag
verletzen würde, musste ich die Flügel falten
wie eine graue Motte und die Sache lassen.

Du konntest niemals glauben, dass ich
mehr war als dein Echo.

Margaret Atwood, Mythos Orpheus. Hrsg. v. W. Storch. Leipzig: Reclam 1997 (= UB 1590), S. 261 f.

Gleichzeitig wird der Wert von Orpheus' unvergleichlicher und gerühmter Begabung infrage gestellt:

Ulla Hahn,
„Verbesserte Auflage“ (1981)

Nur noch wenige Schritte dann
wird sie ihm wieder gehören hören
beschwören sein Lied das ohne sie
ihm versiegt. Hals Nase Ohren
die Augen die Haare den Mund
und so weiter wie
will er sie preisen allein
zu ihrem ewigen Ruhm.
Als eine Stimme anhebt.
Orpheus hört:
die zum Lauschen Bestellte fällt
singend ihm in den Rücken.
Da
dreht er sich um und
da
gleitet aus seinen verwirrten Händen
die Leier. Die Eurydike aufhebt
und im Hinausgehen schlägt in noch
leise verhaltenen Tönen. Hals Nase Ohren
die Augen die Haare den Mund
und so weiter wie
will sie ihn preisen allein
zu seinem ewigen Ruhm.
Ob Orpheus ihr folgte
lassen die Quellen
im Trüben.

U. Hahn, Herz über Kopf. Gedichte. Stuttgart 1981, S. 56

William Shakespeare,
Lied aus „König Heinrich VIII.“ (1612/13)

Orpheus' Laute hieß die Wipfel
Wüster Berge kalte Gipfel
Niedersteigen, wenn er sang.
Pflanz' und Blüt' und Frühlingssegen
Sprosst', als folgten Sonn' und Regen
Ewig nur dem Wunderklang.

Alle Wesen, so ihn hörten,
Wogen selbst, die sturmempörten,
Neigten still ihr Haupt herab.
Solche Macht ward süßen Tönen;
Herzensweh und tödlich Sehnen
Wiegten sie in Schlaf und Grab.

W. Shakespeare, Sämtl. Werke. 1. Abt. Dramat. Werke II. Übers. v. W. v. Schlegel u. L. Tieck. Heidelbrg: Schneider [5]1987, S. 819

Reinhard Mey,
„Ich wollte wie Orpheus singen“ (1967)

Ich wollte wie Orpheus singen,
Dem es einst gelang,
Felsen selbst zum Weinen zu bringen
Durch seinen Gesang.
Wilde Tiere scharten sich
Friedlich um ihn her.
Wenn er über die Saiten strich,
Schwieg der Wind und das Meer.
Meine Lieder, die klingen nach Wein
Und meine Stimme nach Rauch,
Mag mein Name nicht Orpheus sein,
Mein Name gefällt mir auch!

Meine Lyra trag' ich hin,
Bring' sie ins Pfandleihhaus
Wenn ich wieder bei Kasse bin,
Lös' ich sie wieder aus.
Meine Lieder sing' ich dir,
Von Liebe und Ewigkeit:
Und zum Dank teilst du mit mir
Meine Mittelmäßigkeit.
Kein Fels ist zu mir gekommen,
Mich zu hören, kein Meer!
Aber ich habe dich gewonnen,
Und was will ich noch mehr?

R. Mey, Studioalbum, 1967

Abb. 35: Orphée et Eurydice sortant de l'enfer, Auguste Rodin, Skulptur, Marmor (1893), New York, Metropolitan Museum of Art

12 fortwirken

Der Sänger wird bereits in der Antike sehr häufig dargestellt, z. B. Attisches Weiherelief mit Hermes, Eurydice und Orpheus (420 v. Chr.), Athen, röm. Kopien in Paris und Neapel; auf Vasen oder Mosaiken. Aufgrund seines Versuches, den Tod zu überwinden, wurde Orpheus vom Christentum als ein Vorläufer Christi angesehen (christliche Darstellungen des Orpheus finden sich bereits auf Fresken in röm. Katakomben und auf Reliefs von Sarkophagen).

Plastik: u. a. Peter Vischer d. J., Bronzerelief (1515–20), Washington; Antonio Canova (1773), Venedig; Auguste Rodin, (1889 und 1893), New York, Paris ➤ Abb. 35; Ossip Zadkine, Holz- und Bronzeskulptur (1930 und 1948), Paris; Gerhard Marcks, (1959), Gießen; Marlene Neubauer-Woerner, acht Bronzereliefs (1978), Privatbesitz; Alfred Hrdlicka (1975), Wien

Malerei: Seit der Renaissance ist das Motiv des Sängers, der die Tiere und Pflanzen bezaubert, beliebt, z. B. bei den niederländischen Tiermalern, u. a. Jan Brueghel d. Ä. (1594), Florenz; Lovis Corinth (1908), Dresden; Eugène Delacroix (1837–48), Paris. Szenen aus der Eurydice-Geschichte stellten dar: u. a. Tizian (1510), Bergamo; Jacopo Tintoretto (1541), Modena; Luca Signorelli (1499–1504), Orvieto; Baldassare Peruzzi (1511), Rom; Roelandt Savery (zahlreiche Werke, 1576–1639), u. a. Wien; Martin Johann Schmidt, gen. Kremser-Schmidt (1719–1801), Triest; Anselm Feuerbach (1869), Wien; Oskar Kokoschka (1917/18), New York; Ken Xaver Roussel (1924), Neuss; Rudolf Eisenmenger (1955), Vorhang für die Wiener Staatsoper; Marc Chagall (1977), Coll. Chagall.

Grafik: Pablo Picasso (1931); Werner Gilles (1950–55); Hans Fronius (1969); Gerhard Marcks (1947) ➤ Abb. 31, 32 u. 34

Literatur: Roman u. a. Rudolf Henz (1956); dramatische Behandlungen u. a. von: Angelo Poliziano (ital. Humanist), „Favola di Orfeo“ (1480); Calderón, „Il divino Orfeo“ (1669); Oskar Kokoschka, „Orpheus und Eurydike“ (1919); Jean Anouilh, „Eurydice“ (1941) ➤ S. 73. Orpheus ist ein beliebtes Motiv der Lyrik, z. B. Rainer Maria Rilke, „Orpheus. Eurydike. Hermes“ (1905) und „Sonette an Orpheus“ (1923); Franz Werfel (1919); Gottfried Benn (1927 und 1946); Yvan Goll, „Der neue Orpheus“ (1923) etc.

Musik: zahlreiche Opern, z. B. von Jacopo Peri (1600); Claudio Monteverdi, „Orfeo“ (1607); Johann Josef Fux (1715); Christoph Willibald Gluck, „Orfeo ed Euridice“ (1762); Operntravestie von Jacques Offenbach, „Orpheus in der Unterwelt“ (1858); Josef Haydn (1791); Ernst Krenek (1926); Darius Milhaud (1926); weiters unzählige symphonische Dichtungen, z. B. von Hector Berlioz (1827) und Franz Liszt (1856), Ballettversionen, z. B. Igor Strawinsky (1947), Lieder, Chansons etc.

Film: Jean Cocteau (1950, 1960); Marcel Camus, „Orfeu negro“ (1959):

Die Handlung spielt während des Karnevals in Rio de Janeiro und wird getragen und begleitet von Sambamusik. Der allseits beliebte Straßenbahnfahrer Orfeu, der in einer Favela über der Stadt lebt und gerne auf seiner Gitarre spielt, verliebt sich in die junge Eurydice, die sich dort vor den Nachstellungen eines Mannes bei ihrer Cousine versteckt. Im Rahmen des Karnevals taucht Eurydices Verfolger, verkleidet als Tod, wieder auf, Eurydice flieht zu Hermes, dem Verwalter der Straßenbahnremise. Auch Orfeu kommt auf der Suche nach Eurydice in die Remise und schaltet den Starkstrom ein, um Eurydice sehen zu können. Diese stirbt durch einen Stromschlag, weil sie sich auf eine Rampe an der Oberleitung geflüchtet hat. Hermes lässt die Leiche wegbringen. Orfeu, der nichts von ihrem Tod ahnt, sucht sie fieberhaft und versucht sie auch mit Hilfe der Paya-Sekte zu finden. Im Rahmen einer Zeremonie soll er sie rufen, sich aber nicht umblicken, wenn er ihre Stimme hört. Als er sich doch umblickt, schaut er ins Gesicht einer alten Frau – die Illusion, mit Eurydice leben zu können, zerbricht endgültig. Hermes erweist dem verzweifelten Orfeu die einzige noch mögliche Wohltat – er darf Eurydice aus dem Leichenschauhaus holen. Er bringt sie in sein Dorf, hoch über der Stadt. Dort trifft ihn ein Steinwurf seiner Verlobten Mira, der ihn mitsamt der Leiche der Eurydice rücklings den Abhang hinunter stürzen lässt. Orfeus Gitarre erbt sein kleiner Freund, der der neue Sänger sein wird.

Abb. 36: Orphée à la lyre, Jean Cocteau,
Farblithografie (1960), Paris, Edition Mourlot

Orpheus, der von nun an jede Frauenliebe verschmäht, zieht drei Jahre lang durch Thrakien. Als er einmal auf einem schattenlosen Hügel ruht und auf seiner Leier zu spielen beginnt, kommen – vom Spiel bezaubert – die Bäume herbei, um Schatten spendend zu lauschen. Auch die Zypresse ist anwesend, die einst der schöne Knabe Cyparissus, geliebt von Apollo, gewesen war. Als Cyparissus ungewollt den Tod eines von ihm innig geliebten Hirsches verschuldet, sucht er aus Gram den Tod. Als letzte Gabe erbittet er von den Göttern, den Hirsch ewig betrauern zu dürfen. Da verwandeln sich seine Glieder zu struppigem Laubwerk: Er wird zur Zypresse. Apollo aber ruft voll Trauer aus: „Dich will ich stets beweinen, du aber beklage ebenso andere Menschen und stehe den Bedrückten bei!"

Umgeben von Bäumen, Vögeln und wilden Tieren, die das Spiel angelockt hatte, beginnt Orpheus zu singen. Sein Thema sind Liebesgeschichten besonderer Art. Wir erfahren von dem trojanischen Prinzen Ganymed, den Jupiter in Adlergestalt in den Olymp entführt, um den schönen Jüngling als Mundschenk stets um sich zu haben. Auch Phoebus Apollo liebt einen Jüngling, den Spartaner Hyacinthus. In einem Wettkampf trifft der Diskus des Gottes versehentlich den Jüngling und tötet ihn. Voll Trauer verwandelt Apollo den Toten in eine Blume, die Hyazinthe. Dann singt Orpheus von den Cerasten, den Ureinwohnern Zyperns. Diese hatten durch Opferung von Menschen gefrevelt und damit Venus, die Schutzgöttin der Insel, beleidigt. Zur Strafe werden die Cerasten in wilde Stiere verwandelt. Venus lässt die Töchter des Propoetus, welche ihre göttliche Macht geleugnet hatten, erst die Schönheit ihrer Körper gegen Geld verkaufen und verwandelt sie schließlich in Steine.

13 text

met. 10, 243–297

Pygmalion

Quas[1] quia Pygmalion aevum per crimen[2] agentis[3]
viderat, offensus[4] vitiis, quae plurima menti
femineae natura dedit, sine coniuge caelebs[5]
vivebat thalamique diu consorte[6] carebat.
Interea niveum mira feliciter[7] arte
sculpsit[8] ebur[9] formamque dedit, qua femina nasci

243 1 quas: bezieht sich auf die unmittelbar vorher genannten Töchter des Propoetus **2 per crimen**: schändlich **3 aevum agere**: die Lebenszeit hinbringen, leben, agentis = agentes **4 offensus** 3: erzürnt, aufgebracht, abgestoßen
245 5 caelebs, -ibis: unvermählt, ledig **6 consors thalami**: Geliebte(r), Bettgefährte, -gefährtin **7 feliciter**: h. erfolgreich **8 sculpo** 3, -psi, -ptum: schnitzen, meißeln, bilden **9 ebur**, -oris n.: Elfenbein

nulla potest[10], operisque sui concepit amorem[11].
Virginis est verae[12] facies, quam vivere credas[13]
et, si non obstet reverentia[14], velle moveri:
Ars adeo latet[15] arte sua. Miratur et haurit
pectore Pygmalion simulati corporis[16] ignes[17].
Saepe manus operi[18] temptantes[19] admovet, an sit
corpus an illud ebur, nec adhuc[20] ebur esse[21] fatetur.
Oscula dat reddique putat loquiturque tenetque
et credit tactis digitos insidere[22] membris
et metuit, pressos veniat ne livor[23] in artus,
et modo blanditias adhibet[24], modo grata puellis
munera fert[25] illi conchas[26] teretesque lapillos[27]
et parvas volucres et flores mille colorum
liliaque pictasque pilas[28] et ab arbore lapsas
Heliadum lacrimas[29]. Ornat quoque vestibus artus,
dat digitis gemmas[30], dat longa monilia[31] collo.

Abb. 37: ***Pygmalion, Paul Delvaux****, Gemälde (1939), Brüssel, Musées Royaux des Beaux-Arts*

Aure leves[32] bacae[33], redimicula[34] pectore pendent:
Cuncta[35] decent – nec nuda minus formosa videtur.
Collocat[36] hanc stratis[37] concha Sidonide[38] tinctis[39]
appellatque tori[40] sociam acclinataque[41] colla
mollibus in plumis[42] tamquam sensura[43] reponit.

10 forma, qua nulla femina nasci potest: eine (schöne) Gestalt, mit der keine Frau geboren werden kann = wie sie keine sterbliche Frau besitzen kann **11 amorem alicuius concipere**: sich verlieben in
250 **12 verus** 3: echt, wirklich **13 quam vivere credas** (AcI im Rel.-Satz): von der man glauben könnte, dass sie lebt; credas: coni. pot. **14 reverentia**, -ae f.: Schüchternheit, Achtung, Scheu **15 lateo** 2: verborgen sein **16 simulati corporis**, gen. obi.: zu ... **17 ignes haurire**: Feuer fangen, (aus Liebe) entbrennen **18 admovere operi**: (Zieldat.) zum, an das Werk **19 tempto** 1: prüfen, berühren
255 **20 adhuc**: auch jetzt noch **21 ebur esse**: erg. corpus **22 insido** 3, -sedi -sessum (+ dat): h. sich eindrücken, einen Eindruck hinterlassen, eindringen **23 livor**, -oris m.: blauer Fleck **24 blanditias adhibere**: Schmeicheleien verwenden, zärtlich sein
260 **25 munera ferre**: Geschenke bringen **26 concha**, -ae f.: Muschel, Perle **27 teretes lapilli**: geschliffene Steine; teres: rund **28 pila**, -ae f.: Ball **29 ab arbore lapsas Heliadum lacrimas**: die von den Bäumen herabgetropften Tränen der Heliaden (= Bernstein) **30 gemma**, -ae f.: Gemme, Ring mit geschnittenem Edelstein **31 monile**, -is n.: Halsband, Halskette
265 **32 levis**, -e: zierlich **33 baca**, -ae f.: Perle **34 redimiculum**, -i n.: Halsband, Kettchen **35 cuncta**: alle diese Schmuckstücke **36 colloco** 1: h. hinlegen, betten **37 stratum**, -i n.: Polster, Decke; stratis = in stratis **38 concha Sidonis**: Purpurmuschel **39 tingo** 3, tinxi, tinctum: färben **40 torus**, -i m.: Lager, Bett **41 acclino** 1: anlehnen, hinneigen, acclinata colla = poet. Pl., acclinata nimmt hier proleptisch das Resultat der Handlung vorweg, ➤ B 49 **42 pluma**, -ae f.: Flaumfeder, h. Polster **43 tamquam sensura**: als ob er (der Hals) es fühlen könnte

Festa dies Veneris tota celeberrima Cypro[44]
venerat, et pandis inductae cornibus aurum[45]
conciderant[46] ictae[47] nivea cervice[48] iuvencae[49],
turaque[50] fumabant, cum munere functus[51] ad aras
constitit et timide „Si, di, dare cuncta potestis,
sit coniunx, opto“, non ausus, „eburnea virgo“
dicere Pygmalion, „similis mea“, dixit, „eburnae[52]!“
Sensit[53], ut[54] ipsa suis aderat Venus aurea festis,
vota quid illa velint[55], et – amici[56] numinis omen –
flamma ter accensa est[57] apicemque per aëra[58] duxit[59].
Ut rediit[60], simulacra suae petit ille puellae
incumbensque[61] toro[40] dedit oscula – visa tepere[62] est!
Admovet os iterum, manibus quoque pectora temptat[63] –
temptatum mollescit[64] ebur positoque rigore[65]
subsidit[66] digitis ceditque, ut Hymettia sole
cera remollescit[67] tractataque pollice[68] multas
flectitur[69] in facies ipsoque fit utilis usu.

***Abb. 38: Der Künstler und seine Statue, Pablo Picasso**, Radierung (1933), Stuttgart, Suite Vollard. © Succession Picasso/VKB, Wien, 2007*

Dum stupet[70] et dubie gaudet fallique veretur,
rursus amans rursusque manu sua vota[71] retractat[72].
Corpus erat! Saliunt temptatae pollice venae.
Tum vero Paphius[73] plenissima concipit heros
verba[74], quibus Veneri grates agat, oraque tandem
ore suo non falsa premit[75] dataque oscula virgo
sensit et erubuit[76] timidumque ad lumina lumen[77]
attollens pariter cum caelo vidit amantem.
Coniugio, quod fecit, adest dea, iamque coactis
cornibus in plenum[78] noviens[79] lunaribus orbem
illa Paphon[80] genuit, de qua tenet insula nomen.

270 **44 tota Cypro** (abl. loci): in ganz Zypern **45 et pandis cornibus inductae aurum**: die gebogenen Hörner mit Gold überzogen; aurum: griech. acc. **46 concido** 3, -cidi: (als Opfertiere getötet) niederstürzen **47 ictus**: (vom Opferbeil) getroffen, geschlagen **48 cervix**, -icis f.: Nacken **49 iuvenca**, -ae f.: junge Kuh **50 tus**, turis n.: Weihrauch **51 munere fungi**: opfern

275 **52 eburnae**: erg. virgini **53 sensit**: Subj. ist Venus **54 ut**: h. kausal: da ja **55 vota quid** ... = *quid illa vota velint = vellent;* volo h. bedeuten, meinen (Objektsatz zu sensit) **56 amicus** 3: freundlich, wohlgesinnt **57 accendo**, h. medial: auflodern **58 aër**, -is m.: Luft; aëra = griech. acc. **59 flamma apicem duxit**: die Flamme stieg spitz empor; apex, -icis m.: Spitze

280 **60 ut rediit**: Subj. ist Pygmalion **61 incumbo** 3, -cubui, -cubitum (+ dat.): sich neigen, beugen über **62 tepeo** 2: (lebens-) warm sein **63 tempto** 1: berühren **64 mollesco** 3: weich werden **65 rigor**, -oris m.: Härte **66 subsidit digitis**: dem Druck der Finger nachgeben

285 **67 remollesco** 3: weich werden **68 pollice tractare**: mit dem Daumen kneten, pollex, -icis m.: Daumen **69 flector** 3, h. medial: sich verformen, biegen **70 stupet**: Subj. ist amans **71 votum**, -i n.: h. Erfüllung der Wünsche, „Traumfrau“ **72 retracto** 1: wieder berühren

290 **73 Paphius heros** = Pygmalion **74 plenissima verba concipere**: überströmende Worte finden, sprechen **75 premo** 3: h. küssen **76 erubesco** 3, -bui: erröten **77 lumen**, -inis n.: h. Auge, Blick

295 **78 coactis cornibus in plenum**: *cornibus lunaribus noviens in plenum orbem coactis*: nachdem die Sichel des Mondes sich zum vollen Kreis geschlossen hatte; *cornua lunaria*: die Hörner des Mondes, die Mondsichel **79 noviens**: neunmal **80 Paphos**: Tochter des Pygmalion (Paphon = griech. acc.)

Pygmalion war ein sagenhafter König Zyperns und ein berühmter Bildhauer. Zypern selbst war die Insel der Aphrodite / Venus, die dort als „Schaumgeborene" – so eine Etymologie des Wortes Aphrodite – dem Meer entstiegen sein soll. Der Kern der Sage geht auf die bereits vorgriechische kultische Verehrung einer kleinasiatischen Fruchtbarkeitsgöttin auf Zypern zurück, die mit Aphrodite / Venus gleichgesetzt wurde. In deren Statue verliebt sich den hellenistischen Quellen zufolge der Priesterkönig Pygmalion. Ovid ist einer der vielen Bearbeiter des Stoffes, der von der Antike bis zu Science-Fiction-Autoren der Gegenwart in den verschiedensten Abwandlungen immer wieder neu gestaltet wurde.

247 f. niveum ebur: Die Farbe versinnbildlicht einerseits die Makellosigkeit des verwendeten Materials, andererseits steht sie auch für Reinheit und Unschuld. Weiters gehört die Farbe Weiß (wie auch Rot) bis in die Neuzeit zum Ideal weiblicher Schönheit (vgl. besonders die Liebesdichtung).

248 f. qua femina nulla nasci potest: Pygmalion schafft eine Frau, die die Natur optisch und – wie er meint – auch moralisch übertrifft.

252 ars latet arte: Polyptoton ➤ **B 40**; das Motiv, dass Kunst dann vollendet ist, wenn ihr eine perfekte Imitation der Natur gelingt, ist alt und es hält sich als Definition vom Zweck künstlerischen Schaffens bis weit ins 19. Jh.; bei Ovid kommt es mehrfach vor, vgl. Daedalus und Icarus.

256–263 Polysyndeton ➤ **B 33**

262 liliaque: Das „e" gilt metrisch als Länge.

pictas pilas: Ball zu spielen war in der Antike eine beliebte Freizeitunterhaltung für Frauen und Männer.

263 Heliadum lacrimas: Töchter des Sonnengottes Helios, Schwestern des Phaëthon; als dieser den Sonnenwagen zu lenken versuchte und von Zeus vom Himmel herabgeschleudert wurde, stürzte er in den Po. Die Heliaden beweinten ihn dort, wurden in Pappeln verwandelt, ihre Tränen wurden zu Bernstein.

267 Sidonide: phönikisch; benannt nach der ältesten Stadt Phönikiens, Sidon, Zentrum der Purpurfabrikation, für die man ein Drüsensekret der Purpurschnecke verwendete

270 f. festa dies venerat: Die breite Schilderung des Venusfestes hat hier verzögernden (retardierenden) Charakter, andererseits lässt die Tatsache, dass gerade Venus gefeiert wird, auf einen positiven Ausgang der Geschichte schließen.

274–276 si dare cuncta potestis: Das zögernd und stockend vorgebrachte Gebet des Pygmalion zeigt seine Frömmigkeit, es macht aber auch deutlich, dass er sich der Ungeheuerlichkeit seines Wunsches bewusst ist.

280 simulacra suae puellae: *simulacrum* ist hier gezielt doppeldeutig verwendet; es bedeutet in der Regel „Bildnis" (eines lebenden Menschen).

284–286 ut sole remollescit tractataque pollice: In diesem Gleichnis vereint Ovid bewusst natürliche und artifizielle Wirkursachen, er hebt damit den Gegensatz zwischen Kunstwerk und Natur auf.

285 Hymettia cera: Das Hymettusgebirge südöstlich von Athen war berühmt für seinen Honigreichtum und für besonders duftendes Bienenwachs.

290 Paphius heros: Pygmalion (Periphrase ➤ **B 24 a**); Paphus ist ein Ort auf Zypern mit einem hochberühmten Venustempel.

13 Vertiefung

➤ Kompetenzorientierte Arbeitsaufgaben S. 149

1 Warum sucht sich Pygmalion deiner Meinung nach nicht eine Partnerin, sondern schafft sich sein Mädchen selbst?

2 Wie äußert sich die Verliebtheit des Pygmalion in sein Kunstwerk? Ist dabei eine Steigerung festzustellen? Welche Stilmittel verwendet Ovid bei der Schilderung? Untersuche Metrik, Wortwahl und -stellung, Stilfiguren etc.

3 **a** Berichtet Ovid von irgendeiner Form von Sozialkontakten, die Pygmalion pflegt?

b Mit welchen Attributen könnte man einen Menschen, wie ihn Ovid in „Pygmalion“ beschreibt, charakterisieren?

c Wie wirkt sich seine Liebe zu der Statue auf seinen Realitätssinn aus?

4 Begründe, warum das Venusfest (➤ V. 270–274) die Mittelachse der Erzählung bildet! Beachte, was vor und was nach dem Venusfest liegt!

5 **a** Analysiere das kurze Gebet des Pygmalion an Venus! Aus welchem Grund ist dieses Gebet wohl so zerstückelt?

b Welchen Rückschluss auf die Persönlichkeitsstruktur des Pygmalion lässt dieses Gebet zu?

c Erfährt Pygmalion nach seinem Besuch im Tempel auch eine Verwandlung?

6 **a** Was erfährt man von der zum Leben erwachten Statue? Welche Erwartungen für ein zukünftiges gemeinsames Leben der beiden lassen sich aus ihrem Verhalten ableiten?

b Welche Auffassung von der Rolle einer Frau scheint hinter einer solchen Schilderung zu stehen?

E10 texte

Pygmalion schafft – bei Ovid und in vielen Rezeptionsbeispielen – ein Geschöpf, das seinen Vorstellungen in idealer Weise entspricht. Interessante Entwicklungen nehmen aber die „geformten“ Geschöpfe. Vergleiche die Verhaltensweisen folgender „Geschöpfe“ mit Pygmalions *virgo eburnea* und beachte dabei vor allem den Grad an Emanzipation vom Schöpfer, den sie jeweils erreichen!

Wilhelm Schmidtbonn, „Pygmalion“ (1911)

Der in bescheidenen Verhältnissen lebende Künstler Pygmalion hat im Auftrag des reichen Mäzens Nisos eine Statue der Aphrodite geschaffen, deren Schönheit ihn von seiner Familie entfremdet. Unter den Küssen des liebenden Pygmalion belebt sich die Statue:

PYGMALION: Hinaus!

TYRO (*geht mit den erschreckt sich anklammernden Kindern*).

PYGMALION (*allein, zieht den Vorhang auf*): Du bist von Stein. Aber kein Leib von Blut und Haut lebt wie du. Keinem zweiten Menschen wird je gelingen, was mir gelang. Du wirst den Menschen Tempel, Priester und Himmel sein. Sie werden vor dir knien, die Hände zu dir aufheben und dich anbeten. Ich – ich gestehe es – ich liebe dich anders. Ich liebe deine Hüfte, ich liebe deine Schulter. Wie ebenmäßig schwillt und verengt sich dein Arm! Wie schmal wächst dein Hals aus dem Breiten auf! Wie leicht und stark trägt er seinen Kopf! Alles an dir ist Maß! Du bist die Schönheit. Alle Frauen der Erde sind in dir vereinigt. Aber du selber bist zu schön für diese Erde. (*Er betrachtet sie wieder lange.*)

Und doch! Wenn du lebtest! Wenn deine Augen Farbe annähmen! Deine Arme sich bewegten! Ja! Bewege sie! Streiche mir über mein Haar! Götter, Götter – gebt ihr Leben! Lasst Blut durch ihren Leib laufen. Gebt ihr Lachen, Sprache. Ich flehe euch an: für einen Tag nur, für eine Stunde, für einen Augenblick macht sie lebendig. Geliebte – ich küsse deinen Fuß, ich drücke meinen Mund auf deine Hand, und jetzt: ich wage es, ja, ich nähere meinen Mund dem deinen. Noch einmal. Wenn ihr, Götter, nicht imstande seid, Stein zu beleben – ich, ich kann es. Mein Kuss kann es. Er muss Feuer in dir anstecken. Küss mich wieder, Geliebte, lebe, lebe! Umsonst. Ich Narr. Was will ich? Mein Verstand ist aus meiner Stirn herausgefallen. (*Er zieht den Vorhang zu, sinkt nieder und sitzt traurig da.*) Was ist es nun um unsere Kunst? Nach der Geliebten verlangt mich, der lebendigen, beweglichen, und mein Werk steht da, kalt, erstarrt. Ich will meinen Namen hinaus meißeln. Ich will nichts mehr mit dieser zu tun haben. Ich will nicht leben mit einer Toten. (*Er nimmt den Meißel und zieht den Vorhang auf*)

DIE STATUE (*lässt einen Arm sinken*). PYGMALION (*steht entsetzt*)

STATUE (*bewegt beide Arme, den Kopf, öffnet die Augen, sieht sich erstaunt um*)

PYGMALION: Götter! Götter! (*Er fällt ihr zu Füßen*).

STATUE (*verwundert, löst sich von ihm, will von ihrem erhöhten Standpunkt hinunter*)

PYGMALION: Königin!

STATUE: Wer bist du?

PYGMALION: Ich bin dein Knecht.

STATUE: Wer bin ich?

PYGMALION: Du warst Stein. Ich habe dich lebendig gemacht mit meinem Kuss.

STATUE (*wischt sich den Mund langsam mit beiden Händen ab*): Hilf mir hinunter.

PYGMALION: Komm, meine Herrin. Sieh diesen Stuhl. Er ist hoch wie ein Thron. Hier setz dich hin. (*Er wischt den Stuhl mit dem Saum seines Kleides ab.*)

STATUE: Mich friert.

PYGMALION: Nimm dieses Tuch.

STATUE: Welch hässliches Tuch! […]

(Abgestoßen von der ärmlichen Umgebung, entscheidet sich die belebte Statue gegen den bittenden Pygmalion. Als sie mit Nisos die Werkstatt verlässt, entsagt Pygmalion seiner Liebe für sein Geschöpf):

NISOS: Mach Platz, Freund! Lass uns hinaus.

PYGMALION (*richtet sich langsam auf. Alle Nerven in ihm sind angespannt. Man glaubt ihn zum Sprung gebückt. Aber er sieht die Statue an, und ein heiterer Schein verbreitet sich mehr und mehr über sein Gesicht*): Wer bist du? Wer bin ich? Hatte ich dich lieb? Nun ja, ich habe dich geschaffen. Aber ich sehe, du hast dein eigenes Leben. Und so mag ich dich nicht. Du bist wie irgendeine. Und darum liebe ich dich nicht mehr.

NISOS: So bist du vernünftig.

PYGMALION: Es ist ruhig und heiter in meiner Stirn wie nie vorher. Ich liebe dich nicht mehr und ich hasse dich nicht mehr. Wolltest du gehen? Fremde – wenn du gehn willst: geh.

NISOS: Endlich!

STATUE: Halt mich! Freund! Haltet mich! Was ist das? Ich schwindele. Ein Frost läuft durch meinen Leib. Mir wird schwarz vor den Augen. Hier – was hier geklopft, hört auf zu klopfen. Alles an mir wird schwer. Du – du – du hast mich geschaffen. Du kannst helfen. Hilf, hilf!

NISOS: Hilf, hilf!

PYGMALION: Götter, ihr seid gerecht! Du hast gelebt durch meine Liebe. Nun wo meine Liebe tot ist, musst auch du tot sein. Götter, Dank euch!

STATUE: Sänfte – ich will in die Sänfte – blaue Seide – Springbrunnen.

NISOS: Hilf! Unmensch! Lass sie leben!

PYGMALION (*heiter*): Ich kann es so wenig wie du. Ich kann keine neue Liebe in mich hineintun. Stirb, mein Werk! (*Er hält sie.*)

STATUE (*erstarrt, steht wieder zu Stein geworden da*)

NISOS: Wie hat er's angefangen, dass sie Leben bekam?

TYRO: Er hat sie geküsst. Küss sie, küss sie!

NISOS (*küsst die Statue wieder und wieder*)

PYGMALION: Sie wird Stein bleiben für immer. Ruf deine Leute! Ladet sie auf. Nimm sie mit dir. Ich aber nehme meinen Lohn hier und gehe an meine Arbeit. Jetzt ist meine Seele frei. Frau, lass die Kinder herein. Bring mir den Hammelrücken. Jetzt habe ich Hunger.

W. Schmidtbonn, Der spielende Eros. Berlin: Fleischl 1911, S. 102–104, 121

Alan Jay Lerner, „My Fair Lady", dt. von Robert Gilbert (1962)

Musik

ELIZA *zornflammend*:

Wart's nur ab, Henry Higgins! Warts nur ab!
Deine Tränen werden fließen nicht zu knapp!
Ja, auch dich kriegt man schon kleiner,
Aber helfen wird dir keiner –
Wart's nur ab, Henry Higgins, wart's nur ab!
Sie bricht in ein hemmungsloses Schluchzen aus.

Musik

O wie dumm ich war! O wie demutsdämlich dumm!
Für Gott im Himmel hielt ich dich!
O wie dumm ich war! Wie total bedudelt dumm!
Welch ein hammelhaftes Schaf war ich!
Nein, mein vokalverrückter Held,
Du bist doch nicht das A und O der Welt!

HIGGINS *erstaunt über sie:* Du schamlose Schlampe! Es gibt nicht einen Gedanken in deinem Schädel oder ein Wort in deinem Munde, das ich dir nicht eingetrichtert habe!

ELIZA: Es wird Mai jedes Jahr ohne dich.
England bleibt, was es war, ohne dich.
Es gibt Blüten im Strauch,
Im Kamin gibt es Rauch,
Tee und Zwieback gibt's auch
Ohne dich!
Es gibt Kunst wie bisher ohne dich.
Shakespeare bleibt populär ohne dich –
Und das Grün grünt so grün,
Wenn in Spanien Blüten blüh'n,
Weil sie blüh'n in dem Grün
Ohne dich!
Ick heißt ich,
Ohne dich,
Auch beim a, e, i, o, u,
Ist dein Protzen
Mir zum – Ha, Ha, Ha, Ha, Ha, Ha!
Auch das Land wird regiert ohne dich.
Und das Volk, es pariert ohne dich –
Auch die Queen, glaube ich,
Die hält's aus sicherlich
Ohne dich!

HIGGINS: Kanaille!

ELIZA: Die Flut wird weiter steigen ohne dich,
Der Walfisch weiter schweigen ohne dich,
Der Geiger weiter geigen ohne dich –
Und wenn's die alle können, Schnucki –
Kann's auch ich!
Ich bleib' ich – ja, und wie! – ohne dich
Denn ich bin schließlich nie ohne mich.
Ja, und red' keinen Kohl,
Denn ich fühl' mich sauwohl
Ohne ...

HIGGINS *triumphal:*

Ich bin's, der das geschafft hat!
Das Wunder geschafft hat!
Ein Weib wollt' ich erschaffen,
Und ich hab's geschafft!
Ich wusste ja, ich schaff' es!
Ich schaff' es! Ich schaff' es!
Ein Weib wollt' ich erschaffen,
Ja, ich hab's geschafft!
Eliza, du bist großartig! Vor fünf Minuten noch hingst du mir wie ein Mühlstein am Hals. Jetzt bist du ein Koloss an Kraft, ein – schwesterliches Schlachtschiff: So gefällst du mir!
Eliza sieht ihn steinern an, dann dreht sie sich um und geht zur Tür.

ELIZA *ruhig, an der Tür:* Leben Sie wohl, Professor Higgins. Ich werde Sie nie mehr wiedersehen.
Sie geht.
Higins steht wie vom Blitz getroffen. Schwankenden Schrittes geht er zur Tür und sieht ihr nach.

HIGGINS *um Hilfe rufend:* Mutter! Mutter!

A. J. Lerner, My Fair Lady, Textbuch. Dt. v. R. Gilbert. Musik v. F. Loewe. Frankfurt: Suhrkamp 1962, S. 103–105

Willy Russell, „Ritas Bildung“ (1985)

Der Englischprofessor Frank wird akademischer Tutor der Friseuse Rita, die dem Liverpooler Arbeitermilieu entstammt und an einem Open University-Programm für Erwachsene ohne Hochschulreife teilnimmt. Ihre „Erziehung“ und „Belebung“ nimmt Rita, wie der ambivalente englische Titel „Educating Rita“ andeutet, nach Franks Starthilfe jedoch bald selbst in die Hand und erzieht und belebt Frank gleichfalls, indem sie ihn mit dem Leben und der Populärkultur jenseits der Campusmauern bekannt macht.

Erster Akt. Sechste Szene.

Frank betritt das Büro; er trägt eine Aktentasche und einen Stapel Aufsätze. Er geht zum Aktenschrank, nimmt sein Vorlesungsskript aus der Tasche und verstaut es in einer Schublade. Er nimmt die Brote und den Apfel aus seiner Tasche, legt sie auf den Schreibtisch; er geht zu einem Tisch am Fenster und knallt die Aufsätze und die Aktentasche darauf. Er schaltet das Radio an und setzt sich auf den Bürostuhl. Er öffnet die Tüte mit den Broten, beißt ab, greift sich ein Buch und beginnt zu lesen.

Rita stürzt atemlos zur Tür herein.

FRANK: Was machen Sie hier? (*Er sieht auf seine Uhr.*) Heute ist Donnerstag, und Sie ...

RITA (*bewegt sich schnell zu seinem Schreibtisch hinüber*): Ich weiß, ich sollt' nich hier sein, is meine Mittagspause. He, hörn Sie mal, ich muss das jetzt jemandem erzählen, ham Sie mal ne Minute Zeit?

FRANK (*alarmiert*): Mein Gott, was ist denn passiert?

RITA: Hey Frank, ich musste einfach herkommen und Ihnen das erzählen! Gestern Abend bin ich ins Theater gegangen! In ein richtiges, so ein professionelles Theater.

(*Frank steht auf, schaltet das Radio aus und kehrt wieder auf seinen Stuhl zurück.*)

FRANK (*seufzt*): Mein Gott, was haben Sie mich erschreckt, ich dachte schon, es sei etwas Ernstes.

RITA: Ja, war es auch! Ich bin hin und hab mir 'n Ticket besorgt, es war Shakespeare, und ich dachte, das wär' verdammt langweilig ...

FRANK: Und warum sind Sie dann überhaupt hingegangen?

RITA: Ich wollt's mir nur mal angucken. He, aber hörn Sie mal, es war überhaupt nich langweilig, es war einfach krass, ehrlich, ich war völlig fertig, echt geil. Ich werd 'nen Aufsatz drüber schreiben.

FRANK (*lächelt*): Na, welches Stück war es denn nun?

(*Rita posiert in der Mitte des Raumes.*)

RITA: „... Aus, Lichtstumpf, aus! Das Leben ist nur ein wandelnd Schemen, blass ein Mime, der stelzt und knirscht sein Stündchen auf der Bühne und wird nicht mehr gehört. ... ist eine Mär, die ein Verrückter bringt, voll Schall und Wut, doch sie bedeutet nichts ...“

FRANK (*absichtlich*): Ah, Romeo und Julia.

RITA (*geht auf Frank zu*): Tsss. Frank! Jetzt mal ernst. Ich hab das heute aus dem Buch auswendig gelernt. (*Sie kramt eine Ausgabe von „Macbeth“ hervor.*) Gucken Sie mal, ich bin hin und hab's mir gekauft. Cool, he?! Ich fass' es einfach nicht, wie verdammt aufregend das Ding war! *(Frank legt seine Füße auf den Tisch.)* Ist seine Frau nicht 'ne blöde Kuh? Und diese geile Stelle, wo er Macduff trifft und glaubt, er wär einfach unschlagbar. Ich wär fast gestorben! Ich wär am liebsten aufgesprungen und hätt' ihn gewarnt, den Macbeth.

FRANK: Aber das haben Sie dann doch nicht getan, oder?

RITA: Nee. So was kann man in so 'nem Theater nicht bringen, oder? Hey, es war echt cool. Wie 'n Thriller.

FRANK: Ja. Sie sollten öfter hingehen und sich mehr Stücke ansehen.

RITA: Werd' ich. Macbeth is 'ne Tragödie, oder? (*Frank nickt.*) O.K. (*Rita lächelt Frank an, und er lächelt zurück.*) He, wissen Sie, ich – ich musst' das nur jemandem erzählen, der's verstehen würde.

FRANK: Ich fühle mich geehrt, dass Sie mich gewählt haben.

W. Russell, Educating Rita. Übers. v. B. Christ. Stuttgart: Reclam 1997, S. 62 ff.

13 fortwirken

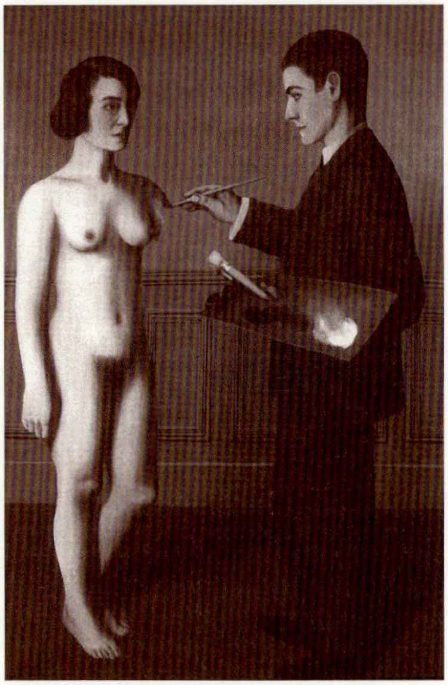

Abb. 39: La tentative de l'impossible, René Magritte, *Gemälde (1928), Toyota, Municipal Museum of Art*

Literatur: Hier sind die Schwerpunkte der Rezeption die belebende Macht des Künstlers durch seine Empfindungskraft, z. B. Jean Jacques Rousseau (Monodrama, 1762); Friedrich Schiller (Hymne, 1782); Johann Gottfried Herder, (Stanzenepos, 1768–70); Theodor Storm, „Psyche"; E. T. A. Hoffmann, „Der Sandmann" (Novelle, 1817); Stanisław Lem, „Solaris" (Roman, 1972); die Gefühle der neu belebten Statue, z. B. Johann Jakob Bodmer (Erzählung, 1747); August Wilhelm Schlegel (Romanze, 1796/97) und – vor allem im 19. und 20. Jh. – der Versuch des Künstlers, sein Geschöpf gesellschaftsfähig zu machen, z. B. Karl Immermann (Novelle, 1830); George Bernhard Shaw (Komödie, 1912); Willy Russell, „Educating Rita" (Drama, 1980/85) ➤ S. 83; Steffen Mensching (Roman, 1991). Georg Kaiser (Drama, 1944) thematisiert die Unvereinbarkeit von Ideal und Wirklichkeit, Liebe und Kunst. Häufig findet sich auch das Motiv des bestraften Frauenfeinds.

Musik: Opern, z. B. von Jean-Philippe Rameau (1748); Luigi Cherubini (1809); Gaetano Donizetti (1816); Operetten und Musicals, z. B. Franz v. Suppé, „Die schöne Galathee" (1885); Alan Jay Lerner und Frederick Loewe, „My Fair Lady" (1956) ➤ S. 82, sowie zahlreiche Ballettmusiken, Kantaten etc.

Malerei: Agnolo Bronzino (1529/30 und 1530), Florenz und Rom; François Boucher (1742), St. Petersburg; Edward Burne-Jones (Zyklus von vier Bildern, 1868–70), Birmingham; Franz von Stuck (1926), Privatbesitz; René Magritte (1928), Toyota ➤ Abb. 39; Pablo Picasso (Aquarell, 1933), Berlin; Paul Delvaux (1939), Brüssel ➤ Abb. 37; Alfred Hrdlicka (1995), Wien

Grafik: Honoré Daumier (1842); Pablo Picasso (Radierung, 1933) ➤ Abb. 38

Plastik: Étienne Maurice Falconet (1761–63), Paris und Baltimore; Franz Zächerle (Bleirelief, 1772), Wien; Auguste Rodin (um 1889), New York

Film: „Venus macht Seitensprünge", USA 1948, Regie: William A. Seiter, mit Ava Gardner (75 min.):

Die Statue der berühmten Venus ist endlich im Besitz des reichen Kaufmannes Whitfield. Dieser gibt seinem Dekorateur Eddie Hatch den Auftrag, das Kunstwerk für eine feierliche Enthüllungszeremonie vorzubereiten. Ein der Statue im Spaß hingehauchter Kuss verändert aber dann alles. Die Venus erwacht zum Leben und stellt von nun an Eddie nach – zunächst sehr zum Verdruss von Eddie, den man des Diebstahls der Statue bezichtigt und seiner Verlobten, die misstrauisch die unbekannte Konkurrentin an seiner Seite betrachtet. Derweil beobachtet Jupiter argwöhnisch die Eskapaden der Venus ..., hatte sie doch eigentlich einen ganz anderen Auftrag.

„Sonntags nie", Griechenland 1960, Regie u. Buch: Jules Dassin, mit Melina Mercouri (92 min.):

Homer Thrace, „Amateur-Philosoph" aus den USA, ist fasziniert von der Kultur der Antike. Als er nach Griechenland kommt, ist er überzeugt, hier die „ewige Wahrheit" finden zu können. Während seiner Exkursionen begegnet er der Prostituierten Ilya, die sich den Luxus leistet, bei der Wahl ihrer Kunden sehr wählerisch zu sein. Der Amerikaner sieht in ihr die Verkörperung reiner Schönheit, ja eine Gestalt, die der griechischen Tragödie entsprungen sein könnte, und verliebt sich Hals über Kopf in sie. Wie Pygmalion versucht er, sie ganz nach seiner Fasson zu formen. Aber Ilya hat andere Vorstellungen vom Leben. Sie lässt die ihr von Homer aufoktroyierten Lektionen in klassischer Bildung sausen und tauscht ihn gegen eine neue Liebe aus – Tonio, einen griechisch-italienischen Hafenarbeiter.

„My Fair Lady", USA 1964, Film nach dem Musical von Lerner / Loewe, Regie: George Cukor, mit Rex Harrison, Audrey Hepburn (160 min.)

„Pretty Woman", USA (1989), Regie: Garry Marshall, mit Richard Gere, Julia Roberts (115 min.):
Der skrupellose, reiche Geschäftsmann Edward Lewis kann keinen rechten Genuss an seinem Luxusleben mehr finden. Da begegnet er durch Zufall einer außergewöhnlichen Frau, der Prostituierten Vivian. Nach einer Liebesnacht mit ihr möchte er die attraktive und kluge junge Frau in seiner Gesellschaft haben und engagiert sie eine Woche lang als Begleitung. Durch elegante Kleidung und Verhaltenstipps formt Edward Vivian äußerlich zur Lady und lernt dabei immer mehr auch ihre Persönlichkeit schätzen und lieben. Um sie nicht zu verlieren, entschließt er sich, Konzessionen zu machen.

Ovid erzählt in der Folge die tragische Geschichte von dem Mädchen Myrrha, das – von unseliger Liebe zum eigenen Vater getrieben – diesen täuscht und ein Kind von ihm empfängt. Aus Angst vor Strafe flieht sie in das ferne Arabien. Erschöpft fleht sie dort die Götter an, sie in ein Wesen zwischen Leben und Tod zu verwandeln, damit sie, die so furchtbar schuldig geworden ist, weder die Lebenden noch die Toten kränke. Sie wird zu einem Baum, aus dessen Stamm ständig ihre Tränen träufeln. Ihr Name ist in Myrrhe, die aus dem Baum hervorquillt, bewahrt. Aus dem Baum aber wird der Knabe Adonis geboren. Er wächst zu einem Jüngling von so ungewöhnlicher Schönheit heran, dass Venus selbst von unwiderstehlicher Liebe zu ihm erfasst wird. In der Sorge, den Geliebten vor Leid zu bewahren, erzählt die Göttin als Warnung vor den Gefahren der Jagd vom Schicksal des Hippomenes und der Atalanta: Das Mädchen Atalanta wurde wegen ihrer Schönheit von vielen begehrt, wollte selbst aber unvermählt bleiben. Sie stellt daher ihren Freiern eine anscheinend unlösbare Aufgabe: Nur wer sie, die Schnellfüßige, im Wettlauf besiege, werde mit der Ehe belohnt. Wer unterliege, sei des Todes. Viele waren schon ums Leben gekommen, bis es schließlich Hippomenes mit Hilfe der Venus gelingt, Atalanta zu besiegen: Er wirft während des Laufes drei goldene Äpfel – eine Gabe der Venus – zu Boden; Atalanta hebt die kostbaren Früchte auf und verliert. Zweierlei schürt jedoch den Zorn der Göttin: Das Paar vergisst ihr zu danken und gibt sich noch vor der Hochzeit an geheiligter Stätte seiner Liebe hin. Zur Strafe verwandelt Venus Hippomenes und Atalanta in grimmige Löwen, die vor den Wagen der Kybele gespannt werden. – Diese warnende Erzählung nützt nichts: Adonis stellt einem wütenden Eber nach und wird von ihm getötet. Die trauernde Venus verwandelt das Blut des geliebten Jünglings in eine Blume, die Anemone, die alljährlich an den Toten erinnern und zu neuer Klage mahnen soll, wenn ihre zarten, hinfälligen Blüten vom Winde verweht werden.

Mit seinen Liedern hat Orpheus nicht nur Bäume, Vögel und wildes Getier um sich versammelt. Es hört ihn auch eine Schar trunkener Frauen, die Mänaden, wilde Priesterinnen des Gottes Bacchus. Empört über den Verächter der Frauen stürzen sie sich auf Orpheus und zerstückeln ihn. Zur Strafe verwandelt Bacchus / Dionysos sie in Bäume. Der Schatten des Orpheus aber steigt hinab zur Unterwelt. Er erkennt die Plätze wieder, die er schon einmal gesehen hatte. In den Gefilden, wo sich die Schatten der Frommen aufhalten, sucht er nach Eurydice. Er findet sie schließlich und umarmt sie voll Liebe. Hier wandeln die beiden nun gleichsam neu vermählt. „Bald folgt er der Vorausschreitenden, bald geht er selbst voraus und blickt sich – nun ohne Gefahr – nach Eurydice um" (met. 11,61–66).

Thrakien, der Schauplatz des Mordes an Orpheus, ist Bacchus / Dionysos verleidet. Er verlässt diese Gegend und wendet sich nach Kleinasien. In Lydien begegnet er König Midas, dem er für die Rettung seines alten Erziehers Silen einen Wunsch gewährt. Midas wünscht sich unvernünftigerweise, alles durch körperliche Berührung zu Gold machen zu können, und kann nur durch ein neuerliches Eingreifen des Gottes vor dem Hungertod bewahrt werden.

Ovid leitet dann zu Geschichten aus dem trojanischen Sagenkreis über. Er wählt drei Heroen gleichsam als Leitfiguren für die drei Hauptabschnitte der Handlung:

Die Zeit vor dem Trojanischen Krieg ist geprägt von den Taten des Peleus; während des Krieges kreisen die Erzählungen immer wieder um dessen Sohn Achilleus. Nach der Beschreibung der Zerstörung der Stadt führt Ovid Aeneas als Handelnden ein. Mit der Einführung seiner Person gelingt dem Dichter ein fließender Übergang zur mythischen Vergangenheit Roms. Zunächst hören wir allerdings von der Flucht des Aeneas aus Troja, von verschiedenen Abenteuern auf seiner langen Irrfahrt, von seiner Ankunft in Italien und zuletzt von seiner Vergöttlichung. Hierauf erzählt der Dichter vor allem Geschehnisse um die mythischen Könige Romulus und Numa.

Eingehend schildert Ovid den Einzug des Aesculapius / Asklepios, des Gottes der Heilkunst, in Rom. Auf Grund eines Orakelspruches der Pythia in Delphi wurde die heilige Schlange als Verkörperung des Gottes aus Epidaurus nach Rom gebracht. Der Gott bestimmt die Tiberinsel als seinen Wohnsitz und sein Heiligtum, bevor er sich aus der Schlange wieder in seine Himmelsgestalt zurückverwandelt.

Mit dieser Erzählung kommt Ovid zum Abschluss seines Werkes. Er verlässt den Bereich der Mythen und Sagen und wendet sich nun den beiden überragenden Gestalten seiner eigenen Gegenwart zu: Caesar und Augustus.

Vergeblich fleht Venus die Götter an, die Verschwörung gegen Caesar aufzuhalten. Jupiter muss sie daran erinnern, dass niemand das unüberwindliche Schicksal ändern kann. Er verkündet auch, dass Caesar als göttliches Gestirn am Himmel erscheinen, dass man ihm Tempel errichten und ihn verehren wird. Caesars Adoptivsohn, der große Octavianus Augustus, werde Rache nehmen für den Mord:

14 text

met. 15,871–879

Epilog

Iamque opus exegi[1], quod nec Iovis ira nec ignes
nec poterit ferrum nec edax[2] abolere[3] vetustas[4]!
Cum volet[5], illa dies, quae nil nisi corporis huius
ius[6] habet, incerti spatium mihi finiat[7] aevi:
Parte tamen meliore[8] mei[9] super alta perennis[10]
astra ferar[11] nomenque erit indelebile[12] nostrum,
quaque[13] patet domitis Romana potentia[14] terris,
ore legar populi perque omnia saecula fama[15],
si quid habent veri vatum praesagia[16], vivam!

871 **1 opus exigere**: ein Werk ausführen, vollenden **2 edax**, -acis: gefräßig, nagend **3 aboleo** 2, -evi, -itum: vernichten **4 vetustas**, -atis f.: Alter **5 volet** (fut. von velle): Subj. ist dies **6 nil nisi ius corporis** (gen. obi.): nur Macht über den Leib **7 finiat** (coni. concess.): mag beenden **8 aevum**, -i n.: Leben

875 **8 parte meliore**: gemeint ist das dichterische Talent **9 mei**: meines „Ich", meiner Person **10 perennis**, -e: immerwährend **11 feror**: sich emporschwingen **12 indelebilis**, -e: unzerstörbar, unvergänglich **13 quaque** = et qua; qua: wo **14 potentia**, -ae f.: Macht, Herrschaft **15 fama**, -ae f.: h. Ruhm **16 praesagia vatum**: die Ahnungen der Seher

14 Kommentar

met. 15,871–879

Gemeinsam mit dem Prooemium bildet der Epilog, das Schlusswort des Dichters, einen Rahmen um das Werk. Es ist in der Dichtung üblich, die Hoffnung auf Unsterblichkeit der eigenen Person durch die Unsterblichkeit des Werkes zu formulieren. Da die antike Jenseitserwartung keine besonders positive war (kraftlose Existenz im Reich der Schatten), trachtete jeder, der dazu in der Lage war, sein Andenken durch Leistungen besonderer Art zu verewigen.

871 f. Die Verse beziehen sich auf den Beginn von Horaz, *carmen* 3,30:

Exegi monumentum aere perennius / regalique situ pyramidum altius, / quod non imber edax, non aquilo impotens/possit diruere aut innumerabilis / annorum series et fuga temporum

(Vollendet habe ich ein Monument, das Erz überdauert, das den majestätischen Bau der Pyramiden überragt, welches nicht der nagende Regen noch der Nordwind zügellos zu zerstören vermag oder der Jahre unzählbare Folge und die Flucht der Zeiten)

Horaz, Carmina. Übers. v. H. Färber. München / Zürich: Artemis [9]1982

875 f. **super alta astra ferar**: (Hyperbel ➤ B 47) Nach antiker Vorstellung erschienen die Seelen verdienstvoller Menschen, bes. von Herrschern, nach deren Tod als Sterne; Ovid sagt dies unmittelbar vorher von Caesar und prophezeit es für Augustus. Er selbst will noch höher steigen, wohl in eine göttliche Sphäre, die nach der Ansicht der platonischen Philosophie jenseits der Fixsternsphäre beginnt.

878 **ore legar populi**: Die Römer pflegten laut zu lesen oder sich vorlesen zu lassen, um möglichst viele stilistische Feinheiten erfassen zu können.

879 **vivam**: Das letzte Wort des Epos ist triumphierend, selbstbewusst, er wird leben, selbst wenn Rom untergeht; Ovid ist sich sicher, Großes – Größeres als Horaz – geschaffen zu haben.

vatum praesagia: Römer pflegen sich im Hinblick auf den göttlichen Willen sehr vorsichtig auszudrücken, um nicht durch einen *lapsus linguae* den Zorn der Gottheit zu erregen.

14 Vertiefung

1 **a** Vergleiche den Epilog mit dem ➤ Prooemium 1, 1–4, T1, S. 5! Sind zwischen beiden Texten Bezüge feststellbar?

b Mit welchen stilistischen Mitteln (Stilfiguren, Rhythmik, Klangfarbe) sind sie gestaltet, was soll dadurch ausgedrückt werden?

2 Weist der Epilog einen Zusammenhang mit dem Thema „Metamorphosen“ auf?

Teil 2

Vergil – „*Aeneis*“

Vergils Leben

P. Vergilius Maro wurde am 15. Oktober 70 v. Chr. in Andes bei Mantua als Sohn eines einfachen Mannes geboren, der sich hochgedient und ein bescheidenes landwirtschaftliches Vermögen angesammelt hatte. Die bäuerliche Herkunft war Vergil zeitlebens anzumerken; äußerlich wirkte er nach Auskunft seiner Biografen etwas schwerfällig und zugleich schüchtern.

Vergil erhielt eine sorgfältige Ausbildung in Cremona und Mailand und studierte Rhetorik in Rom. Als Prozessredner trat Vergil aber nur einmal und ohne Erfolg auf. In Rom schrieb er seine ersten Gedichte im Stil der Neoteriker und Catulls. Eine Sammlung von 14 solcher Gedichte unter dem Titel *„Catalептón“* (griech. = „Feines, Elegantes“) ist unter seinem Namen überliefert, ihre Echtheit ist jedoch umstritten.

Durch die Landenteignung des Jahres 41 v. Chr. zugunsten der Veteranen von Philippi verlor er seinen Familienbesitz, er erhielt ihn aber dank des Eingreifens einflussreicher Freunde wie Asinius Pollio oder Cornelius Gallus zurück. Dieselben Freunde führten ihn auch in Rom in den Kreis des C. Cilnius Maecenas ein, seines späteren Förderers. Zum Dank widmet Vergil ihnen einzelne Gedichte seiner ***„Bucolica“*** oder ***„Eklogen“*** (42–39 v. Chr.), einer Sammlung von Hirtengedichten im idyllischen Ambiente Arkadiens und nach dem Vorbild des Griechen Theokrit (um 270 v. Chr.).

Bei Maecenas lernte Vergil auch Octavianus und seine politischen Perspektiven kennen; er pries ihn in den Maecenas gewidmeten ***„Georgica“*** – einem Lehrepos in vier Büchern über Landwirtschaft und Viehzucht nach dem Vorbild des griechischen Dichters Hesiod (um 700 v. Chr.), an dem er zwischen 37 und 29 arbeitete – als Friedensbringer und den gottgesandten Retter Roms. Octavianus, dessen offizieller Titel seit 27 Augustus lautete, unterstützte seinerseits Vergil durch reichliche Zuwendungen, da er von ihm ein Epos über seine politischen Leistungen erwartete.

Abweichend von seinem in den *„Georgica“* angedeuteten Plan eines historischen Epos um Augustus nahm Vergil sich die Aeneas-Sage als Stoff und arbeitete in den folgenden Jahren mit großer Bedächtigkeit und Sorgfalt an seinem Hauptwerk, der ***„Aeneis“***.

Auf einer Griechenlandreise, während der er letzte Hand an dieses Werk anlegen wollte, erkrankte er schwer; mit Augustus auf italischen Boden zurückgekehrt, starb Vergil am 21. September 19 v. Chr. in Brundisium. Bestattet wurde er bei Neapel, wo er viele Jahre lang gelebt hatte.

Durch das Eingreifen des Augustus blieb seine testamentarische Verfügung, die nicht ganz vollendete *„Aeneis“* zu verbrennen, unbeachtet, das Epos wurde bald nach dem Tod des Dichters herausgegeben.

Vergils *„Aeneis"*

Statt des von Augustus gewünschten historischen Epos über dessen Taten wählte Vergil mit der Aeneas-Sage einen mythologischen Stoff vermutlich griechischen Ursprungs, der schon vorher von Caesar und Octavianus propagandistisch genützt worden war. Obwohl er nur den Anfang der römischen Geschichte erzählt, entspricht er dem Wunsch des Princeps in hohem Maße, zumal Aeneas nicht nur als Heros, Ahnherr der Julier und der Römer dargestellt wird, sondern in seinem Schicksal persönliche Entbehrung, Leid und Kampf auf dem Weg zur Weltherrschaft personifiziert werden und damit das Schicksal des Augustus ebenso wie des gesamten römischen Volkes abgebildet wird. Weiters weist Vergil die Römer als Volk aus, dessen schicksalhafte Bestimmung die friedliche Weltherrschaft ist, wie sie ihm unter Augustus erreicht scheint.

Vergils Werk ist ohne Vorbilder nicht denkbar, der Dichter schreibt jedoch nicht einfach ab, sondern setzt sich mit den Vorbildern kreativ auseinander, bezieht sie kunstvoll ein, deutet sie um oder verkehrt ihre Deutungen sogar ins Gegenteil.

Wichtige Vorbilder sind die **„Ilias"** und die **„Odyssee"**. Die „Ilias" – entstanden um 750 – erzählt eine Episode aus dem letzten Kriegsjahr des Trojanischen Kriegs, den Zorn des Achilleus und seine verheerenden Folgen. Der Untergang Trojas und der Tod des Achilleus werden durch Vorverweise angekündigt. Damit verbindet die „Ilias" den mythologischen Stoff von der Belagerung Trojas durch mykenische Griechen, der jahrhundertelang in epischem Heldensang tradiert worden war, zu einem geschlossenen literarischen Kunstwerk. Die „Odyssee", etwa eine Generation jünger als die „Ilias", erzählt von den Irrfahrten und der Heimkehr des Odysseus, des klügsten griechischen Helden.

Weitere wichtige Vorbilder sind die „Argonautiká" des Apollonios von Rhodos, eines hellenistischen Dichters, der die Argonautenfahrt und die Geschichte von Jason und Medea erzählt, sowie die älteren römischen Epiker wie Livius Andronicus mit seiner *„Odusia"*, einer freien Übersetzung der „Odyssee" aus dem 3. Jh. v. Chr., Cn. Naevius (ca. 265–200), der in seinem *„Bellum Poenicum"* den Krieg zwischen Rom und Karthago darstellte, und Q. Ennius (239–169), der römische Nationaldichter schlechthin, dessen *„Annales"* (Jahrbücher) in 18 Büchern die Geschichte Roms ab der Ankunft des Aeneas in Italien erzählen.

Der Inhalt der *„Aeneis"*

1. Buch – Aeneas landet in Afrika: Juno löst aus Zorn auf die ihr verhassten Trojaner einen gewaltigen Seesturm aus, der Aeneas im siebten Jahr seiner Irrfahrten auf der Fahrt von Sizilien nach Italien an die afrikanische Küste verschlägt. Hier wird er schließlich von der Königin Dido in Karthago gastfreundlich aufgenommen.

2. Buch – Der Untergang Trojas: Aeneas berichtet auf einem festlichen Bankett über seine Erlebnisse bei der Eroberung Trojas durch die Griechen und von seiner Flucht aus der brennenden Stadt.

3. Buch – Die Irrfahrten des Aeneas: Im Anschluss daran berichtet Aeneas über seine jahrelangen Irrfahrten durch den östlichen Mittelmeerraum, in deren Verlauf sich nach und nach die *fata* verdeutlichen, die ihn an die Westküste Italiens als Ziel seines Auftrags und als Ort für die endgültige Stadtgründung weisen.

4. Buch – Die Tragödie der Dido: Dido, die sich in Aeneas verliebt hat, glaubt, sich nach einer Liebesvereinigung mit dem Trojanerfürsten als vermählt betrachten zu dürfen, und auch Aeneas ist in Gefahr, der Versuchung durch die Liebe zu erliegen. Nach Jupiters Eingreifen besinnt er sich jedoch seines Auftrags und treibt die Abreise voran. Didos Liebe schlägt in Hass um, ihre Verwünschungen beschwören den ewigen Kampf der beiden Völker.

5. Buch – Die Wettkämpfe am Grab des Anchises: Durch einen Seesturm noch einmal nach Sizilien verschlagen, begeht Aeneas den Todestag seines Vaters mit prächtigen Wettspielen; dann landet er mit seiner Flotte an der Westküste Italiens.

6. Buch – Aeneas steigt in die Unterwelt hinab: Die Sibylle von Cumae begleitet Aeneas durch die Bereiche der Unterwelt, wo ihm sein Vater Anchises die künftigen Helden der römischen Geschichte bis hin zu Augustus vorführt.

Abb. 40: Aeneas in der Unterwelt, Jan Brueghel, *Gemälde (um 1600), Brüssel, Musées royaux des Beaux-Arts de Belgique*

7. Buch – Die Entscheidung zum Krieg in Latium: König Latinus nimmt die Trojaner in seinem Land auf und bietet Aeneas an, sein Schwiegersohn zu werden. Doch Juno gelingt es, Zwietracht zwischen Trojanern und Latinern zu säen. Die Furie Allecto hetzt den Rutulerkönig Turnus zum Krieg auf; die Völker Italiens beginnen zu rüsten.

8. Buch – Die Suche des Aeneas nach Verbündeten: Aeneas findet die Unterstützung des Arkaderfürsten Euander, der ihm auch den Weg zu einem Bündnis mit den Etruskern ebnet. Venus versorgt ihren Sohn mit Waffen, die ihr Gemahl Vulcanus geschmiedet hat. Auf dem Schild sind Szenen aus der künftigen römischen Geschichte dargestellt.

9. Buch – Der Beginn der Kämpfe: Der Anschlag des Turnus auf die Flotte der Trojaner bleibt wirkungslos. Nach einem nächtlichen Kommandounternehmen durch zwei junge Trojaner entbrennt der Kampf, bei dem Turnus bis ins trojanische Lager eindringt.

10. Buch – Die erste Hauptschlacht: Jupiter missbilligt in einer Götterversammlung das Eingreifen der Götter in den Krieg. Aeneas tritt in den Kampf ein und sucht die Entscheidung im Zweikampf gegen Turnus, der aber von Juno hintertrieben wird.

11. Buch – Waffenstillstand und neue Kämpfe: Ein Waffenstillstand ermöglicht die Bestattung der Toten auf beiden Seiten. Überlegungen bei den Latinern, den Kampf endgültig beizulegen, werden von Turnus zunichte gemacht, der erneut den Trojanern entgegen zieht.

12. Buch – Der Entscheidungskampf: Der Zusammenbruch seines Heeres veranlasst Turnus, einen Zweikampf anzubieten. Dieser wird durch Junos Eingreifen mehrfach verhindert, bis schließlich, durch Junos Versöhnung in der Göttergemeinschaft vorbereitet, im entscheidenden Zweikampf Aeneas im Einklang mit den *fata* über Turnus siegt.

Sprache und Stil der *„Aeneis"* sind vielfältig, immer der Situation angepasst und schwerer mit allgemeinen Angaben zu beschreiben als bei anderen lateinischen Autoren. Die Wortstellung, der Rhythmus des Verses (Überwiegen von Daktylen oder Spondeen ➤ S. XIII), Alliterationen und Lautmalereien verdeutlichen das Geschehen und die Gemütsbewegungen der handelnden Personen. Mit Anklängen an Homer oder Ennius gibt Vergil seiner Sprache oft einen feierlichen Ton, andererseits erzielt er oft große Wirkung mit ganz schlichten Worten.

Er gestaltet seine Figuren und deren seelische Regungen mit großem Einfühlungsvermögen, sieht sie gleichsam von innen und außen und lässt damit personale und auktoriale Erzählperspektive zu einer höheren Einheit verschmelzen.

Weiters verleiht er vor allem seiner Hauptfigur Aeneas einen hohen Symbolgehalt: Aeneas ist nicht nur ein Symbol für Augustus, sondern für die menschliche Existenz überhaupt, er ist als Sohn und Vater ein Glied in der Kette der Generationen, eingespannt zwischen Vergangenheit und Zukunft, die beide sein Handeln bestimmen. Er repräsentiert den Menschen als geschichtliches Wesen. Er ist ein Irrender und Suchender, der auch schuldig wird, erst allmählich den Sinn seines Lebens erkennt und einsehen muss, dass das Erreichen der höchsten Ziele im Interesse der Gemeinschaft oft nur mit dem Verzicht auf persönliches Glück und mit Einsamkeit erkauft werden kann.

Die „Aeneis" und ihre Rezeption

„Vergils Dichterruhm ist der größte, den die Zeit bis jetzt sah" (K. Büchner). Er begann schon zu Lebzeiten: Ihm zu Ehren erhob sich einmal die Menge im Theater, eine Ehre, die sonst nur dem Kaiser zuteil wurde. Die *„Aeneis"* wurde sofort zum Schulbuch auf allen Stufen bis hinauf zum Rhetorik-Unterricht. Sie beeinflusste alle kaiserzeitlichen Epen und wirkte auch auf den Stil der Prosaautoren – gegen das erstarkende Christentum empfahl Macrobius (um 400) der römischen Oberschicht Vergil gleichsam als Bibel. Doch auch die Christen eigneten sich den heidnischen Dichter an und schufen aus den Versen Vergils neue Werke christlichen Inhalts, so genannte *centones*. Von der Antike bis ins Mittelalter benützte man den Vergiltext, um aus ihm Orakelsprüche zu ziehen *(sortes Vergilianae)*. In Neapel, wo sich sein Grab befand, kursierten Anekdoten über seine Wundertaten, und in Alexandria entstanden Legenden vom Zauberer und Propheten Vergil (beides heißt *magus*).

Von der Beschäftigung irischer Mönche mit Vergil nahm die so genannte „Karolingische Renaissance" ihren Ausgang: Am Hof Karls des Großen und im gesamten Mittelalter galt Vergil als der Dichter schlechthin und zugleich als Inbegriff philosophischer Weisheit. Ganz im Stil Vergils schrieb Ekkehard (vermutl. 9. Jh.) den „Waltharius", ein Mittelding zwischen Heldenlied und Epos, und Walter von Châtillon die „Alexandreís", ein Epos über Alexander den Großen. Aber nicht nur diese lateinischen, sondern auch die eben erst entstehenden nationalsprachlichen Heldenepen sind von der *„Aeneis"* beeinflusst: das französische Alexius-Lied, das Rolandslied (um 1100), das Nibelungenlied. – Stofflich wirkte besonders das Dido-Buch nach: Im altfranzösischen „Roman d'Enéas" nimmt die Liebesgeschichte breiten Raum ein, ebenso in der deutschen Fassung, der „Eneit" des Heinrich von Veldeke (ca. 1180). Der Engländer Geoffrey Chaucer (ca. 1340–1400) erzählt im ersten Buch seines fragmentarischen Versepos „The House of Fame" die Dido-Geschichte, und in seiner „Legend of Good Women" ist Dido eine der zehn Frauen.

Vergils bekanntester „Schüler" war Dante Alighieri (1265–1321). Er übernahm die allegorische Interpretation der *„Aeneis"* als Pilgerfahrt zur Seligkeit, und die „Divina Commèdia" ist seine eigene visionäre Wanderung durch die Hölle (Inferno) und das Fegefeuer (Purgatorio) in das irdische und dann das himmlische Paradies. Sein Führer durch die beiden ersten Bereiche ist dabei Vergil, der durch seinen Tod die wahre christliche Erkenntnis gewonnen hat.

Die Vergilrezeption reißt auch in der Neuzeit nicht ab: Das portugiesische Nationalepos des Luiz de Camoes (1524–1580), „Os Lusiades" („Nachkommen des Lusus", des Sohnes des Iulus!), beschreibt die Fahrt Vasco da Gamas nach Ostindien und verherrlicht das Kolonialreich der Portugiesen, der Nachfolger der Römer. Eine Nymphe prophezeit am Schluss die Zeitgeschichte.

Vom 16. bis zum 20. Jh., besonders aber in der Barockzeit, wurde in zahlreichen Dramen und Opern die Dido-Episode, vor allem ihrer pathetischen Wirkung wegen, dargestellt, u. a. in Opern von Henry Purcell (1689), Joseph Haydn (1778) und Hector Berlioz (1863).

Der Dichter Hermann Broch (1886–1951) beschäftigte sich viele Jahre mit dem Werk und der Person Vergils, in dem er vor allem den Gottsucher sah. Über seinen Roman „Der Tod des Vergil" (1945 gleichzeitig in englischer und deutscher Sprache erschienen) sagt er selbst:

> Das Buch schildert die letzten achtzehn Stunden des sterbenden Vergil [...] Obwohl in der dritten Person dargestellt, ist es ein innerer Monolog des Dichters. Es ist daher vor allem eine Auseinandersetzung mit dem eigenen Leben, mit der moralischen Richtigkeit oder Unrichtigkeit dieses Lebens, mit der Berechtigung und Nichtberechtigung der dichterischen Arbeit, der dieses Leben geweiht war.

15 text

Aen. 1, 1–33

Prooemium

Arma[1] virumque cano, Troiae qui primus ab oris
Italiam fato[2] profugus Laviniaque[3] venit
litora, multum[4] ille et terris iactatus[5] et alto[6]
vi superum[7], saevae memorem[8] Iunonis ob iram,
multa quoque et[9] bello passus, dum[10] conderet urbem
inferretque deos[11] Latio[12], genus unde[13] Latinum[14]
Albanique patres[15] atque altae[16] moenia Romae.
Musa, mihi causas memora[17], quo numine laeso[18]
quidve dolens regina deum[19] tot volvere casus[20]
insignem pietate[21] virum, tot adire labores[22]
impulerit! Tantaene animis caelestibus irae[23]?
Urbs antiqua[24] fuit (Tyrii[25] tenuere[26] coloni)
Karthago, Italiam contra[27] Tiberinaque longe
ostia, dives opum studiisque asperrima belli,
quam[28] Iuno fertur[29] terris magis omnibus unam

1 **1 arma**: Kämpfe **2 fato**: abl. causae zu profugus und zu venit **3 Lavinia litora** (poet. Pl.): Küste, die Gestade von / bei Lavinium **4 multum** (adv.): viel **5 iactatus** 3, erg. est; iactor 1: verschlagen werden **6 terris et alto**: zu Wasser und zu Lande **7 superum**: gen. pl. = deorum **8 memor**: nachtragend, unversöhnlich **9 et** = etiam, nach quoque pleonastisch ➤ B 39

5 **10 dum**: bis **11 deos**: die Götter (Penaten / Haus- und Staatsgötter) aus Troja **12 Latio**: Zieldat. (➤ B 12) statt Präpositionalausdruck: in Latium **13 unde**: erg. ortum est **14 genus ... Latinum**: Stamm der Latiner **15 Albani patres**: die Stammväter von Alba Longa **16 altus** 3: hoch (weil Rom auf sieben Hügeln entstand), stolz; die Stellung bei moenia weckt außerdem die Vorstellung hoher Mauern **17 memoro** 1: in Erinnerung rufen, darlegen **18 quo numine laeso** (abl. abs. in der indir. Frage): wegen welcher Verletzung ihres göttlichen Willens = wodurch ... beleidigt wurde **19 deum** = deorum **20 volvere casus**: Schicksalsschläge ertragen

10 **21 pietas**, -atis f.: Pflichtbewusstsein, Frömmigkeit **22 adire labores**: Mühen auf sich nehmen **23 tantae-ne irae**, erg. sunt: poet. Pl. **24 antiquus** 3: früher (jetzt nicht mehr vorhanden) **25 Tyrius** 3: aus Tyrus, der Hauptstadt Phönikiens **26 tenuere** = tenuerunt; teneo 2: bewohnen **27 contra ... longe**: in weiter Ferne ... gegenüberliegend

15 **28 quam**: rel. zu Karthago **29 fertur** = dicitur + NcI

Abb. 41: Urteil des Paris, Lucas Cranach d. Ä.,
Gemälde (1523), Basel, Kunstmuseum

posthabita[30] coluisse[31] Samo[32]. Hic illius arma,
hic currus fuit; hoc[33] regnum dea gentibus[34] esse,
si qua[35] fata[36] sinant, iam tum tenditque fovetque[37].
Progeniem[38] sed enim Troiano a sanguine duci[39]
audierat[40], Tyrias olim quae verteret[41] arces;
hinc[42] populum late regem[43] belloque superbum
venturum excidio[44] Libyae; sic volvere[45] Parcas.

*Abb. 42: **Ganymed in den Fängen des Adlers, Rembrandt,** Gemälde (1635), Dresden, Gemäldegalerie alter Meister*

Id metuens veterisque memor Saturnia belli,
prima[46] quod ad Troiam pro caris gesserat Argis[47]
– necdum etiam[48] causae irarum saevique dolores
exciderant animo[49]: Manet alta mente[50] repostum[51]
iudicium Paridis spretaeque[52] iniuria formae
et genus invisum[53] et rapti[54] Ganymedis honores:
his[55] accensa[56] super[57] iactatos aequore toto[58]
Troas[59], reliquias Danaum[60] atque immitis[61] Achilli[62],
arcebat longe Latio, multosque per annos
errabant acti fatis maria omnia circum[63].
Tantae molis erat[64] Romanam condere gentem.

30 posthabeo 2: zurücksetzen, hintanstellen **31 colo** 3, coluit, cultum: h. lieben **32 posthabita Samo** (abl. abs.): wobei sogar ... **33 hoc**: meint Karthago, ist mit dem Prädikatsnomen regnum übereingestimmt **34 regnum ... gentibus**: Herrin über die Völker **35 qua**, erg. via: irgendwie **36 fata**, -orum n.: Göttersprüche, Schicksalsweisungen **37 tenditque fovetque** (+ AcI): sich nach Kräften bemühen, sehnlichst wünschen **38 progenies**, -ei f.: Nachkommenschaft **39 duci**: med. abstammen, sich herleiten von

20 **40 audierat** = audiverat **41 quae verteret**, quae rel. zu progeniem; *quae olim Tyrias arces verteret*: coni. impf. als Ersatz für den coni. fut. in der indirekten Rede; ... zerstören sollte **42 hinc** = Troiano a sanguine **43 regem** = regnantem **44 excidium**, -i n.: Untergang (Zieldat. ➤ **B 12**): zum Untergang **45 volvo** 3, volvi, volutum: abspulen (den Schicksalsfaden) = bestimmen **46 prima**: allen voran **47 Argi**, -orum m.: Argos, griech. Landschaft und Stadt

25 **48 necdum etiam**: (und) auch jetzt noch nicht **49 animo excidere**: dem Gedächtnis entfallen **50 alta mente**: tief im Herzen **51 repostum** = repositum: verborgen **52 sperno** 3, sprevi, spretum: verachten **53 invisus** 3: verhasst **54 rapio**, -is, -ere, -ui, raptum: h. entführen **55 his**: erg. causis **56 accensa**: wutentbrannt; setzt metuens und memor fort **57 super**: noch mehr **58 aequore toto** (abl. loci): aequor, -oris n.: Meer

30 **59 Troas**: griech. acc. zu Troes: die Trojaner **60 reliquias Danaum**: diejenigen, welche die Danaer / Griechen am Leben gelassen hatten **61 immitis**, -e: erbarmunglos, unbarmherzig **62 Achilli** (gen.): Achilleus **63 circum** (nachgestellte Präposition): ringsum über **64 tantae molis erat**: mit so vielen Schwierigkeiten, Mühen verbunden sein

1 **arma**: kündigt die zweite Hälfte der *„Aeneis"* an und erinnert zugleich an die „Ilias" und den Kampf um Troja. Neuere Forscher weisen auch darauf hin, dass das Angekündigte ganz der Struktur der „Odyssee" entspricht, in der ja auch die ersten 12 Bücher den Irrfahrten gewidmet sind und die zweiten der Auseinandersetzung des Odysseus mit den Freiern in seinem Haus.

virum: erinnert an Odysseus. Die „Odyssee" beginnt mit den Worten: Den Mann besinge mir, Muse.

Troiae: Als Ausgangspunkt des Geschehens ist Troja durch die Stellung zwischen den Zäsuren des Hexameters besonders hervorgehoben.

primus: Vergil widerspricht mit Nachdruck anderen Überlieferungen, denen zufolge Nachkommen des Odysseus (der ja ebenfalls aus Troja kam) Latium besiedelt und Rom gegründet haben sollen, nämlich sein mit Kirke gezeugter Sohn Latinos oder dessen mit der Trojanerin Rhome gezeugter Sohn Rhomos oder Rhomylos. Der Trojaner Aineias / Aeneas galt ursprünglich als Gründer etruskischer Städte (die Etrusker sind ja wahrscheinlich aus Kleinasien eingewandert) und wurde erst später mit Rom in Verbindung gebracht. Dieser jüngeren Gründungslegende verhalf Vergil mit seiner *„Aeneis"* endgültig zum Durchbruch.

2 **fato**: Zum Unterschied von Odysseus war Aeneas nicht ein zufälliger Ankömmling in Italien, sondern erfüllte eine schicksalsbestimmte Aufgabe, indem er ins Land seiner Vorfahren zurückkehrte: Bei Vergil ist Italien die Heimat des Dárdanus, des Stammvaters des trojanischen Königshauses. Die Alliteration (➤ B 27) und die dunklen Vokale unterstreichen das *fato profugus*.

Lavinium: heute Pratica di Mare, 25 km südlich von Rom

3 **litora**: Das Enjambement und die folgende Zäsur bringen die Mühen bzw. die Erleichterung zum Ausdruck.

terris iactatus et alto: zu Wasser und zu Lande verschlagen; erinnert an die „Odyssee" des Aeneas bis zur Landung in Italien (die Bücher 1–6).

5 **bello passus**: Die Kämpfe in Italien, also der „Ilias-Teil" der *„Aeneis"* (7–12), an dessen Ende aber nicht eine Zerstörung, sondern eine Gründung steht: *conderet*.

7 **Albani patres**: Der wichtigste ist der Gründer von Alba Longa, Ascanius, der Sohn des Aeneas, der auch Ilus (von Ilion, lat. Ilium = Troja) und Iulus geheißen haben soll: Mit diesen Namensgleichsetzungen fingierte Caesar zum Zweck politischer Propaganda die göttliche und trojanische Herkunft seiner Familie, der *gens Iulia*, die aus Alba Longa stammte. Während Vergil diese Fiktion akzeptiert, äußert sich der Historiker Livius sehr skeptisch. In Alba Longa, 19 km südöstlich von Rom, regierten nach der Überlieferung 300 Jahre lang die Nachkommen des Aeneas bis zum Großvater des Romulus. Die Siedlung wurde noch vor 500 v. Chr. vom aufstrebenden Rom zerstört und ihre Bewohner in Rom angesiedelt. Erst Kaiser Domitian (81–94 n. Chr.) erbaute hier eine Villa, auf deren Ruinen im 12. Jh. ein Kastell der Familie Gandolfo entstand. Dieses kam in den Besitz des Vatikans, und Papst Urban VIII. errichtete hier im 17. Jh. einen „Palazzo Papale", das Zentrum des noch heute als Sommerresidenz der Päpste bekannten Castelgandolfo.

8 **Musa**: Die Musenanrufung ist zwar epische Tradition (der Dichter bittet am Beginn seines Werkes die Musen, ihm Kraft und Detailwissen zu verleihen), hat aber hier ihren besonderen Grund: Die Muse soll das Unfassbare erklären, dass ein *insignis pietate vir* von der höchsten Göttin beharrlich verfolgt wird.

12 **antiqua**: ergibt zusammen mit Karthago, das „Neustadt" heißt, einen pointierten Gegensatz (Oxymoron ➤ B 48). Inhaltlich ist es ein Anachronismus, da der phönikische Handelsstützpunkt

erst um 800 gegründet wurde und es zur Zeit des Troja-Flüchtlings Aeneas noch kein Karthago gab.
16 Samo: Die Insel war der Göttin Hera / Juno heilig, ihr großer Tempel (Heraíon) wurde aber erst von den jonischen Einwanderern nach 1000 v. Chr. gegründet, auch ihn gab es also zur Zeit des Aeneas noch nicht. Der Anachronismus übertrifft noch den von Karthago (➤ V. 12), weil hier ja jeder römische Leser an den berühmten, vom Tyrannen Polykrates im 6. Jh. errichteten Neubau dachte. Diesen bezeichnet der griechische Geschichtsschreiber Herodot als den größten aller Tempel, die wir kennen: Er war 55 x 112 m groß, seine Säulen 20 m hoch. Er wurde nie vollendet und 146 v. Chr. von den Römern zerstört. Heute steht noch eine Säule.
16 f. arma ... currus: Attribute der karthagischen Göttin Tanit (Astarte), mit der Juno gleichgesetzt wurde
22 Parcae: die drei Schicksalsgöttinnen, die griechischen Moiren: Die erste (Klotho) spinnt den Schicksalsfaden, die zweite (Láchesis) misst seine Länge zu, die dritte (Átropos) schneidet ihn ab.
24 pro caris ... Argis: Argos hatte ebenfalls einen berühmten Heratempel und steht für ganz Griechenland (pars pro toto ➤ **B 22**), weil es mit dem nahen Mykenai, der Königsburg Agamemnons, gleichgesetzt wird.
27 Paris: Sohn des Königs Priamus von Troja und der Hekabe / Hecuba. Da diese geträumt hatte, sie bringe eine Fackel zur Welt, die Troja zerstören werde, wurde Paris ausgesetzt, von einer Bärin gesäugt und von Hirten erzogen. Als Jüngling wurde er von seiner Schwester Kassandra wiedererkannt und kehrte in den Palast zurück. Als einst die Götter die Hochzeit des Peleus und der Thetis feierten und die nicht eingeladene Göttin Eris / Discordia (Zwietracht) einen goldenen Apfel mit der Aufschrift „für die Schönste" in die Versammlung geworfen hatte, wurde Paris im Auftrag des Zeus zum Schiedsrichter im Streit der Göttinnen Aphrodite / Venus, Hera / Juno und Athene / Minerva berufen, von denen jede den Apfel für sich beanspruchte. Weil Paris sich für Aphrodite entschieden hatte, half ihm diese, Helena, die Gattin des Königs Menelaos von Sparta, für sich zu gewinnen und zu entführen.
27 f. iudicium Paridis ... genus invisum ... Ganymedis honores: Juno wurde von Trojanern dreifach in ihrer weiblichen Ehre gekränkt: Paris, der Sohn des Priamus, wurde von Juno, Minerva und Venus in deren Streit, wer die Schönste sei, als Schiedsrichter angerufen und erklärte Venus zur Siegerin; Dardanus, der Ahnherr der Trojaner, wurde von einer Geliebten Jupiters geboren, Ganymed wurde wegen seiner Schönheit von Jupiter in den Olymp entführt und zum Mundschenk der Götter gemacht. (Die bei den Griechen verbreitete Knabenliebe fand in diesem Mythos ihre Rechtfertigung.)
30 reliquias Danaum atque immitis Achilli: Gemeint sind diejenigen, welche die Griechen (benannt nach Danaos, dem Gründer von Argos) und Achilleus nicht getötet hatten.
Achilles, i(s): Sohn der Meeresgottheit Thetis und des Peleus, stärkster Held der Griechen vor Troja

15 Vertiefung

➤ Kompetenzorientierte Arbeitsaufgaben S. 150

1 Das „kleine" Prooemium (➤ V. 1–7) ist symmetrisch gebaut (a–b–a): Inwiefern entspricht die formale Symmetrie (Zahl der Verse) dem Inhalt? Welches Motiv wird nur angedeutet und erzeugt daher Spannung? Welche vier Städte werden – direkt oder indirekt – genannt?

2 Welcher Doppelsinn liegt in *contra* (➤ V. 13)? In welchen späteren Versen wird er klarer?

3 **a** Im Prooemium erscheinen drei Schwerpunktthemen: Juno, Aeneas und das künftige Schicksal Roms. Was würdest du als das eigentliche Thema des Werkes bezeichnen? Ist die *„Aeneis"* deiner Meinung nach tatsächlich ein Heldenepos?

b Liste alles auf, was über Juno gesagt wird, stelle mit Hilfe des Wörterbuchs fest, welche Emotionen das Handeln der Gottheit bestimmen und wie der Dichter sie bewertet!

c Was findet sich über Aeneas und die Trojaner? Warum wird wohl der Name des Aeneas nicht genannt? Wie wird sein Schicksal und das der Trojaner bewertet, welche Zukunftsprognose wird gegeben?

d Was erfährt der Leser über das künftige Rom? Mit Hilfe welcher Formulierungen und Stilmittel wird die Bedeutung Roms betont?

E11 texte

Welche Gemeinsamkeiten und welche Unterschiede zu Vergils Prooemium finden sich in dieser Passage aus dem Anfangskapitel des Historikers Livius?

Livius, Ab urbe condita

Aeneas [...] sei zuerst nach Makedonien gekommen. Von da sei er auf der Suche nach einem Platz für die Ansiedlung nach Sizilien verschlagen worden; von Sizilien aus habe er endlich mit seiner Flotte das laurentische Gebiet erreicht. Auch dieser Platz hat den Namen Troja. Als die hier gelandeten Trojaner, denen ihre fast unermesslichen Seefahrten nichts als Waffen und Schiffe übrig gelassen hatten, im Lande plünderten, eilten König Latinus und seine Aboriginer, die damaligen Bewohner dieser Gegend, aus der Stadt und aus den Dörfern bewaffnet herbei, um sich gegen die Gewalt der Ankömmlinge zu wehren. Da gibt es nun zweierlei Berichte: Einige sagen, Latinus habe nach verlorener Schlacht zuerst Frieden, dann auch ein Heiratsbündnis mit Aeneas geschlossen. Nach anderen trat Latinus, als die Heere in Schlachtordnung dastanden, noch vor dem Zeichen zum Angriff in die Mitte der Vornehmsten vor und lud das Oberhaupt der Fremden zu einer Unterredung ein. Er erkundigte sich, wer und woher sie seien, durch welches Missgeschick sie ihre Heimat verlassen und in welcher Absicht sie auf laurentischem Boden gelandet seien. Und als er hörte, die Schar seien Trojaner, ihr Führer sei Aeneas, des Anchises und der Venus Sohn, und dass sie nach Einäscherung ihrer Vaterstadt [...] eine Niederlassung und einen Platz zur Anlage einer Stadt suchten, da reichte er aus Achtung vor der hohen Abstammung des Volkes und des Mannes [...] dem Aeneas zum Unterpfande ihrer künftigen Freundschaft seine Rechte. Beide Heerführer schlossen darauf einen Bund, die Heere begrüßten einander. Aeneas wurde von Latinus gastlich aufgenommen, und der bestärkte vor seinen Hausgöttern das öffentliche Bündnis durch ein familiäres, indem er seine Tochter Lavinia Aeneas zur Frau gab. Das vor allem bestärkte die Trojaner in ihrer Hoffnung, durch einen bleibenden Wohnsitz ihre Irrfahrten beendet zu haben. Sie gründen eine Stadt. Aeneas nennt sie nach seiner Frau Lavinium. Bald gab es aus der neuen Ehe auch einen männlichen Nachkommen, den die Eltern Ascanius nannten.

T. Livius, Ab urbe condita I, 1, 5–11. Übers. v. R. Feger. Stuttgart: Reclam 1981 (= UB 2031), S. 9–13

Untersuche, welche Details des Mythos richtig verstanden wurden und woraus die Verwechslungen des Sprechers A im folgenden Text resultieren!

Heinz Erhardt, „Ein mytho-unlogisches Gespräch“ (1970)

A: Ich habe bei mir zu Hause ein Aktfoto hängen. Es heißt „Die Ledige mit dem Schwein“. Kennen Sie das?

B: Sie meinen sicher „Die Leda mit dem Schwan“?

A: Ach ja, richtig! Ein Schwan kommt auch drauf vor! Und wer ist diese „Leda“?

B: Leda war die Mutter der „schönen Helena“.

A: Wieso „war“? Ist sie tot?

B: Aber natürlich!

A: Erzählen Sie mir doch mal was von der Familie!

B: Also das war so: Eines Tages schiffte sich Menelaus, der Gatte der Helena, nach Kreta ein.

A: Und Helena blieb zu Hause?

B: Ja, in ihrem Schlafgemach. In der Mitte stand ein großes Ruhebett und links der Armleuchter.

A: Ich denke, Menelaus war weg?

B: Nein, ein wirklicher Armleuchter stand da. – Und plötzlich wurde ihr Paris gemeldet!

A: Ach, der mit dem Apfel?

B: Bravo, woher wissen Sie denn das?

A: Na, Paris war doch der, der auf dem Berge Aida der Schönsten mit der Armbrust den Apfel vom Kopf schoss!

B: Das verwechseln Sie leider mit Wilhelm Tell – aber immerhin! – Außerdem hieß der Berg Ida! – Na schön! Paris beschloss, Helena mit List zu erobern.

A: Ach, Klavierspielen konnte er auch?

B: Das weiß ich nicht! Jedenfalls aber nahm er sie mit nach Troja.

A: Ach so ja.

B: Und wissen Sie, wodurch Troja berühmt geworden ist?

A: Durch die Trojabohnen!

B: Sie meinen Sojabohnen?! – Nein, durch den Trojanischen Krieg! Die einstmals so stolze Stadt wurde völlig zerstört – und heute ist die Fläche, auf der sie stand, eben!

A: Eben!

Das große Heinz Erhard Buch. Hannover: 1970, S. 32 f.

15 fortwirken

Antike Kunst: Das Parisurteil erscheint häufig, beginnend mit griech. Vasen des 7. Jhs. (z. B. die protokorinthische Chigi-Kanne, 640 v. Chr., Rom).

Malerei: unzählige Gemälde seit der Renaissance: Jacopo Tintoretto (1543/44), Padua; Lucas Cranach d. Ä. (mehrfach 1512–39), u. a. Köln, Kopenhagen, New York ➤ Abb. 41; Peter Paul Rubens (1600/01 und 1639), London, Madrid; Luca Giordano (1670), Wien; Anselm Feuerbach (1870), Hamburg; Max Klinger, Monumentalgemälde (1884–86), Wien, Zyklus „Epithalamia" (um 1900), Leipzig; Paul Gauguin (1903), Prag; Lovis Corinth (1907), Dresden

Plastik: Antonio Canova (1807), München; Auguste Renoir, Gipsrelief (1914–16), Paris

Literatur: Das Motiv erscheint in den mittelalterlichen Trojaromanen, immer wieder in der Herrscherpanegyrik (Herrscherlob), um die Schönheit einer Herrscherin zu preisen – z. B. Georg Peele, „The Arraignment of Paris" (Komödie, 1584), wo eine Nymphe namens Eliza (= Königin Elisabeth I.) den Apfel erhält. Als Autobiografie des zwielichtigen Helden gibt sich Rudolf Hagelstanges Roman „Spielball der Götter" (1959).

Musik: zahlreiche Opern, u. a. von P. Antonio Cesti (um 1668), der für Kaiser Leopold I. von Österreich einige Arien komponierte; Christoph Willibald Gluck, „Paris und Helena" (1770); Cesar Bresgen, „Das Urteil des Paris" (1943), die mythologische Szene ist allerdings nur Spiel im Spiel, Oper in einer Oper, in der es um Liebeleien an einem Fürstenhof des 19. Jhs. geht; Kantaten, Burlesken und Ballettmusik

Juno sucht den Herrscher der Stürme, Aeolus, auf und bittet ihn, der Flotte des Aeneas ein furchtbares Unwetter zu schicken. Bestochen durch die Aussicht, eine schöne Nymphe zur Frau zu bekommen, gehorcht er gern. Die Trojaner sind in Lebensgefahr, bis Neptun dem Toben der Stürme Einhalt gebietet. Die Mehrzahl der Schiffe kann sich an die nordafrikanische Küste retten.

Aeneas macht sich mit Achátes zu einem Erkundungsgang landeinwärts auf, da erscheint ihm seine Mutter Venus in Gestalt einer Jägerin und erkundigt sich, ob die Männer zufällig eine ihrer Jagdgefährtinnen gesehen hätten.

16 text

Aen. 1, 338–392

Dido, die Gründerin von Karthago

Punica regna vides, Tyrios et Agenoris urbem;
sed fines Libyci[1], genus intractabile[2] bello.
Imperium Dido Tyria regit[3] urbe profecta[4]
germanum[5] fugiens. Longa est iniuria, longae
ambages[6]; sed summa sequar[7] fastigia[8] rerum.
Huic coniunx Sychaeus erat, ditissimus agri[9]
Phoenicum et magno miserae[10] dilectus amore,
cui pater intactam[11] dederat primisque iugarat[12]
ominibus[13]. Sed regna Tyri germanus habebat
Pygmalion, scelere[14] ante alios immanior[15] omnes.
Quos[16] inter medios venit furor[17]. Ille Sychaeum
impius ante aras atque auri caecus amore[18]
clam ferro incautum[19] superat[20], securus[21] amorum
germanae[22]; factumque diu celavit[23] et aegram[24],

338 **1 fines**: erg. sunt **2 intractabilis**, -e: unbändig, erg. est
340 **3 imperium regere**: die Herrschaft führen **4 proficiscor** 3, -fectum (+ abl.): h. auswandern **5 germanus**, -i m.: Bruder **6 ambages**, -um f.: die Verwicklungen, Hintergründe **7 sequor** 3, secutum: einer Sache nachgehen, h. erzählen **8 fastigium**, -i n.: Höhepunkt, der wichtigste Punkt **9 dives** (+ gen. part.): reich an **10 miserae** (dat. auct.): von der Unglücklichen
345 **11 intactus** 3: unberührt, jungfräulich **12 iugarat** = iugaverat; iugo 1: verbinden, vermählen **13 primis ominibus**: unter den ersten (bei der Eheschließung beobachteten) Vorzeichen = in erster Ehe **14 scelus**, -eris n.: Frevelmut, Ruchlosigkeit, Skrupellosigkeit **15 immanior ante alios** = quam alii **16 quos inter**: rel. Anschluss; zwischen diese beiden Männer **17 furor**, -oris m.: Tollheit, Wahnsinn, Zorn **18 amore auri** (gen. obi.): aus Liebe zum Gold
350 **19 incautus** 3: arglos, ahnungslos **20 supero** 1: überwinden; h. töten **21 securus** 3 (+ gen.): ohne Rücksicht auf **22 germana**, -ae f.: Schwester **23 celo** 1: geheim halten, verbergen (Sychaeus war spurlos verschwunden) **24 aeger** 3: krank (vor Sorge)

***Abb. 43: Dido gründet Karthago**, Deckengemälde (um 1700), Graz, Schloss Eggenberg*

multa malus[25] simulans[26], vana spe lusit[27] amantem.
Ipsa sed in somnis inhumati[28] venit imago
coniugis, ora modis attollens[29] pallida[30] miris[31],
crudeles aras traiectaque[32] pectora ferro
nudavit[33], caecumque[34] domus scelus omne retexit.
Tum celerare[35] fugam patriaque excedere suadet
auxiliumque[36] viae veteres tellure recludit[37]
thesauros[38], ignotum argenti pondus et auri.
His[39] commota fugam Dido sociosque parabat[40]:
conveniunt[41], quibus aut odium crudele tyranni
aut metus acer erat. Naves, quae forte paratae[42],
corripiunt[43] onerantque auro: Portantur[44] avari
Pygmalionis opes pelago[45]. Dux femina facti[46].

Abb. 44: Dido und Aeneas, Giuseppe Bossi, *Gemälde (um 1800), Busto Arsizio, Privatbesitz*

Devenere[47] locos, ubi nunc ingentia cernis
moenia surgentemque[48] novae Karthaginis arcem,
mercatique[49] solum[50], facti de nomine[51] Byrsam[52],
taurino quantum possent circumdare tergo[53].
Sed vos qui tandem, quibus aut venistis ab oris,
quove tenetis iter[54]?“ Quaerenti talibus ille[55]
suspirans imoque trahens[56] a pectore vocem:

25 malus, -i m.: Bösewicht; *malus, multa simulans, vana spe lusit aegram amantem* **26 simulo** 1: h. vorspiegeln **27 ludo** 3, lusi, lusum (+ acc.): sein Spiel mit jem. treiben, täuschen **28 inhumatus** 3: unbestattet **29 ora attollere**: aufblicken **30 pallidus** 3: bleich **31 miris modis**: auf unheimliche Art, geisterhaft **32 traicio**, -is, -ere, ieci, iectum: durchbohren **33 nudo** 1: Zeugma ➤ **B 43**; gehört zu ara und pectora, muss mit 2 verschiedenen Verben wiedergegeben werden: zeigen, entblößen, enthüllen **34 caecus** 3: verborgen, geheim **35 celero** 1: beschleunigen, h. schnell ergreifen **36 auxilium**, -i n. (prädikativ): als Unterstützung **37 recludo** 3: erschließen, zeigen, zugänglich machen **38 thesaurus**, -i m.: Schatz **39 his**: erg. rebus **40 paro** 1: Zeugma ➤ **B 43**; fugam parare: zur Flucht rüsten, socios parare: Gefährten werben **41 conveniunt**: erg. ii **42 paratae**: erg. erant **43 corripio**, -is, -ere; -ripui, -reptum: sich aneignen **44 porto** 1: fortschaffen **45 pelago** (abl. loci): auf dem Meer **46 factum**, -i n.: Unternehmen, erg.: est **47 devenere** = venerunt, devenio (+ acc.): erreichen **48 surgo** 3, surrexi, surrectum: sich erheben, allmählich höher werden, sich im Bau befinden **49 mercor** 1: kaufen; h. erhandeln **50 solum, quantum**: so viel an Boden, wie ... **51 facti de nomine Byrsa**: nach dem Namen des Handels Byrsa genannt = welche nach dem Handel Byrsa hieß **52 byrsa**, -ae f.: griech.: Kuhhaut, Burg von Karthago **53 taurinum tergum**: Stierfell **54 quo tenetis iter**: wohin seid ihr unterwegs **55 quaerenti** (Veneri) **talibus** (erg. verbis) **ille** (Aeneas): erg. respondet **56 traho** 3, traxi, tractum: h. hervorstoßen

„O dea, si prima repetens[57] ab origine pergam[58]
et vacet[59] annales[60] nostrorum audire laborum,
ante[61] diem clauso componat[62] Vesper Olympo.
Nos[63] Troia antiqua, si vestras forte per aures[64]
Troiae nomen iit, diversa[65] per aequora vectos
forte[66] sua Libycis tempestas adpulit[67] oris[68].

***Abb. 45: Sturm auf dem Meer, Vergilius Romanus**, Buchillustration (um 480 n. Chr.)*

Sum pius Aeneas, raptos qui ex hoste[69] Penates
classe veho mecum, fama super aethera[70] notus.
Italiam quaero patriam[71] et genus ab Iove summo[72].
Bis denis[73] Phrygium conscendi navibus aequor[74]
matre dea[75] monstrante viam, data fata[76] secutus.
Vix septem convolsae[77] undis Euroque[78] supersunt.
Ipse ignotus, egens[79], Libyae deserta[80] peragro,
Europa atque Asia[81] pulsus." Nec plura querentem
passa[82] Venus medio sic interfata[83] dolore est:
„Quisquis es, haud, credo, invisus caelestibus auras
vitalis carpis[84], Tyriam qui adveneris[85] urbem.
Perge[86] modo[87], atque hinc te reginae ad limina perfer!

57 repeto 3, -petivi, -petitum: ausholen, zurückgreifen **58 pergam** (coni. pot.): dürfte ich der Reihe nach zu erzählen beginnen; pergo 3, perrexi, perrectum: fortsetzen, fortfahren **59 vacet**, erg. tibi (impers.): Zeit vorhanden sein, Zeit haben **60 annales**, -ium m.: Geschichtsbücher, h. Bericht **61 ante** (adv.): eher **62 compono** 3: ordnen, h. (zur Ruhe) betten, beenden

375 **63 nos … vectos**: *tempestas forte sua nos per diversa aequora vectos Libycis appulit oris* **64 per aures ire**: zu Ohren kommen **65 diversus** 3: h. entlegen **66 fors**, -tis f.: Laune, Gewalt **67 appello** 3, -puli, -pulsum (+ dat.): herantreiben, verschlagen (Zieldat. ➤ B 12) **68 ora**, -ae f.: Küste **69 Penates ex hoste raptos**: die dem Feind entrissenen, vor dem Feind geretteten Götter **70 super aethera** (griech. acc.): oben im Himmel; aether, -eris m.: oberste Luft; Himmel

380 **71 patrius** 3: väterlich, das Land meiner Väter **72 genus ab Iove summo**: das von Iupiter, dem Höchsten, entsprossene, abstammende Volk **73 bis denis**: zweimal sechs = zwölf **74 aequor conscendere**: in See stechen **75 mater dea**: die göttliche Mutter **76 fatum**, -i n.: Schicksalsspruch **77 convello** 3, -velli, -volsum: h. hart mitnehmen **78 Eurus**, -i m.: Südostwind; h. Sturm, Wind **79 egeo** 2, -ui: darben, Not leiden **80 deserta**, -orum n.: die verlassene Gegend, die Einöde

385 **81 Europa atque Asia** (abl. sep.): aus … **82 patior aliquem querentem**: ich lasse jem. klagen **83 interfor**, -fari, -fatum: dazwischenreden, unterbrechen **84 auras vitales carpere**: Lebensluft atmen, leben **85 qui adveneris** (kausaler Relativsatz): weil ja **86 pergo** 3, perrexi, perrectum: h. weitergehen **87 modo** (adv.): nur

Namque tibi reduces[88] socios classemque relatam nuntio, et in tutum versis[89] aquilonibus[90] actam[91] ni[92] frustra augurium[93] vani docuere[94] parentes."

390 88 redux, -ducis: zurückgeführt; h. gerettet; erg. factos esse **89 verto** 3, -verti, -versum (med.): sich wenden, drehen **90 aquilo**, -onis m.: Wind **91 in tutum agere**: in Sicherheit bringen **92 ni** = nisi **93 augurium**, -i n.: Deutung des Vogelflugs **94 vani docuere** = docuerunt: vergeblich lehren

16 Kommentar

Aen. 1, 1–33

340 Dido: Königstochter aus Tyros, auch als Elissa genannt. Vergil vereint in der Gestaltung ihrer Person (vage) historische Informationen, die ihm vorlagen (pseudohistorische Ursprungssagen der röm. Historiker). Er spiegelt in ihr literarische Frauengestalten mit einem ähnlichen Schicksal, z. B. Medea, die Zauberin Kirke, Kalypso, die alle viel für den geliebten Mann zu tun bereit sind, ihn aber doch nicht halten können. Außerdem stellt er Parallelitäten zu zeitgenössischen, im engeren Sinne historischen Frauengestalten her, ganz besonders zu Kleopatra (sie ist wie Dido Königin in Afrika, schön und charmant, herrscht wie diese zuerst mit ihrem Bruder, muss vor ihm flüchten, fasziniert mit Caesar und Marcus Antonius ebenfalls bedeutende Persönlichkeiten Roms und stirbt letztlich auch durch Selbstmord). Schließlich projiziert Vergil auch seine privaten oder typisch römischen Normvorstellungen vom Verhalten einer vornehmen Frau in die Gestalt der Dido (z. B. mit der Idee der *univira*, einer Frau, die sich nach dem Tode ihres ersten Mannes nicht wieder verheiratet).
Tyria urbe profecta: Tyros, Hafenstadt in Phönizien, die Mutterstadt Karthagos
351 f. aegram amantem: Hyperbaton ➤ B 37
366 novae Karthaginis arcem: Pleonasmus ➤ B 39: Karthago bedeutet bereits Neustadt.
367 facti de nomine Byrsa: Name der Burg von Karthago. Die Sage entstand dadurch, dass das phönikische Wort *bosra* (Burg) als das griechische Wort *byrsa* (die abgezogene Haut, Fell) verstanden wurde. Die Sage berichtet, Dido habe den abweisenden afrikanische König Jarbas gebeten, ihr wenigstens so viel Land zu überlassen, wie sie mit einer Ochsenhaut umfassen könne. Dido habe die Haut in schmale Riemen zerschnitten und damit ein Gebiet umspannt, auf dem sie die Burg von Karthago, die *byrsa*, gründen konnte.
378 raptos ex hoste Penates: Als die Stadt Troja schon brannte, war Aeneas ein Traumbild erschienen. Hector, der bereits gefallene, stärkste Held Trojas, entband ihn von der Verantwortung, länger um seine Heimat kämpfen zu müssen, und trug ihm auf, sich und die Götter der Stadt in Sicherheit zu bringen und eine neue Heimat zu gründen (Aen. 2, 289 ff.).
379 fama super aethera notus: Hyperbel ➤ B 47
380 Italiam patriam: Dardanos, der Ahnherr des trojanischen Königsgeschlechtes, stammte der Sage nach aus Italien.
381 Phrygium mare: das Meer vor der kleinasiatischen Küste, benannt nach der Landschaft Phrygien
382 matre dea monstrante viam data fata secutus: Auch Venus war ihrem verzweifelt kämpfenden Sohn erschienen, hatte ihm die Hoffnungslosigkeit der Situation vor Augen geführt und ihm aufgetragen, sich und seine Familie zu retten (Aen. 2, 594 ff.); *data fata* = Homoiotéleuton ➤ B 28

16 Vertiefung

➤ Kompetenzorientierte Arbeitsaufgaben S. 150

1 **a** Was erfahren wir in diesem Text über Dido als Ehefrau? Mit welchen Attributen versieht Vergil Dido? Entspricht sie damit dem Ideal einer Römerin?

b Welcher neue Charakterzug an Dido wird offensichtlich, nachdem sie vom Mord an ihrem Mann erfahren hat? Mit welchen sprachlichen Mitteln zeigt Vergil, dass sie in äußerster Eile handeln muss?

2 **a** Warum sucht Venus das Gespräch mit Aeneas? In welcher emotionalen Situation befindet sich dieser, als ihn seine Mutter anspricht?

b Warum beharrt Aeneas wohl auf der Anrede *dea* (➤ V. 372), obwohl Venus zuvor versichert hatte, eben keine Göttin zu sein?

3 **a** Welche Informationen gibt Aeneas zu seiner Person, woraus wird deutlich, wie wichtig ihm seine schicksalhafte Aufgabe, ein neues Troja zu gründen, ist?

b Mit welchen sprachlichen Mitteln verstärkt der Dichter den Effekt der Selbstdarstellung des Aeneas? Untersuche Wortwahl, Wortstellung, Stilfiguren und Rhythmik!

E12 text

„Das geht auf keine Kuhhaut!" – Diese in den deutschen Mundarten weit verbreitete Wendung hat – auch wenn das vielfach behauptet wird – nichts mit der originellen Idee Didos zu tun, sich mehr Land zu verschaffen. Gemeint ist hier nämlich die Kuhhaut als große Schreibfläche, die aber immer noch zu klein ist, um ein virulentes Problem zu fassen.

Dass man der klugen Dido auch an Orten und in literarischen Gattungen begegnet, wo man sie wohl kaum gesucht hat, soll eine Textprobe aus **Karl Mays** Roman **„Waldröschen oder die Rächerjagd rund um die Erde"** (1882–84) belegen, wo er von der Gründung der mexikanischen Stadt Cuernavacca berichtet:

Für den Geschichtsschreiber gibt es keine Zeiträume und Ortsentfernungen. Er überspringt sie so spielend, ohne sich von seinem Schreibtische zu erheben. Von diesem Rechte machen auch wir Gebrauch, indem wir uns aus der Savanna von Neu-Mexiko nach Süden versetzen, um Personen zu sehen, welche uns im höchsten Grade interessieren müssen.

Als Ferdinand Cortez Mexiko erobert hatte, ließ ihm der König von Spanien sagen, er solle sich eine Gunst erbitten, die ihm sofort gewährt werden solle. Da dachte der schlaue Spanier an Dido, welche Karthago gegründet hatte. Er tat ganz dasselbe, was diese berühmte Königin getan hatte; er erbat sich nämlich so viel Land, als er mit einer Kuhhaut umspannen könne. Diese Bitte wurde ihm, da sie sehr bescheiden klang, gewährt. Da ließ er eine große Haut in haardünne Streifen schneiden und umspannte auf diese Weise ein Areal, welches natürlich weit größer war, als der König geahnt hatte.

Diese Besitzung und die in ihr gegründete Stadt bestehen noch heute. Sie wird zum Andenken an jenen Streich Cuernavacca genannt, zu Deutsch „Kuhhaut". Das alte Schloss ist ein großes Viereck, welches in architektonischer Beziehung gar keine Bedeutung hat. Jetzt in eine Kaserne verwandelt, besitzt es nichts, was an die vergangene Pracht und Herrlichkeit erinnern könnte. Die Stadt ist klein und wie alle mexikanischen Städte mit großer Regelmäßigkeit gebaut, jedoch teils schlecht, teils gar nicht gepflastert. Von Trottoirs und Gas ist keine Rede, nicht einmal Öllampen gibt es in den Straßen. Und dennoch befand sich in dem kleinen, unscheinbaren Orte das Hoflager des Kaisers Max von Mexiko, welcher hier ganz in der Weise eines Privatmannes lebte.

K. May, Waldröschen od. die Rächerjagd rund um die Erde. Dresden 1882–1884, S. 1571

16 fortwirken

Antike Kunst: vor allem Mosaike gegen Ende des römischen Reiches
Plastik: ab der Renaissance vor allem auf Brauttruhen als Symbol ehelicher Treue
Malerei: Es existieren zahlreiche Aeneas-Zyklen als Wandgemälde, Wandteppiche und Tapetendekorationen mit dem Motiv der Gründung von Karthago, z. B. Gobelins im Nimweger Rathaus von Giovanni Francesco Romanelli (1675); Gemälde z. B. von Giovanni Battista Pittoni (um 1720), St. Petersburg; J. William Turner (1734), London; Nicolas Poussin (um 1630), Paris, zeigt das Gespräch zwischen Aeneas und der Jägerin.
Literatur: Giovanni Boccaccio rühmt in *„De claris mulieribus“* (1356–64) Didos Witwentreue; August von Platen zollt ihr ebenfalls Respekt in einer Ballade mit dem Titel „Gründung Karthagos“ (1832):

> […] Aus sidonischen Heimataun,
> Nimmt mit sich gehäufte Schätze,
> Nimmt mit sich des Gatten Staub,
> Dem gelobt sie stete Treue,
> Wie es ziemt den höchsten Fraun;
> Denn der wahren Witwe Liebe
> Gleicht dem Lieben einer Braut. […]

Vgl. auch David McNaughton, „Dido, Königin von Karthago. Ein historischer Roman“ (1977).

Erst als sich die Jägerin zum Gehen wendet, erkennt Aeneas in der göttlichen Erscheinung seine Mutter und klagt, dass sie sich nicht zu erkennen gab. Zum Schutz hüllt sie ihn und Achates in unsichtbar machenden Nebel. Die beiden Männer ersteigen einen Hügel und sehen von dort die Phöniker ihre neue Stadt bauen. Aeneas preist sie glücklich (Aen. 1, 437):

> O fortunati, quorum iam moenia surgunt!
> (Oh ihr Glücklichen. Für euch ragen schon hohe Mauern!)

Noch deutlicher als in der Erzählung von Didos Flüchtlingsschicksal wird hier die Parallelität beider Schicksale angedeutet und damit die gespannte Erwartung auf die Begegnung erhöht. In der unsichtbar machenden Nebelhülle steigen Aeneas und Achates in die Stadt hinunter, in deren Mitte gerade ein prächtiger Juno-Tempel entsteht. Bildliche Darstellungen des Trojanischen Krieges schmücken ihn: Das hier sichtbare Leid des Krieges bewegt Aeneas zutiefst, und der Dichter lässt ihn die berühmt gewordenen Worte sagen (Aen. 1, 462):

> Sunt lacrimae rerum et mentem mortalia tangunt.
> (Weinen muss man über die Welt und Sterbliches rührt das Herz uns.)

Dido und gleich darauf die Gefährten, die Aeneas verloren glaubte, kommen zum Tempel. Dido bietet den Schiffbrüchigen freundlich Hilfe für die Weiterfahrt oder die Ansiedlung in ihrer neuen Stadt an und verspricht, an der Küste nach ihrem vermissten Anführer Aeneas suchen zu lassen. Dann verschwindet die schützende Wolke (Symbol für die ängstliche Vorsicht), und Aeneas, dem Venus ein jugendlich strahlendes Aussehen gibt, steht vor Dido und seinen wieder gefundenen Gefährten und wird von ihr besonders herzlich aufgenommen.

Venus fürchtet noch immer für Aeneas und schickt Amor in Gestalt des Ascanius in Didos Palast, um diese verliebt zu machen. Die List gelingt, Dido bittet Aeneas noch zu vorgerückter Stunde, von Trojas Untergang zu erzählen, um sich nicht von ihm trennen zu müssen.

17 text

Das Trojanische Pferd

Conticuere[1] omnes intentique ora[2] tenebant;
inde toro pater Aeneas sic orsus[3] ab alto:
„Infandum, regina, iubes renovare dolorem,
Troianas ut opes[4] et lamentabile regnum
eruerint Danai, quaeque[5] ipse miserrima vidi
et quorum pars magna fui[6]. Quis talia fando[7]
Myrmidonum Dolopumve aut duri miles Ulixi
temperet a lacrimis[8]? Et iam nox umida caelo
praecipitat[9] suadentque cadentia[10] sidera somnos[11].

Abb. 46: Der Einzug des Trojanischen Pferdes in Troja, Giovanni Domenico Tiepolo, *Gemälde (um 1775), London, National Gallery*

Sed si tantus amor[12] casus cognoscere nostros
et breviter Troiae supremum audire laborem[13],
quamquam animus meminisse horret luctuque[14] refugit[15],
incipiam. Fracti bello fatisque[16] repulsi
ductores Danaum[17] tot iam labentibus annis[18]
instar[19] montis equum divina Palladis arte
aedificant sectaque intexunt[20] abiete[21] costas[22];
votum[23] pro reditu simulant; ea fama vagatur.
Huc delecta virum sortiti[24] corpora[25] furtim
includunt caeco[26] lateri penitusque[27] cavernas[28]
ingentis uterumque[29] armato milite complent.
Est in conspectu Tenedos, notissima fama[30]
insula, dives opum, Priami dum regna manebant[31],

1 **1 conticuere** = erunt; conticeo 2: verstummen **2 ora intenti tenebant**: sie blickten aufmerksam **3 orsus**: erg. est; ordior 4: beginnen **4 opes**, -um f. pl.: Macht

5 **5 quaeque**: *et quae miserrima ipse vidi* **6 quorum pars magna fui**: woran ich großen Anteil hatte **7 fando**: Gerundium; for 1: erzählen **8 temperare a lacrimis**: die Tränen zurückhalten; temperet (coni. pot.): könnte ... **9 caelo praecipitare**: abl. sep.; praecipito 1: sich stürzen **10 cadentia sidera**: die (vom nächtlichen Himmel) verschwindenden Sterne **11 somnos**, verstärkender Pl.: zum erholsamen Schlaf (für den schon längst Zeit ist)

10 **12 tantus amor**: erg. ibi est **13 supremum ... laborem**: „die letzte Plage" = den Todeskampf **14 luctus**, -us m. (abl. modi): Trauer **15 refugit**: präs. Zustandsperfekt, im Dt. Präs. **16 fatis**: Göttersprüche (die die Einnahme Trojas an schwer zu erfüllende Bedingungen knüpften) **17 Danaum** = orum **18 tot labentibus annis**: im Verlauf so vieler Jahre

15 **19 instar** (+ gen.): gleich ... **20 intexo** 3: umschließen **21 abies**, -etis f.: Tanne(nholz) **22 costa**, -ae f.: Rippe, Bauch **23 votum**, -i n.: Weihegeschenk, Versprechen; erg. esse equum **24 sortior** 4, sortitum: losen, das Los werfen **25 delecta virum ... corpora** = delectos viros **26 caecus** 3: undurchsichtig, dunkel **27 penitus** (adv.): gänzlich, tief drinnen **28 caverna**, -ae f.: Hohlraum

20 **29 uterus**, -i m.: Bauch **30 fama**: abl. **31 manebant**: bestand(en)

Abb. 47: ***Der Durchbruch, Frank Leuchte,*** *Tusche aquarelliert (1984)*

nunc tantum[32] sinus et statio[33] male fida[34] carinis[35]:
Huc se provecti deserto in litore condunt[36];
nos abiisse[37] rati et vento petiisse Mycenas.
Ergo omnis longo solvit se Teucria[38] luctu;
panduntur portae, iuvat[39] ire et Dorica[40] castra
desertosque videre locos litusque relictum:
Hic Dolopum manus[41], hic saevus tendebat[42] Achilles;
classibus hic locus, hic acie certare solebant.
Pars stupet[43] innuptae[44] donum exitiale[45] Minervae
et molem[46] mirantur equi; primusque Thymoetes
duci intra muros hortatur et arce locari,
sive[47] dolo seu iam Troiae sic fata ferebant.
At Capys, et quorum[48] melior sententia menti,
aut pelago[49] Danaum[50] insidias[51] suspectaque[52] dona
praecipitare iubent subiectisque[53] urere flammis
aut terebrare[54] cavas uteri et temptare latebras[55].
Scinditur incertum studia[56] in contraria vulgus.
Primus ibi ante omnis magna comitante caterva[57]
Laocoon ardens[58] summa decurrit ab arce
et procul[59]: „O miseri, quae tanta insania, cives?
Creditis avectos[60] hostes? Aut ulla putatis
dona carere dolis[61] Danaum[50]? Sic notus[62] Ulixes?
Aut hoc inclusi ligno[63] occultantur Achivi,
aut haec in nostros fabricata est machina muros[64],
inspectura[65] domos venturaque desuper[66] urbi,
aut aliquis latet error[67]: Equo ne credite[68], Teucri[69]!
Quidquid id est, timeo Danaos et[70] dona ferentis[71]."

32 tantum: nur **33 statio**, -onis f.: Ankerplatz **34 male fida**: unzuverlässig, schlecht geeignet **35 carina**, -ae f.: Schiff **36 se condunt**: sie verbergen sich

25 **37 abiisse**: erg. Graecos, **rati**: erg. sumus **38 Teucria** = Troja **39 iuvat**: erg. nos: es macht uns Freude **40 Dorica** = Graeca **41 manus**, -us f.: Schar, erg. tendebat **42 tendo** 3, tetendi: lagern (die Zelte) aufschlagen

30 **43 stupeo** 2, -ui: anstarren, bewundern **44 innuptae ... Minervae**: gen. obi. **45 exitialis**, -e: verhängnisvoll **46 moles**, -is f.: gewaltige Masse **47 sive dolo ... seu**: entweder aus List (weil er mit Priamus verfeindet war) oder weil ...

35 **48 quorum ... menti** = *ii, quorum menti sententia melior est*: die vernünftiger sind **49 pelago**: ins Meer **50 Danaum** = Danaorum **51 insidias**: das hinterhältige Trugwerk **52 suspectus** 3: verdächtig **53 subiectis-que**: h. „oder", verbindet die zwei Möglichkeiten der Zerstörung, die prinzipiellen Möglichkeiten werden dagegen mit aut ... aut einander gegenübergestellt **54 terebro** 1: durchbohren **55 cava latebra**: das hohle Versteck **56 studia**: h. Parteien

40 **57 caterva**, -ae f.: Schar **58 ardens**: ganz aufgeregt **59 procul**: von weitem **60 avectos**: erg. esse; avehor 3, avectum: absegeln **61 carere dolis**: keine Hinterlist enthalten **62 notus**: erg. est vobis

45 **63 ligno** (abl. loci): in diesem Holzpferd **64 in nostros muros**: gegen unsere Mauern **65 inspectura** (+ Zieldat. ➤ B 12): part. fut.; um hineinzuschauen, spionieren **66 venire desuper**: kommen über **67 aliquis error**: irgendeine andere Täuschung, Trug **68 ne credite**: poet. verneinter Imperativ: vertraut nicht **69 Teucri**, -orum m. = Troiani **70 et** = etiam **71 ferentis** = ferentes, zu Teucros

Sic fatus validis ingentem viribus hastam
in latus[72] inque feri curvam compagibus alvum[73]
contorsit[74]. Stetit[75] illa tremens, uteroque[76] recusso[77]
insonuere[78] cavae gemitumque dedere cavernae.
At, si fata deum[79], si mens[80] non laeva fuisset[81],
impulerat[82] ferro Argolicas[83] foedare latebras,
Troiaque nunc staret, Priamique arx alta maneres[84].

50 **72 latus** -eris n.: die Seite (des gefährlichen Tiers) **73 curva compagibus alvus**: das Bauchgewölbe (zuerst ist mit latus das Äußere, hier das Innere des Pferdes bezeichnet) **74 contorqueo** 2, -torsi, -tortum: schleudern (con-: verstärkend) **75 stetit**: blieb stecken **76** ➤ **29** **77 recutio**, -is, -ere, -cussi, -cussum: erschüttern **78 insonuere** = -erunt: ertönten, klangen **79 deum** = deorum **80 mens**: erg. nostra **81 laeva fuisset** (coni. irreal. d. Vght.): verblendet gewesen wäre

55 **82 impulerat** = impulisset: hätte veranlasst; die Irrealität ist schon mit si ... fuisset ausgedrückt, Subj. ist Laocoon **83 Argolicas** = Graecas **84 maneres**: die direkte Anrede an die Burg Trojas drückt den Schmerz der Erinnerung aus

Abb. 48: Tod des Laokoon und das Troianische Pferd, Domenico da Venezia, *Majolikaplatte (um 1570)*

17 kommentar

Aen. 2, 1–56

Das Trojanische Pferd wird schon in der „Odyssee" dreimal erwähnt (vor allem 8, 492 ff.). Seit der Antike versuchte man, ihm eine rationale Erklärung zu geben: War es ein Belagerungsturm, eine Belagerungsmaschine, ein Fruchtbarkeitssymbol, ein Gegenzauber gegen den magischen Mauerring von Troja? Die interessanteste Hypothese stammt vom Wiener Althistoriker F. Schachermeyr, der davon ausgeht, dass Troja nicht durch Feindeshand, sondern durch ein Erdbeben zerstört wurde. Hinter dem hölzernen Pferd verberge sich der ursprünglich in Pferdegestalt verehrte Poseidon, der als „Gatte der (Mutter) Erde" (griech. *pósis dâs*) auch der Gott des Erdbebens war (zum Meeresgott wurde er erst später). Die griechischen Epensänger hätten also in der Verklärung der alten Helden diesen etwas zugeschrieben, was in Wahrheit eine Naturgewalt besorgte bzw. spätere Barbaren. Zur Behandlung des Themas in den *„Fabulae"* des Hygin: ➤ „Imagines" v. W. Schepelmann, Reihe „Latein in unserer Zeit", S. 15 ff.

4 f. Troianas ut opes ... eruerint Danai: Mit der Erzählung von der Zerstörung Trojas tritt Vergil in Konkurrenz zu den griechischen Epen des epischen Kyklos: Diese ergänzten die „Ilias" zeitlich nach beiden Seiten und fassten gleichsam in einem Kreis (griech. *kyklos*, davon Zyklus) das mythische Geschehen um Troja vom Urteil des Paris bis zur Zerstörung Trojas zusammen. Eines dieser Epen trug den Titel „Iliupérsis" (griech. *Ilíou pérsis* = Ilions Zerstörung). Auch das zweite Buch der *„Aeneis"* wird so bezeichnet.

7 Myrmidonum: Die Myrmidonen sind die Krieger des Achilleus; nach dessen Tod führt sie sein Sohn Neoptolemos, der erst nach dem Tod des Achilleus nach Troja geholt wurde, bei der Einnahme der Stadt besonders grausam wütete und Priamus und Astyanax, Hectors Sohn, tötete.

Ulixi: Odysseus, der klügste Held der Griechen, auf dessen Initiative das Pferd gebaut wird. Der Name *Ulixes* ist vorgriechisch und erscheint im attischen Dialekt in den Formen *Olixes*, *Ulixes*, Olysseus u. ä. Die jonische, in der „Odyssee" geläufige Form Odysseus ist wahrscheinlich die spätere und in Anlehnung an das griech. Verb *odyssomai* (= klagen) gebildet.

13 incipiam: Versende und Pause vor dem Wort unterstreichen das Zögern des Erzählers, die Betonung durch das Enjambement (➤ **B 34**) markiert den Beginn der Rückblende. Wie Odysseus in der „Odyssee" lässt Vergil auch Aeneas in der Technik der Rückblende und in personaler Erzählsicht seine Erlebnisse seit dem Untergang Trojas berichten. Vergil gibt dem Bericht eine doppelte Motivation, er nährt Didos eben erst erwachende Liebe zu Aeneas (beziehungsvoll steht *amor* V. 10), und dies gegen ihr zunehmend besseres Wissen, da sie ja gerade in dieser Erzählung vom schicksalsbestimmten Ziel des Aeneas hört. Andererseits gibt der Bericht ihm die Gelegenheit, das Ende Trojas aus der Sicht der Trojaner zu schildern.

15 instar montis equum: Hyperbel ➤ **B 47**

Palladis arte: Pallas Athene / Minerva, aus dem Haupt des Zeus entsprungen, nachdem er Metis, die Klugheit, verschlungen hatte, inspiriert Odysseus zum Bau des Pferdes, den Epeius dann umsetzt. Die Wurzeln ihres Kults als Kriegs-, Haus- und Stadtgöttin sind vorgriechisch. Seit griechischer Zeit ist sie die Göttin der Klugheit, der strategischen Kriegsführung und Schutzherrin von Athen.

17 votum simulant: Das Pferd soll als Weihegeschenk eine erfolgreiche Heimkehr bewirken.

21 Tenedos: kleine Insel vor Troja mit einem in der „Ilias" (1, 38) erwähnten Apollo-Heiligtum

22 Priamus: greiser König von Troja. Er setzt mit seiner Gattin Hekabe / Hekuba und anderen Frauen 50 Söhne und mindestens 12 Töchter in die Welt, die fast alle während des Krieges um Troja sterben. Um die Leiche seines tapfersten Sohns Hector freizubitten, wagt sich der Greis sogar allein ins Griechenlager, wo er an die Menschlichkeit des Achilleus appelliert. Schließlich tötet ihn der junge Grieche Neoptolemus / Pyrrhus, obwohl er sich zu einem Altar geflüchtet hat.

23 nunc tantum sinus ...: kann als Äußerung des Aeneas aufgefasst werden (in diesem Fall ist es eine Entschuldigung für die Trojaner: Sie konnten nicht damit rechnen, dass sich hier griechische Schiffe verborgen halten) oder als Kommentar des Dichters.

31 innuptae Minervae: Epitheton ornans ➤ **B 35**; Athene ist neben Vesta die einzige Gottheit mit einem streng jungfräulichen Konzept.

34 dolo: Priamus hatte einen Orakelspruch erhalten, welcher für einen bestimmten Tag die Geburt eines Knaben ankündigte, der Troja vernichten werde. Am bezeichneten Tag wurde dem Priamus Paris geboren, dessen Leben er rettete, indem er ihn aussetzen ließ. Den gleichzeitig geborenen Sohn des Thymoetes wollte er dagegen als „Ersatzopfer" töten lassen. Paris verschuldete jedoch den Trojanischen Krieg und die Zerstörung Trojas, Thymoetes hatte also guten Grund, Priamus zu hassen und Troja zu verraten.

35 Capys: Trojaner, später Gefährte des Aeneas auf der Flucht und Gründer von Capua

41 Laocoon: Sein Name ist griechisch und bedeutet Volksschützer; als Warner ist er eine Erfindung Vergils; sonst ist Cassandra, die Tochter des Priamus, die Unheilsprophetin.

44 Sic notus Ulixes: In den Worten liegt eine doppelte tragische Ironie: Laocoon errät den Erfinder der List, und dieser sitzt auch im Pferd!

54 fata ... mens: Das Schicksal und die eigene Verblendung wirken gemeinsam und führen zum Untergang: Der Mythos vermittelt eine allgemein menschliche Einsicht.

55 impulerat: Der Indikativ statt des irrealen Konjunktivs bringt auch zum Ausdruck, wie knapp Laocoon die Rettung Trojas verfehlte.

17 Vertiefung

➤ Kompetenzorientierte Arbeitsaufgaben S. 151

1. Aus welchen drei Teilen besteht die Rede Laocoons? Welcher im ersten und im letzten Teil verwendete Begriff ist sprichwörtlich geworden? Welche Stilmittel heben ihn hervor?
2. Welche Bezeichnungen verwendet Laocoon für das Pferd? Ermittle mit Hilfe des Wörterbuchs ihre genaue Bedeutungen und versuche, die jeweilige Wortwahl zu begründen!
3. Woraus hätten die Trojaner aus der rückblickenden Sicht des Aeneas Verdacht gegen das Pferd schöpfen können?
4. Wo im Text zeigt sich die tiefe Verbundenheit des Aeneas zu seiner Heimatstadt Troja? Ist es ersichtlich, ob er auch aufgebrochen wäre, um eine neue Heimat zu finden, wenn Troja nicht untergegangen wäre?
5. Sammle mit Hilfe des Internets Beispiele für die Rezeption des Motivs aus möglichst vielen Bereichen!

E13 texte

Christa Wolf, eine der namhaftesten Literatinnen der ehemaligen DDR, schildert in ihrer Erzählung **„Kassandra“** (1983) den Untergang Trojas aus der Sicht der unglücklichen Priesterin. Für die Autorin ist „Kassandra“ eine Schlüsselerzählung, deren inhaltlicher Schwerpunkt in der Darstellung des Geschlechterkonflikts und der Gefährdung des Friedens durch männliches Machtstreben liegt. Kassandra, die älteste Tochter des Trojaner-Königs Priamus, Seherin und Prophetin des Untergangs von Troja, sitzt auf dem Beutewagen des Siegers Agamemnon und wartet auf den Tod. Ihre Autonomie und Stärke, mit der sie sich in die Männerangelegenheiten einmischte, um die Wahrheit zu künden, sind ihr zum Verhängnis geworden. In einem großen inneren Monolog durchdenkt sie noch einmal wichtige Phasen ihres Lebens, Erkenntnisse und Entscheidungen. Untersuche die Textstelle nach Bezügen zum Vorbild und vergleiche dabei besonders die Motive, die Wolf dafür angibt, dass das Pferd nach Troja gebracht wird, mit denen Vergils!

Es war vorbei. Am Abend, auf der Mauer, hatte ich die Unterhaltung mit Aineias, nach der wir uns trennten. Myrine wich nicht mehr von mir. Sicher ist es eine Täuschung, dass das Licht über Troja in den letzten Tagen fahl war. Fahl die Gesichter. Vage, was wir sagten.
Wir warteten.

Der Zusammenbruch kam schnell. Das Ende dieses Krieges war seines Anfangs wert, schmählicher Betrug. Und meine Troer glaubten, was sie sahn, nicht, was sie wussten. Dass die Griechen abziehn würden! Und dieses Monstrum vor der Mauer stehen ließen, das alle Priester der Athene, der das Ding geweiht sein sollte, eilfertig „Pferd“ zu nennen wagten. Also war das Ding ein „Pferd“. Warum so groß? Wer weiß. Ebenso groß wie die Ehrfurcht der geschlagnen Feinde vor Pallas Athene, die unsre Stadt beschützte. Holt das Pferd herein.

Das ging zu weit, ich traute meinen Ohren nicht. Zuerst versuchte ich es sachlich: Seht ihr nicht, das Pferd ist viel zu groß für jedes unsrer Tore.

So erweitern wir die Mauer. Jetzt rächte sich, dass sie mich kaum noch kannten. Der Schauder, der an meinem Namen hing, war schon verblasst. Die Griechen haben ihn mir wieder angehängt. Die Troer lachten über mein Geschrei. Die ist verrückt. Los, brecht die Mauer auf! Nun holt doch schon das Pferd! Heftiger als jeder andre Trieb war ihr Bestreben, dies Siegeszeichen bei sich aufzustellen. So wie die Leute, die in irrem Taumel den Götzen in die Stadt beförderten, sahn keine Sieger aus. Ich fürchtete das Schlimmste, nicht, weil ich den Plan der Griechen Zug um Zug durchschaute, sondern weil ich den haltlosen Übermut der Troer sah. Ich schrie, bat, beschwor und redete, in Zungen. Zum Vater kam ich nicht, der sei unpässlich. Eumelos. Vor dem stand ich wieder. Sah das Gesicht, welches man von Mal zu Mal vergisst und das daher von Dauer ist. Ausdruckslos. Ehern. Unbelehrbar. Selbst wenn er mir glaubte – er würde sich den Troern nicht entgegenstellen. Sich vielleicht erschlagen lassen. Der überlebte nämlich. Und die Griechen würden ihn gebrauchen. Wohin wir immer kämen, dieser wär schon da. Und würde über uns hinweggehn. Jetzt verstand ich, was der Gott verfügte: Du sprichst die Wahrheit, aber niemand wird dir glauben. Hier stand der Niemand, der mir hätte glauben müssen; der das nicht konnte, weil er gar nichts glaubte. Ein Niemand, der nicht glaubensfähig war.

Da habe ich den Gott Apoll verflucht. Was in der Nacht geschah, die Griechen werden es erzählen, auf ihre Art. Myrine war die erste. Dann Schlag auf Schlag und Hieb auf Hieb und Stich auf Stich. Blut floss durch unsre Straßen, und der Jammerton, den Troja ausstieß, hat sich in meine Ohren eingegraben, ich habe ihn seitdem bei Tag und Nacht gehört. Nun wird man mich von ihm befrein.

Chr. Wolf, Kassandra. München: Luchterhand 2004, S. 160 ff.

Ähnlich wie Christa Wolf verfährt **Colleen McCullough** in ihrem Roman **„Das Lied von Troja“** (1998); sie lässt pro Kapitel jeweils eine der Hauptpersonen ihre Sicht von den Ereignissen im Zusammenhang mit dem Fall Trojas und seiner Vorgeschichte erzählen. In der folgenden Passage ist es Priamus, der König von Troja:

Wir brauchten fast den ganzen Tag. Wir banden mit Ketten verstärkte Seile an die Vorder- und Längsseiten der massiven Plattform, dann spannten wir Maultiere, Ochsen und Sklaven davor. Unendlich langsam rollte das hölzerne Pferd die Straße hinab. Es war eine quälende, mühsame Arbeit, die einen zur Verzweiflung trieb. Kein Grieche – kein Mensch! – hätte mit unserer trotzigen Beharrlichkeit angesichts dieser Aufgabe gerechnet. An jeder Biegung musste das Ding Dutzende von Malen vor- und zurückgeschoben werden, um es auf den Steinen und weg von der Grasfläche zu halten, denn die Räder waren direkt an der Plattform befestigt worden; es gab keine Achsen auf der Welt, die dieses gewaltige Gewicht hätten tragen können.

Bis zum Mittag waren wir am Skäischen Tor angelangt, wo wir endgültig feststellten, dass der Kopf den Bogen der Durchfahrt fünf Ellen überragte. „Thymoites“, befahl ich meinem eifrigsten Sohn, „ weise die Garnison an, mit Hammer und Meißel anzurücken. Sie sollen den Bogen wegbrechen.“

Auch das dauerte lange. Die Steine, die der große Mauerbauer Poseidon zusammengefügt hatte, gaben den Schlägen von Sterblichen nicht so leicht nach, sondern zerfielen Stück für Stück, bis endlich über dem Skäischen Tor eine große Lücke klaffte. Mensch und Tier, die vor das Holzpferd gespannt waren, zogen wieder an den Seilen, und wieder setzte sich der mächtige Kopf in Bewegung. Ich hielt den Atem an, als er allmählich näher kam, und stieß dann einen Warnruf aus – aber der kam zu spät. Der Kopf saß fest. Wir zerrten ihn frei, trugen noch mehr Mauerwerk ab und versuchten es noch einmal. Aber er wollte nicht hindurchpassen. Viermal blieb er stecken, bis die Lücke endlich breit genug war. Dann rumpelte das riesige Ding ächzend und schwerfällig durch das Skäische Tor. Ha, Odysseus! Überlistet!

Um ganz sicher zu gehen, befahl ich, das Pferd den steilen Hügel hinaufzuziehen und es an den Ursprung Trojas zu bringen, in den Palast. Was noch einmal doppelt so viele Lasttiere und unendlich viel Zeit erfor-

Abb. 49: Aeneas mit seinem Vater Anchises und seinem Sohn Ascanius, Thomas Heberet, *Elfenbein (1. Hälfte 18. Jh.), Dresden, Grünes Gewölbe*

derte, obwohl auch die Bewohner der Stadt mit Hand anlegten. Das Palasttor besaß keinen Bogen; das Pferd ging knapp hindurch.

Wir stellten es in dem grünen, Zeus gewidmeten Hof ab. Die Fliesen knackten und zerbrachen unter dem enormen Gewicht, und die Räder sanken in den Boden ein, aber der Ersatz für das Palladion blieb aufrecht stehen. Keine Macht der Welt hätte es jetzt noch bewegen können. Wir hatten Pallas Athene bewiesen, dass wir ihrer Liebe und ihres Respekts würdig waren. Ich gelobte an Ort und Stelle öffentlich, das Pferd stets in gutem Zustand zu halten und zu seinen Füßen einen Altar zu errichten. Troja war in Sicherheit. König Agamemnon würde im Frühjahr nicht mit einer neuen Armee zurückkehren. Stattdessen würden wir, wenn wir uns erholt hatten, die Heere der Welt zusammenrufen und Griechenland erobern.

Plötzlich erscholl Kassandras verrücktes Lachen: Mit aufgelösten, wehenden Haaren und ausgestreckten Armen rannte sie aus der Säulenhalle auf uns zu. Klagend, jammernd und kreischend fiel sie mir zu Füßen und umklammerte meine Knie.

„Vater, schafft es weg! Schafft es aus der Stadt! Lasst es dort; wo es war! Es ist ein Geschöpf des Todes!"

Laokoon, der auch da war, nickte grimmig. „Majestät, die Vorzeichen sind ungünstig. Ich habe Apollo eine Hirschkuh und drei weitere Tiere geopfert, aber er hat sie alle zurückgewiesen. Dieses hölzerne Pferd wird unsere Stadt ins Verderben stürzen." „Ich habe es gesehen. Vater spricht die Wahrheit", sagte der ältere seiner zwei Söhne blass und zitternd. Thymoites sprang mir bei. Ich wurde allmählich zornig, doch die Stimmen um mich herum klangen immer furchtsamer. „Kommt mit, Majestät", drängte Laokoon mich, „kommt mit zum großen Altar und seht selbst! Auf dem Pferd liegt ein Fluch! Zerhackt es, verbrennt es, werdet es wieder los!"

Seine beiden Söhne vor sich herscheuchend, lief Laokoon – viel zu schnell für meine alten Beine – zum Altar des Zeus. Plötzlich, er war schon am Marmorpodest angelangt, schrie er auf. Auch seine Söhne schrieen und machten einen Satz. Als einer der Gardisten sie erreichte, lagen alle drei stöhnend am Boden. Laokoon zerrte an seinen sich windenden Kindern. Der Soldat wich zurück und wandte sich mit schreckverzerrtem Gesicht zu uns um. „Majestät, kommt nicht näher!", rief er. „Hier ist ein Vipernnest! Sie sind gebissen worden!" Ich hob die Hände zum rot leuchtenden Firmament. „O Vater des Himmels, du hast uns ein Zeichen gegeben! Du hast Laokoon vor unseren Augen niedergestreckt, weil er gegen das Geschenk deiner Tochter an die Bürger meiner Stadt gesprochen hat! Das Pferd ist nicht verflucht! Das Pferd ist heilig! Es wird die Griechen für immer von unseren Toren fernhalten!"

Sie waren vorbei, diese zehn Jahre Krieg gegen einen mächtigen Feind. Wir hatten überlebt und waren nicht erobert worden. Der Hellespont und das Schwarze Meer gehörten wieder uns. Der Palast würde wieder goldene Nägel besitzen.

Ich führte den Hofstaat in den Palast und ordnete ein Fest an. Unsere letzten Zweifel verflogen, und wir gaben uns wie befreite Sklaven unserer Freude hin. Gelächter, Gesänge, Zimbeln, Trommeln, Hörner und Trompeten drangen aus dem Gewirr der Straßen unter der Zitadelle empor, während aus der Burg die gleichen Töne nach unten getragen wurden. Troja war frei! Zehn Jahre, zehn Jahre! Troja hatte gesiegt. Troja hatte Agamemnon für immer von seinen Ufern vertrieben.

Aber am meisten freute mich der Anblick von Aeneas! Er hatte sich das Pferd nicht angesehen, und auch während unserer ganzen Plackerei hatte er sich nicht blicken lassen. An dem Fest musste er jedoch teilnehmen, und da saß er nun mit verschlossenem Gesicht und düsterem Blick. Ich hatte gewonnen, er hatte verloren. Das Geschlecht des Priamos gab es noch. Troja würde von meinen Nachkommen regiert werden und nicht von Aeneas.

C. McCullough, Das Lied von Troja. München: Bertelsmann 2000, S. 515 ff.

17 fortwirken

Antike Kunst: relativ wenige Darstellungen, z. B. kykladische Reliefamphore um (670); Wandmalereien in Pompeji etc.

Malerei: Einzeldarstellungen, z. B. von Giulio Romano (um 1530), Mailand; Niccolò dell'Abbate (um 1550), Gall. Estense; Lodovico Caracci (um 1600), Bologna; Giovanni Battista Tiepolo (1775), London ➤ Abb. 46; Lovis Corinth (1924), Berlin; Claude Lorrain (um 1650), London; Harald Metzke, „Riesenross" (1968), Berlin

Grafik: Zahlreiche Karikaturen verwenden das Motiv.

Literatur: Das Trojanische Pferd wird zum Symbol des Krieges schlechthin, in den mittelalterlichen Emblembüchern steht es für List, die Stärke überwindet, für trügerischen Schein, Betrug unter dem Vorwand religiöser Verehrung.

Es erscheint auch in zahlreichen Trivialisierungen des Stoffes, etwa in Walt Disneys Taschenbüchern, bei Asterix („Die Odyssee", Bd. 26, 1997) oder in Fantasy-Romanen und Kinofilmen (wo es immer im Mittelpunkt der Geschichte steht und als Erkennungszeichen fungiert), in der Werbung, als Medium politischen Protests und sogar als Bezeichnung für einen Typen von Computervirus:

> Ein Trojanisches Pferd ist eine kleine Anwendung, die sich auf dem Computer installiert und eine andere Anwendung vortäuscht. Im Gegensatz zu den meisten anderen Viren besteht hier nicht das Ziel, sich selbstständig zu verbreiten. Das Trojanische Pferd öffnet sich beispielsweise anstelle eines Login-Dialogs, protokolliert die Eingabe mit, sendet die Eingabe per Email an seinen Programmierer und tritt anschließend wieder in den Hintergrund oder löscht sich selbst von dem System. Im Falle des Logins oder einer Passworteingabe wird dem Benutzer meist eine Fehlermeldung ausgegeben (z.B. falsches Passwort), bei der erneuten Eingabe findet man dann wieder das ursprüngliche Programm vor.
>
> *http://www.aboutit.de*

Die Trojaner finden einen Griechen namens Sinon, der behauptet, die Griechen seien nach Argos zurückgefahren, um dort Athene zu versöhnen, deren Tempelbild sie in Troja entweiht hätten. Er selbst hätte geopfert werden sollen, sei aber entflohen. Das Pferd sei ein Weihegeschenk und solle die glückliche Reise nach Argos und die Rückkehr nach Troja garantieren. So groß sei es, damit die Trojaner es nicht in die Stadt schaffen und so den Schutz Athenes auf sich übertragen könnten.

18 text

Aen. 2, 195–247

Laocoons Tod

Talibus insidiis periurique[1] arte Sinonis
credita res, captique[2] dolis lacrimisque coactis[3]
quos neque Tydides neque Larisseus Achilles,
non anni domuere[4] decem, non mille carinae[5].
Hic[6] aliud maius miseris multoque tremendum[7]
obicitur[8] magis atque improvida[9] pectora turbat.

195 **1 periurus** 3: meineidig **2 capti**, erg. sunt: Troiani **3 coactus** 3: erzwungen, erheuchelt **4 domuere** = domuerunt; domo 1: bezwingen **5 carina**, -ae f.: Schiff **6 hic**: da (temporal) **7 multo magis tremendum**, erg. omen: ein noch viel Furcht erregenderes Zeichen

200 **8 obicio** 3, -is, -ere, -ieci, -iectum (pass.): widerfahren, zustoßen **9 improvidus** 3: nichts vorhersehend, ahnungslos

Laocoon, ductus Neptuno sorte[10] sacerdos,
sollemnis[11] taurum ingentem mactabat[12] ad aras.
Ecce autem gemini[13] a Tenedo tranquilla per alta[14]
(horresco referens) immensis orbibus[15] angues[16]
incumbunt[17] pelago[18] pariterque[19] ad litora tendunt;
pectora quorum inter fluctus arrecta[20] iubaeque
sanguineae[21] superant undas, pars cetera pontum
pone[22] legit[23] sinuatque[24] immensa volumine[25] terga.
Fit sonitus[26] spumante[27] salo[28]; iamque arva tenebant[29]
ardentesque oculos suffecti sanguine et igni[30]
sibila[31] lambebant[32] linguis vibrantibus ora.
Diffugimus visu exsangues[33]. Illi agmine certo[34]
Laocoonta[35] petunt; et primum parva duorum
corpora natorum[36] serpens amplexus[37] uterque[38]
implicat[39] et miseros morsu depascitur[40] artus;
post[41] ipsum auxilio subeuntem ac tela ferentem
corripiunt[42] spirisque[43] ligant ingentibus; et iam
bis medium[44] amplexi[37], bis collo squamea circum
terga dati[45] superant capite et cervicibus[46] altis.
Ille simul[47] manibus tendit divellere nodos[48]
perfusus sanie[49] vittas atroque veneno[50],
clamores simul horrendos ad sidera tollit,
qualis mugitus[51], fugit cum saucius[52] aram

10 ductus ... sorte: durch das Los bestimmt **11 sollemnis**, zu aras: feierlich, festlich **12 mactabat** (impf. de conatu): machte sich daran, ... zu opfern **13 gemini**: zwei gleiche; zu angues **14 tranquilla per alta**: über die ruhige See **15 orbibus**: in Windungen **16 anguis**, -is m.: Schlange **17 incumbere** 3 (+ dat.): sich auf etw. legen **18 pelagus**, -i m.: Meer **19 pariter**: Seite an Seite **20 arrectus** 3: aufgerichtet **21 iubae sanguinae**: blutrote Kämme **22 po-ne, aus post-ne**: dahinter **23 legere** 3 (+ acc.): durch etwas gehen, laufen **24 sinuo** 1: krümmen **25 volumen**, -inis n.: Windung **26 sonitus**, -us m.: Geräusch **27 spumo** 1: schäumen **28 salum**, -i n.: Meer **29 arva tenere**: an Land gekommen sein **30 ardentes ... igni**: die funkelnden Augen mit Blut und Feuer gefärbt = mit funkelnden Augen, die rot wie Blut und Feuer waren **31 sibilus** 3: zischend **32 lambo** 3: lecken **33 exsanguis**, -e: schreckensbleich **34 agmine certo**: zielstrebig **35 Laocoonta**: griech. acc. **36 natus**, -i m.: Sohn **37 amplector** 3, amplexum: umschlingen **38 uterque**: jede Schlange erfasst einen Sohn **39 implico** 1: sich um etw. winden **40 morsu depasci**: mit einem Biss verschlingen **41 post**: adv. **42 corripio** 3, -ripui, -reptum: gemeinsam erfassen; im Gegensatz zu uterque **43 spira**, -ae f.: Windung **44 medium**, erg. eum: ihn um die Mitte **45 collo ... dati**: „dem Hals ihre schuppigen Rücken herumgegeben habend" **46 cervix**, -icis f.: Hals **47 simul**: zugleich; drückt zusammen mit simul in V. 222 die Gleichzeitigkeit beider Handlungen aus – im Dt. bleibt das erste unübersetzt **48 divellere nodos**: die Knoten lösen, auseinander reißen **49 sanies**, -ei f.: Geifer, Speichel, Schleim **50 atrum venenum**: schwarzes Gift **51 mugitus**, -us m.: Brüllen **52 saucius** 3: verwundet (vom Opferschlächter)

***Abb. 50: Laokoon, Kurt Halbritter**, Aquarell (1973), Hannover, Wilhelm Busch Museum*

Abb. 51: Laokoon mit Fresskette, Manfred Bofinger,
Federzeichnung mit Aquarellfarben (undatiert)

taurus et incertam excussit[53] cervice securim[54].
At gemini[13] lapsu[55] delubra ad summa[56] dracones
effugiunt saevaeque petunt Tritonidis arcem[57]
sub pedibusque deae clipeique sub orbe[58] teguntur[59].
Tum vero tremefacta[60] novus per pectora cunctis
insinuat[61] pavor, et scelus expendisse[62] merentem
Laocoonta ferunt[63], sacrum qui cuspide[64] robur
laeserit[65] et tergo sceleratam intorserit[66] hastam.
Ducendum ad sedes simulacrum orandaque divae
numina conclamant.
Dividimus[67] muros et moenia[68] pandimus[69] urbis.
Accingunt[70] omnes operi pedibusque rotarum
subiciunt lapsus[71] et stuppea[72] vincula collo
intendunt[73]; scandit fatalis machina muros
feta[74] armis. Pueri circum innuptaeque puellae
sacra[75] canunt funemque[76] manu contingere gaudent;
illa subit mediaeque minans inlabitur[77] urbi.
O patria, o divum[78] domus Ilium et incluta[79] bello
moenia Dardanidum[80]! Quater ipso in limine portae
substitit[81] atque utero[82] sonitum quater arma dedere[83];
instamus tamen immemores[84] caecique furore
et monstrum infelix[85] sacrata sistimus arce.
Tunc etiam fatis aperit Cassandra futuris[86]
ora dei iussu non umquam credita[87] Teucris[88].

53 excutio, -is, -ere, -cussi, -cussum: abschütteln **54 incerta securis**: schlecht treffendes Beil

55 lapsu (abl. modi): gleitend **56 summa delubra**: in der Höhe gelegener Tempel; summa: ganz oben **57 arx**, -cis f.: Burg, h. Tempel (der Athene-Tempel überragte die Stadt wie eine Burg) **58 sub orbe clipei**: unter der Wölbung des Schildes **59 tegor** 3, tectum: sich verbergen **60 tremefacio** 3, -feci: zittern machen, verängstigen **61 insinuo** 1: eindringen, durchdringen **62 scelus expendere** 3: für ein Verbrechen büßen

63 ferunt = dicunt **64 cuspis**, -idis f.: Lanzenspitze **65 qui ... laeserit**, kausaler Rel.-Satz: weil er ... **66 tergo intorquere** 3, -torsi (+ dat.): in etw. stoßen **67 dividimus**: nämlich oberhalb eines Tores **68 murus**, -i m.: Mauer, **moenia**, -ium n.: Befestigungen (Zweck der Mauer) **69 pando** 3, pandi, passum: öffnen

70 accingere operi: sich an die Arbeit machen; accingo 3, -cinxi, -cinctum: das Gewand hochbinden **71 rotarum ... lapsus** = rotas labentes: Rollen **72 stuppeus** 3: aus Hanf **73 intendere** 3 (+ dat.): umlegen **74 fetus** 3 (+ abl.): schwanger von **75 sacra canere**: Hymnen, Lieder zu Ehren der Götter singen **76 funis**, -is m.: Seil

77 inlabor 3, -lapsus sum (+ Zieldat. ➤ B 12): hineingleiten in **78 divum** = deorum **79 inclutus** 3: berühmt **80 Dardanidae**, -um m.: Trojaner **81 subsisto** 3, -stiti: stocken **82 utero** (abl. sep.): aus dem Bauch **83 sonitum dedere** = dederunt: sie gaben ein Geräusch von sich, klirrten **84 immemor**: unachtsam

85 monstrum infelix: Unheilstier **86 fatis ... futuris**: für einen Zukunftsspruch = eine Weissagung **87 ora non umquam credita**: dem nicht ein einziges Mal geglaubt wurde **88 Teucris** (dat. auct.): von den T.

Latein in unserer Zeit • Unsterblicher Mythos 114

199 f. Hic aliud maius – improvida: Damit wird eine außergewöhnliche Naturerscheinung angekündigt, die man als göttliches Vorzeichen (*prodigium, monstrum, signum* oder *portentum* genannt) für gute oder böse Ereignisse betrachtete. Die dreifache m-Alliteration (➤ **B 27**) unterstreicht die Bedeutung der Erscheinung.

obicitur: Das Auftauchen der Schlangen wird als *signum oblativum* charakterisiert, d. h. als spontanes Götterzeichen (wie Sonnenfinsternis, Erdbeben, Blitz aus heiterem Himmel, Missgeburten), zum Unterschied von den *signa impetrativa*, die man sich gezielt verschaffte (Vogelzeichen, Leberschau).

202 taurum ... mactabat: Der Grund für das Opfer wird nicht erwähnt: Es sollte wohl die Rückkehr der Griechen verhindern.

203 f. gemini a Tenedo ... angues: Die Schlangen kommen von Tenedos her, der Insel, auf der sich die Griechen versteckt halten, das Hyperbaton (➤ **B 37**) erhöht die Spannung.

223 f. qualis mugitus ... taurus: Auch in der „Ilias" (20, 403) wird der Schmerzensschrei eines Verwundeten mit dem Brüllen eines Opferstieres verglichen (Der aber stöhnte, sein Leben verhauchend, dem stöhnenden Stier gleich, / den zum Opfer man schleppt ...), aber das Motiv der Flucht des Opfertieres – sie galt als übles Vorzeichen (*prodigium*) – fügte Vergil hinzu.

226 Tritonis, idis: Beiname der Pallas Athene: Der Tritonsee bei Tripolis in Nordafrika galt als ihre Geburtsstätte. Dass die Schlangen in den Athene-Tempel fliehen, zeigt, dass sie von der Göttin gesandt sind: ➤ unten zu V. 229.

229–233 scelus expendisse merentem ... conclamant: Die schon von Sinon getäuschten Trojaner werden durch Athene noch einmal irregeführt – der Untergang Trojas ist damit besiegelt: Seit dem Parisurteil ist Athene eine Feindin Trojas, und auch die fromme Absicht der Trojaner, ihr mit dem Pferd ein Weihegeschenk darzubringen, hält sie nicht von ihren grausamen Plänen ab – ja sie macht sogar den unschuldigen Priester zum Werkzeug und Opfer ihres Racheplans. Bei seinem ersten Auftreten war er ein tätiger Warner ohne Erfolg, jetzt ist er ein Leidender, dessen Untergang die Katastrophe noch beschleunigt.

233 ist einer der insgesamt 58 *versus imperfecti* der *„Aeneis"*; Vergil arbeitete sehr langsam an seinem Werk und feilte täglich an der einen oder anderen Stelle. Als er starb, musste er das Werk – zumindest nach seinen Ansprüchen – unvollendet zurücklassen.

238 f. pueri ... puellae sacra canunt: Die feierliche Einholung des Pferdes wird wie ein römischer Sühne-Ritus oder eine Prozession dargestellt: Wie hier das Pferd, so wurden bei Zirkusspielen Wagen mit Götterbildern von Jugendlichen in einer „Ehrenrunde" durch die Arena gezogen.

241 f. o patria ...: Die Anrufung der alten Heimat, mit der Aeneas seine Erzählung unterbricht, erhält durch die Anapher des o und die Dreigliedrigkeit (Glieder mit zunehmender Länge!) ihre pathetische Wirkung.

242 ipso in limine: Das Stolpern an der Schwelle galt als böses Omen.

245 monstrum: doppeldeutig: Aus der personalen Perspektive der Trojaner ist es ein Wunderzeichen, aus der auktorialen des Erzählers Aeneas ein Unglücksgebilde, ein böses Omen.

infelix heißt auch „unfruchtbar" und ist, so verstanden, von tragischer Ironie: Das *monstrum* ist nicht unfruchtbar, sondern „waffenschwanger" (*feta armis*, V. 238).

247 f. non umquam credita: Apollo hatte sich in Cassandra, die älteste Tochter von König Priamus, verliebt und ihr die Sehergabe verliehen. Da sie seine Liebe aber nicht erwiderte, bestrafte er sie damit, dass niemand ihren Prophezeiungen glaubte. Als Unheilsprophetin ist sie sprichwörtlich geworden – Cassandrarufe.

18 Vertiefung

Abb. 52: Laokoon, El Greco, *Gemälde (1610–14), Washington, National Gallery of Art*

1 Wie gelingt es Sinon, die Trojaner zu motivieren, das Pferd in die Stadt zu bringen?

2 **a** In welche drei „Akte" lässt sich die „Tragödie" des Laocoon gliedern?

b Mit welchen sprachlichen und stilistischen Mitteln zeigt Vergil, dass das Geschehen gottgewollt, blitzartig schnell und grausam ist? Berücksichtige auch die Metrik!

c Hätten die Trojaner eine Chance gehabt, die wahre Absicht der Gottheit zu erkennen?

3 Die Trojaner hätten das Pferd theoretisch auch gleich nach der Lügengeschichte Sinons in die Stadt ziehen können. Welche Funktion in der Erzählstruktur erfüllt daher die Laocoon-Episode?

4 **a** Vergil variiert hier der Bedeutung der Stelle entsprechend im Wortgebrauch! Liste alle Synonyme für den Begriff „Meer" auf, die er verwendet!

b Liste alle vorkommenden Synonyme für den Begriff „umschlingen" auf!

5 Mit welchen lautmalerischen Mitteln steigert Vergil die Wirkung der Darstellung vom Auftauchen der Schlangen?

6 Suche Unterschiede zwischen Vergils Darstellung (➤ V. 213–222) und der Laocoon-Gruppe und versuche, diese nach Lessings These zu begründen:

E14 text

Die Szene, in der Laocoon und seine beiden Söhne von den Meeresschlangen erwürgt werden, kommt in der römischen Malerei, auf Gemmen und in Handschriftenillustrationen vor. Berühmt wurde das Thema durch eine römische Marmorkopie der rhodischen Künstler Hagesandros, Polydoros und Athenodoros (wahrscheinlich aus der Zeit des Tiberius, ➤ Abb. 53, S. 117) die auf eine bronzene Figurengruppe aus Pergamon (um 150 v. Chr.) zurückgeht. Diese römische Laocoon-

Gruppe wurde 1506 in Rom in der Nähe von Neros Goldenem Haus gefunden und u. a. von Michelangelo als Gegenstand einer Beschreibung des Plinius d. Ä. (nat. hist. 36,37) erkannt. Seither gehört sie zu den berühmtesten Statuen der Antike und wurde als ideales Beispiel antiker Kunst angesehen.

Die Laocoon-Gruppe ist für die Entwicklung der Kunsttheorie der deutschen Klassik von großer Bedeutung: Der Kunstschriftsteller und Archäologe Johann Joachim Winckelmann (1717–1768), der sich sich intensiv mit der Laocoon-Gruppe beschäftigte, schloss aus der Gestaltung des Kopfes des Laocoon auf eine große und gesetzte Seele des Priesters, der Schmerz ertragen könne, ohne zu schreien. Dieser Schmerz äußere sich ohne jegliche Wut im Gesicht und der ganzen Körperhaltung: „Laokoon leidet ... sein Elend geht uns bis an die Seele ... aber wir selbst wünschten, wie dieser große Mann das Elend ertragen zu können." Daraus wiederum erstellte er die These, als erstes und richtungsweisendes Darstellungsprinzip der bildenden Kunst im antiken Griechenland habe das Motto „Edle Einfalt und stille Größe" gedient, vgl. „Gedanken über die Nachahmung der griechischen Werke" (1755) und der „Geschichte der Kunst des Altertums" (1764). Gegen diese These wandte sich ganz entschieden **Gotthold Ephraim Lessing** in seiner Schrift **„Laokoon oder über die Grenzen der Malerei und Poesie"** (1766):

Abb. 53: Laokoon-Gruppe, *Marmor (1. Jh. n. Chr.), Rom, Vatikanische Museen*

Wenn es wahr ist, dass das Schreien bei Empfindung körperlichen Schmerzes, besonders nach der alten griechischen Denkungsart, gar wohl mit einer großen Seele bestehen kann: so kann der Ausdruck einer solchen Seele die Ursache nicht sein, warum dessen ungeachtet der Künstler in seinem Marmor dieses Schreien nicht nachahmen wollen; sondern es muss einen andern Grund haben, warum er hier von seinem Nebenbuhler, dem Dichter, abgehet, der dieses Geschrei mit bestem Vorsatze ausdrücket. [...]

Und dieses nun auf den Laokoon angewendet, so ist die Ursache klar, die ich suche. Der Meister arbeitete auf die höchste Schönheit, unter den angenommenen Umständen des körperlichen Schmerzes. Dieser, in aller seiner entstellenden Heftigkeit, war mit jener nicht zu verbinden. Er musste ihn also herabsetzen; er musste Schreien in Seufzen mildern; nicht weil das Schreien eine unedle Seele verrät, sondern weil es das Gesicht auf eine ekelhafte Weise verstellet. Denn man reiße dem Laokoon in Gedanken nur den Mund auf, und urteile. Man lasse ihn schreien, und sehe. Es war eine Bildung, die Mitleid einflößte, weil sie Schönheit und Schmerz zugleich zeigte; nun ist es eine hässliche, eine abscheuliche Bildung geworden, von der man gern sein Gesicht verwendet, weil der Anblick des Schmerzes Unlust erregt, ohne dass die Schönheit des leidenden Gegenstandes diese Unlust in das süße Gefühl des Mitleids verwandeln kann.

Die bloße weite Öffnung des Mundes, – beiseite gesetzt, wie gewaltsam und ekel auch die übrigen Teile des Gesichts dadurch verzerret und verschoben werden, – ist in der Malerei ein Fleck und in der Bildhauerei eine Vertiefung, welche die widrigste Wirkung von der Welt tut.

G. E. Lessing, Laokoon od. über die Grenzen der Malerei u. Poesie. Hrsg. v. Kurt Wölfel, Frankf.: Insel 1988, S. 22

18 fortwirken

In der **bildenden Kunst** der Neuzeit wird die Laocoon-Gruppe oft kopiert, sie dient auch als Studienobjekt von Bewegungsmotiven, die häufig in andere Kunstwerke übernommen werden. Der Laocoon-Mythos selbst spielt kaum eine Rolle.

Malerei: Fresko von Rinaldo Mantovano nach einem Entwurf von Giulio Romano (um 1536–39), Mantua; El Greco (um 1610–14), Washington ➤ Abb. 52; Karl Hofer (1935), Freiburg; Robert Goodnough (1958), New York

Besonders die (politische) **Karikatur**, aber auch die **Werbung** bedient sich häufig des Motivs.

In der Nacht, als die Trojaner erschöpft von ihrem Freudentaumel in tiefen Schlaf sinken, verlassen die griechischen Helden das Pferd; gemeinsam mit dem zurückgekehrten Heer bemächtigen sie sich der völlig unvorbereiteten Stadt. Dem Aeneas, dessen Haus etwas entfernt vom Kampfgetümmel liegt, erscheint im Schlaf der gefallene Hector und bittet ihn, sich der Götter Trojas anzunehmen und zu fliehen.

Aeneas jedoch schart einige Gefährten um sich und stürzt sich in den – aussichtslosen – Kampf. Er muss das Eindringen der Gegner und den schrecklichen Tod des greisen Königs miterleben. Besorgt um seine Angehörigen versucht er, sich zu seinem Haus durchzuschlagen. Als er unterwegs auf Helena trifft, steigen Rachegedanken in ihm auf. Seine Mutter Venus hält ihn zurück, weist ihn auf seine Verantwortung für Vater, Gattin und Sohn hin und trägt ihm auf zu fliehen. Anchises weigert sich jedoch, die Heimat zu verlassen – erst ein göttliches Zeichen kann ihn umstimmen:

19 text

Aen. 2, 682–729

Flucht aus dem brennenden Troja

Ecce levis summo de vertice[1] visus[2] Iuli
fundere lumen apex[3], tactuque innoxia[4] mollis
lambere flamma comas[5] et circum tempora pasci[6].
Nos pavidi trepidare[7] metu crinemque flagrantem
excutere[8] et sanctos restinguere fontibus[9] ignes.
At pater Anchises oculos ad sidera[10] laetus
extulit et caelo palmas[11] cum voce tetendit:
„Iuppiter omnipotens[12], precibus si flecteris[13] ullis,

682 **1 vertex**, -icis m.: Scheitel **2 visus**: erg. est **3 apex**, -icis m.: spitze Flamme **4 tactu innoxius**: bei der Berührung, im Kontakt unschädlich **5 mollis flamma comas lambit**: ein zartes Feuer flammt über seine Haare **6 circum tempora pasci**: sich über die Schläfen verbreiten

685 **7 trepidare**, excutere, exstinguere: hist. Infinitive; Subj. = wir **8 excutio**, -is, -ere, -cussi, -cussum: zum Erlöschen bringen, ausschlagen **9 fontes** = aqua **10 sidus**, -eris n.: Stern **11 palma**, -ae f.: Handfläche, Hand **12 omnipotens**, -ntis: allmächtig **13 flector** 3, flexum: sich bewegen lassen

aspice nos – hoc tantum[14] –, et si pietate meremur,
da deinde auxilium, pater, atque haec omina firma[15]."
Vix ea fatus erat[16] senior[17], subitoque fragore[18]
intonuit[19] laevum[20], et de caelo lapsa[21] per umbras
stella[22] facem ducens[23] multa cum luce cucurrit.
Illam summa super labentem[21] culmina[24] tecti
cernimus Idaea claram se condere[25] silva
signantemque[26] vias; tum longo limite[27] sulcus[28]
dat lucem et late circum[29] loca sulfure[30] fumant.
Hic vero victus genitor[31] se tollit ad auras[32]
adfaturque[16] deos et sanctum sidus adorat:
„Iam iam nulla mora est; sequor et, qua[33] ducitis, adsum,
di patrii; servate domum, servate nepotem.
Vestrum hoc augurium[34], vestroque in numine[35] Troia est.

***Abb. 54: Flucht aus dem brennenden Troja, Ugo da Capri,** Holzschnitt (um 1520)*

Cedo[36] equidem nec, nate[37], tibi comes[38] ire recuso."
Dixerat ille, et iam per moenia clarior[39] ignis
auditur, propiusque aestus[40] incendia volvunt.
„Ergo age, care pater, cervici imponere nostrae[41];
ipse subibo umeris[42], nec me labor iste gravabit[43];
quo res cumque[44] cadent, unum et commune periclum,
una salus ambobus[45] erit. Mihi parvus Iulus
sit comes, et longe servet vestigia[46] coniunx.
Vos, famuli[47], quae dicam, animis advertite[48] vestris:
Est urbe egressis[49] tumulus[50] templumque vetustum[51]
desertae Cereris[52], iuxtaque[53] antiqua cupressus[54]
religione[55] patrum multos servata per annos.
Hanc ex diverso[56] sedem veniemus in unam.

690 **14 hoc tantum**, erg. precor: bitte ich **15 omina firmare**: das Zeichen bestätigen **16 for**, fari, fatum: sagen **17 senior**, -oris m.: Greis **18 fragor**, -oris m.: Krachen **19 intono** 1, -ui: zu donnern beginnen **20 laevum**: zur Linken **21 labor** 3, lapsum: gleiten **22 stella**, -ae f.: Stern **23 facem ducere**: einen Feuerschweif hinter sich herziehen

695 **24 culmen**, -inis n.: Giebel **25 se condere**: sich bergen **26 signo** 1: anzeigen **27 limes**, -itis m.: Bahn **28 sulcus**, -i m.: Furche, Spur **29 late circum** (adv.): in weitem Umkreis **30 sulfur**, -uris n.: Schwefel **31 genitor**, -oris m.: Vater **32 se ad auras tollere**: sich erheben

700 **33 qua**: wo **34 augurium**, -i n.: Zeichen, Vorzeichen **35 numen**, -inis n.: Macht, Hand **36 cedo** 3, cessi: nachgeben **37 natus**, -i m.: Sohn **38 comes**, -itis m., prädikativ: als Begleiter

705 **39 clarus** 3: h. laut **40 aestus**, -us m.: Hitze, Glut **41 cervici imponere**, Imperativ med. / pass.: setz dich auf meinen Nacken **42 umeris subire**: auf die Schultern nehmen **43 gravo** 1: belasten **44 quo res cumque**: quocumque res

710 **45 ambo** (dekliniert wie duo): beide **46 vestigia servare longe**: (den Spuren) in einigem Abstand folgen **47 famulus**, -i m.: Diener **48 animis advertere**: sich einprägen **49 urbe egressis**: für diejenigen, die aus der Stadt hinausgehen, wenn man aus der Stadt hinausgeht **50 tumulus**, -i m.: Hügel **51 vetustus** 3: alt **52 desertus** 3: verödet; deserta Ceres: Ceres in der Einöd **53 iuxta**: daneben **54 cupressus**, -us f.: Zypresse

715 **55 religio**, -onis f.: Gottesfurcht, Pietät **56 ex diverso**: aus verschiedener Richtung, jeder für sich

Tu, genitor[57], cape sacra manu patriosque Penates[58];
me bello e tanto digressum[59] et caede recenti
attrectare[60] nefas[61], donec me flumine vivo[62]
abluero[63]."
Haec fatus[64] latos umeros subiectaque colla
veste super fulvique insternor[65] pelle leonis,
succedoque oneri[66]; dextrae se parvus Iulus
implicuit[67] sequiturque patrem non passibus aequis;
pone[68] subit coniunx. Ferimur[69] per opaca locorum[70],
et me, quem dudum[71] non ulla iniecta movebant
tela neque adverso glomerati[72] examine Grai,
nunc omnes terrent aurae[73], sonus[74] excitat omnis
suspensum[75] et pariter comitique onerique timentem[76].

57 ➤ **31** **58 Penates**, -um m.: die Schutzgötter der Familie und des Staates **59 bello digressus** (abl. sep.): aus dem Kampf kommend **60 attrecto** 1: anfassen **61 nefas**, erg. est: Frevel, Sünde **62 flumen vivum**: fließendes Wasser **720** **63 abluo** 3, -lui, -lutum: reinigen **64** ➤ **16** **65 latos umeros subiectaque colla veste super fulvique insternor pelle leonis**: bedecke ich meine breiten Schultern und den gebeugten Nacken mit einer Decke und obendrein mit dem gelben Fell eines Löwen **66 succedere oneri**: die Last auf sich nehmen **67 se implicare dextrae**: sich an die rechte Hand knüpfen = r. H. Hand fassen **725** **68 pone**: hinten **69 feror** 3: eilen **70 opaca locorum**: das finstere Gelände **71 dudum**: noch unlängst **72 glomeror** 1: sich zusammenscharen **73 aura**, -ae f.: Windhauch **74 sonus**, -us m.: Geräusch **75 suspensus** 3: angespannt **76 timere** 2 (+ dat.): sich sorgen um

Abb. 55: Troja, Filmposter (2004)

19 Kommentar

Aen. 2, 682–729

682 Iulus: Ascanius, auch Iulus oder Ilus genannt, Sohn des Aeneas und der Creusa, Gründer von Alba Longa, der Mutterstadt Roms, vom Geschlecht der Julier als Ahnherr in Anspruch genommen. Er wird von Vergil besonders liebevoll dargestellt als der jugendlich strahlende und doch schon geistig reife zukünftige Ahnherr der Römer.

687 Anchises: Vater des Aeneas, vornehmer Trojaner. Im homerischen Aphroditehymnus wird davon berichtet, dass Aphrodite ihn als Geliebten erwählt, ihn aber gleichzeitig dazu verpflichtet habe, über ihre Beziehung Stillschweigen zu bewahren. Als Anchises dieses Verbot übertreten habe, sei er vom Blitz des Zeus getroffen, gelähmt und geblendet worden (vgl. auch Aen. 2, 647–49). Ihm ist es nicht vergönnt, nach Italien zu gelangen, er stirbt in Sizilien, er bleibt aber Aeneas fürsorglich nahe, erscheint z. B. in Traumvisionen und kündet ihm die Zukunft seiner Nachkommen bei dessen Besuch in der Unterwelt.

691 omen: Die Einholung göttlicher Zustimmung zu beabsichtigten Handlungen war für die Römer religiöse Verpflichtung und gern gepflegte Tradition. Selbst wichtige Staatsaktionen durften nicht ohne *auspicatio* vorgenommen werden. Für den öffentlichen Bereich ist die Einholung Aufgabe des betroffenen Beamten. Feldherren und Statthalter z. B. mussten sie noch vor der Abreise in Rom einholen. Im familiären Rahmen wurden die Auspizien ursprünglich vom *pater familias* eingeholt. Die erhaltenen Zeichen wurden nach *impetrativa* (erbetenen) und *oblata* (unerbetenen) unterschieden, dabei gab es wieder fünf Unterarten: *ex caelo*, *ex avibus*, *ex tripudiis* (dem Fressverhalten der Hühner), *ex quadripedibus* (vierfüßigen Tieren), *ex diris* (schlechten Vorzeichen). Die Familie des Aeneas erhält ein *omen oblatum*, das durch ein *impetrativum ex caelo* bestätigt wird.

693 intonuit laevum: In der Auguralsprache ist links die günstige Seite. Die Priester blickten nach Süden, und man nahm an, dass alle Glück verheißenden *omina* von Osten kämen.

696 Idaea silva: Berg Ida bei Troja, von dem aus z. B. Zeus die Schlachten zu beobachten pflegt

709 f. unum, commune, una, ambobus: starke Betonung der Gemeinsamkeit (Pleonasmus ➤ B 39)

711 coniunx: Creusa, eine Tochter des Priamus, Ehefrau des Aeneas und Mutter des Ascanius. Sie kommt bei der Flucht vom Weg ab und verliert die Gruppe. Aeneas kehrt zurück in die Stadt, um sie zu suchen, er trifft allerdings nur noch ihr Schattenbild, das ihm ihren Tod kündet und ihn auffordert, in Italien eine neue Heimat und eine neue Ehe zu suchen.

714 deserta Ceres: römische Göttin der Erde und der Feldfrüchte, schon früh mit der griechischen Demeter gleichgesetzt

717 sacra patriosque Penates: die Schutzgötter des Hauses und des Staates

720 abluero: ist einer der insgesamt 58 *versus imperfecti* der *„Aeneis“*; ➤ K18, S. 115!

721 me attrectare nefas donec me flumine vivo abluero: Durch den Kontakt mit Mordblut ist Aeneas kultisch unrein. Der Kontakt mit dem Göttlichen ist ihm somit verboten, bis zur kultischen Reinigung, meist durch Wasser (in dem die Schuld so weit „verdünnt“ wird, dass sie niemandem mehr schadet oder verdampft), Feuer oder Schwefel (dessen intensiver Geruch alles Schuldhafte überlagern soll).

727 Grai: Griechen

19 Vertiefung

➤ Kompetenzorientierte Arbeitsaufgaben S. 152

1 Wie reagiert die Familie auf das Feuerzeichen am Kopf des Iulus? Mit welchen sprachlichen und stilistischen Mitteln macht Vergil die Aufregung der Eltern deutlich? Untersuche auch die Metrik der Passage!

2 **a** Warum bittet Anchises um eine Bestätigung des ersten göttlichen Zeichens? Ist das Omen, das er darauf erhält, für ihn eindeutig? Warum drängt er nach dem Erhalt des Omens zum Aufbruch?

b Welche zusätzliche Information liefert das Omen noch?

3 Was kann anhand des Textes über die psychische Verfassung gesagt werden, in der Aeneas Troja verlässt? Wo zeigt er Entschlossenheit, wo Besorgnis?

4 Welche Charaktereigenschaft des Helden wollte Vergil in dieser Passage wohl besonders betonen?

5 Welchen über die inhaltliche Ebene hinausgehenden Symbolwert hat diese Stelle?

6 Vergleiche das Original mit ➤ ET15, S. 122 f. und suche nach Zusätzen durch die Romanautorin!

E15 text

Die für ihre Nachempfindungen alter Mythen bekannte amerikanische Romanautorin **Marion Zimmer-Bradley** schuf mit **„Die Feuer von Troia“** (dt. 1988) eine der zahlreichen Fantasy-Versionen, die es über die Kämpfe um Troja gibt. Auch sie wählt die Priamustochter Cassandra als Hauptfigur, auch sie integriert viele Elemente aus den literarischen Vorlagen, adaptiert sie aber entsprechend den Erfordernissen ihrer Erzählung und fügt Erfundenes hinzu:

„Nein“, sagte sie, „komm mit – schnell. Die Götter haben Troia verlassen.“

Sie eilten in den Tempel der Jungfrau. Zu dieser frühen Morgenstunde befanden sich dort nur wenige Priesterinnen. Kassandra rief ihnen zu: „Schnell, löscht alle Fackeln – ja, sogar die heilige Flamme. Die Götter haben uns verlassen!“ Sie überließ Biene Aeneas, griff nach der letzten Fackel, die vor der Statue der Jungfrau brannte, und löschte sie. Die Priesterinnen eilten davon. Kassandra zerriss den Vorhang des Schreins. „Aeneas, das ist das Allerheiligste von Troia. Nimm es.“ Sie griff nach der alten Statue, dem Palladium, und hüllte sie in ihren Schleier. „Nimm das Palladium mit über das Meer, wohin du auch gehen magst. Baue der Göttin einen Altar und entzünde das heilige Feuer. Berichte die Wahrheit über Troia.“ Er machte eine Bewegung, als wolle er den Schleier wegziehen, aber Kassandra hinderte ihn daran. „Nein, kein Mann darf einen Blick darauf werfen“, wehrte sie ab. „Schwöre, dass du die Statue zu einem Tempel bringst und einer Priesterin der Mutter übergibst. Schwöre es!“, wiederholte sie, und Aeneas sah sie an.

„Ich schwöre es“, sagte er. „Kassandra, du hast keinen Grund mehr hierzubleiben. Komm mit mir – eine Priesterin sollte die Statue über das Meer begleiten.“ Er schloss sie in die Arme, und sie küsste ihn leidenschaftlich. Dann löste sie sich von ihm. „Das ist unmöglich“, sagte sie. „Mein Schicksal liegt hier. Und es ist dein Schicksal, Troia unverletzt und lebend zu verlassen.“

Plötzlich wusste sie mit aller Deutlichkeit, Biene, das Kind der Göttin, würde die Statue begleiten und behüten. „Geh auf der Stelle und nimm Biene mit. Alle unsere Hoffnungen und alle unsere Götter seien mit euch.“

„Du darfst nicht hierbleiben ...“, begann er. „Ich verspreche dir, ich werde Troia verlassen, noch ehe die Sonne wieder aufgeht“, sagte sie. „Mich erwartet nicht der Tod. Aber es ist mir nicht gegeben, dich zu begleiten. Die Götter haben es anders bestimmt.“

Sie drückte Biene an sich, küsste und segnete sie. Dann übergab Kassandra Aeneas die verhüllte Statue und das Kind. „Ich schwöre bei meiner göttlichen Abstammung“, sagte er, „ich werde deinen und IHREN Willen erfüllen.“

Kassandra blickte den beiden durch einen Tränenschleier nach; dann drehte sie sich entschlossen um und eilte aus dem Tempel.

Kassandra hatte kaum den großen Hof des Sonnentempels überquert, als die Erde sich stöhnend aufbäumte und lautes Bersten und Krachen die Luft erfüllte. Der Boden unter ihren Füßen schwankte; sie stürzte und blieb regungslos liegen. Ihr Körper presste sich an die Erde, die plötzlich unter ihr erzitterte. Kassandra empfand keine Angst, sondern nur ohnmächtige Wut. Erdmutter, warum lässt DU DEINE Söhne mit dem spielen, was DU geschaffen hast? Das Beben schien kein Ende zu nehmen. Plötzlich war alles still, und Kassandra sah, dass die Sonne in diesem Augenblick erst am Horizont erschien. Das Beben konnte nur sehr kurz gewesen sein. Kassandra richtete sich auf. Die Tempelmauern waren eingestürzt. Kaum ein Gebäude schien unversehrt zu sein. Das Schlafhaus der Priesterinnen war nur noch ein Trümmerhaufen. Sie hörte gedämpfte Schreie. Jemand war unter den Steinen begraben worden. Kassandra sah hilflos auf die Trümmer – von dort konnte niemand mehr gerettet werden. All ihre Kraft hätte nicht ausgereicht, um auch nur einen einzigen Steinquader zu bewegen – und bald verstummte das Geschrei. Irgendwo im Garten begann ein Vogel zu zwitschern.

Heißt das, es ist vorbei?

Wie als Antwort begann die Erde wieder zu beben und zu schwanken. Plötzlich war alles still. Benommen wankte Kassandra zu dem Platz, von dem sie vor einigen Stunden über die Ebene geblickt hatte. Das große Stadttor und die Mauer auf dieser Seite waren eingestürzt. Inmitten der Trümmer und des Gerölls lag das hölzerne Pferd. Ein Bein ragte eigenartig in die Luft, und es sah so aus, als habe das Pferd mit seinem Huf tatsächlich die Mauer zum Einsturz gebracht. Die Fackeln hatten das umliegende Holz in Brand gesteckt;

die Flammen loderten hoch auf, aber das Pferd brannte nicht. Die Holzhäuser in der Unterstadt waren ein Feuermeer. Es war die Vision, die sie als Kind gehabt hatte, und diese Vision hatte niemand geglaubt: Troia stand in Flammen!

M. Zimmer-Bradley, Die Feuer von Troia. Frankfurt: Fischer 2003, S. 591 ff.

19 fortwirken

Antike Kunst: Schon auf Vasen aus dem 5./6. Jh. erscheint Aeneas, der seinen Vater aus dem brennenden Troja trägt, weiters: in Wandgemälden; vgl. auch das Relief auf der Ara Pacis in Rom (12–9 v. Chr.).

Malerei: Das Motiv von Aeneas mit seinem Vater auf den Schultern, Symbol der Elternliebe, wird seit der Renaissance aufgegriffen, sehr häufig auch in Fresken, z. B. durch Raffael (1514–17), „Stanza dell' Incendio", Vatikan; Girolano Genga (1509/10), Siena; Federigo Barocci (1598), Rom; Leonello Spada (1622), Paris; Sebastiano Ricci (1691–94); Luca Giordano (um 1699/1700), Madrid; Jan Brueghel d. Ä. (um 1595), München; Hendrijk van Steenwijk d. J. (nach 1620), Chicago; Carle van Loo (1729), Paris; Johann Georg Trautmann (1769), Frankfurt etc.

Bildhauerei: Gian Lorenzo Bernini (um 1618/19), Rom; François Girardon (um 1670), Troyes; Ottavio Mosto (1690), Mirabell-Garten, Salzburg; Philipp Jakob Prokop und Wilhelm Bayer (1774), Schlosspark Schönbrunn, Wien

Literatur: Seit dem Mittelalter gilt die *„Aeneis"* als eine authentische historische Schrift. Aeneas in der Ausgestaltung Vergils wird als Allegorie eines mustergültigen Lebenswandels des tugendhaften Menschen, aber auch als der vollkommene, höfische Ritter gedeutet, vgl. den anonymen „Roman d'Eneas" (12. Jh.) sowie Heinrich von Veldeke, „Eneide" (vor 1190) ➤ S. 127 f.
Guido delle Colonne, „Historia destructionis Troiae" (1287), und John Lydgate, „Troy Book" (1412–20), kritisieren Aeneas als den Verräter Trojas (sie berufen sich auf die spätantiken fiktiven Augenzeugenberichte von Dares (3./4. Jh.) und Diktys (5. Jh.) zum Fall Trojas. Seit dem 16. Jahrhundert ist Aeneas überwiegend ein Held ohne Schattenseiten, v. a. in der Elisabethanischen Literatur: z. B. in William Shakespeares „Troilus and Cressida" (ca. 1602). Hans Sachs behandelt den Trojastoff in 32 Meisterliedern, 20 Spruchgedichten und 6 Dramen. Aeneas gilt ihm dabei als Beispiel dafür, dass der Mensch auch im tiefsten Leid nicht das Gottvertrauen verlieren soll.

Musik: Viele Opern thematisieren Aeneas und sein Schicksal, besonders bedeutend sind Hector Berlioz' „Trojaner": Die ersten beiden Akte gelten der Eroberung Trojas, die Akte 3–5 handeln von den Trojanern in Karthago (Libretto vom Komponisten, Uraufführung der letzten drei Akte 1863, Paris; alle fünf Akte 1890, Karlsruhe). Chorwerke um die Figur des Aeneas schufen u. a. Andrè Campra (1708 und 1714, Paris), Giacomo Rossini (1818), Venedig, und in neuerer Zeit Luigi Nono (nach Gioseppe Ungaretti, 1960), Köln, sowie Jan Novak (1967), Prag; dazu kommen einige symphonische Werke sowie Ballettmusiken.

Auf Troja berief sich gern, wer nach dem Vorbild Caesars und Roms hohes Alter, vornehme Abkunft und monarchische Herrschaft für sich beanspruchte, z. B. die Familien der Merowinger, Karolinger, der französischen Kapetinger und Valois, die Luxemburger Karl IV. und Wenzel IV., die Habsburger seit Maximilian I., die Herzöge der Normandie, von Brabant, die Grafen von Flandern, die Welfen in Schwaben, die Este in Oberitalien etc. Zahlreiche Städte bezeichneten sich als trojanische Gründungen, u. a. Capua, Genua, Pisa, Toulouse, Barcelona, Toledo, Köln, Mainz und Paris.

Aber auch ganze Völker wie die Franken und von ihnen die Franzosen, die Briten, die Iren, Normannen, Dänen, Isländer, Polen, Ungarn und – nach 1500 – auch die Belgier führen ihre Herkunft auf die aus Troja geflüchteten Helden zurück, selbstverständlich auch die Deutschen.

Erstmals massiv infrage gestellt wurden diese Herkunftslegenden durch humanistische Gelehrte wie Enea Silvio Piccolomini, den späteren Papst Pius II. Er verspottet die Böhmen in ihrer Absicht, all diese Völker noch übertrumpfen zu wollen, in seiner „Historia Bohemica“ (1457):

> Die Böhmen sind wie alle Sterblichen bemüht, einen möglichst alten Stammbaum vorzuweisen, weswegen sie sich als Nachkommen der Slaven ausgeben. Die Slaven hätten zu jenen gehört, die nach der Weltsintflut den Bau des hochberühmten Turms von Babel angeregt haben sollen. [...] Noch nie habe ich einen glaubwürdigen Autor gelesen, der seinem eigenen Volk so altehrwürdigen Ursprung zulegte, die Juden ausgenommen, die allen Sterblichen vorangehen. Viele Germanen wähnen sich vornehm genug, wenn sie von den Römern stammen, die Römer ihrerseits halten es für denkbar ruhmvoll, die Abkunft von den Teukrern herzuleiten. Die Franken, die ebenfalls Germanen waren, preisen ihr trojanisches Blut, und den Britanniern ist an gleichem Ruhm genug, da sie einem gewissen Brutus, der in der Verbannung lebte, den Ursprung ihres Geschlechts zu verdanken behaupten. Doch die Böhmen, sehr viel weiter zurückgreifend, pflegen sich mit ihrer Aussendung von jenem Turm der Verwirrung zu brüsten. Im Übrigen ist weder überliefert, wer damals die Führer waren, noch welchem König sie dienten, noch wessen Land sie bebauten, noch unter welchem Feldherrn und welchen Gefahren sie nach Europa gelangten, noch zu welcher Zeit dies geschah. [...] Eitel ist der Ruhm und lächerlich. Denn wollte nun einer im Wettstreit mit den Böhmen den Adel seines Geschlechts in ebensolcher Vorzeit suchen, so könnte er zwar nicht mehr vom Turm zu Babel, jedoch von der Arche Noah oder kurzum aus dem Wonnegarten des Paradieses, von den Ureltern und aus dem Schoße Evas, aus dem schließlich alle hervorgegangen sind, mit Leichtigkeit abzustammen behaupten. Wir aber übergehen dieses als Altweibergeschwätz. Alle Könige stammen von Sklaven und alle Sklaven von Königen ab, so schrieb Plato. Wahren Adel bringt einzig und allein die Tüchtigkeit hervor.
>
> *B. Widmer (Hrsg.), Enea Silvio Piccolomini. Papst Pius II. Ausgew. Texte aus seinen Schriften. Basel / Stuttgart 1960, S. 331*

Mit einer Darstellung seiner jahrelangen Irrfahrten endet die Erzählung des Aeneas. Dido verliebt sich immer mehr in Aeneas und will ihn auf den Rat ihrer Schwester dazu überreden, bei ihr zu bleiben. Vorher noch macht Juno Venus ein hinterhältiges Friedensangebot: Die Trojaner und die Karthager sollen sich zu einem Volk zusammenschließen, Aeneas soll Dido heiraten. Jupiters Zustimmung – der Plan widerspricht dem *fatum* – werde sie schon erhalten. Venus durchschaut die List, stimmt aber im Vertrauen darauf, dass Jupiter dies nicht zulassen werde, zu. Jede glaubt, die andere überlistet zu haben. Karthager und Trojaner sind zur Jagd ausgezogen.

20 text

Aen. 4, 160–195

Dido und Aeneas in der Höhle, Fama

Interea magno misceri[1] murmure[2] caelum
incipit, insequitur commixta grandine nimbus[3],
et Tyrii comites passim et Troiana iuventus
Dardaniusque nepos Veneris diversa per agros[4]
tecta[5] metu petiere[6]; ruunt de montibus amnes[7].
Speluncam Dido dux[8] et Troianus eandem

160 **1 misceor** 2: in Aufruhr geraten **2 murmur**, -uris n.: Brausen, Getöse **3 commixta grandine nimbus**: ein Unwetter mit Hagel vermischt **4 per agros**: auf weiter Flur **5 tecta**, -orum n.: Unterstände **6 petiere** = petiverunt **7 amnis**, -is m.: Sturzbach **165** **8 dux** (Anastrophe ➤ **B 31**): zu Troianus = Aeneas

deveniunt[9]. Prima[10] et Tellus et pronuba[11] Iuno
dant signum; fulsere[12] ignes et conscius aether
conubiis[13] summoque ulularunt[14] vertice[15] Nymphae.
Ille dies primus leti primusque malorum
causa fuit; neque enim[16] specie famave movetur[17]
nec iam furtivum[18] Dido meditatur[19] amorem:
Coniugium[20] vocat, hoc praetexit[21] nomine culpam.
Extemplo[22] Libyae magnas it Fama per urbes,
Fama, malum[23] qua non aliud velocius ullum:
Mobilitate viget[24] viresque adquirit[25] eundo,
parva metu primo[26], mox sese attollit in auras
ingrediturque solo[27] et caput inter nubila[28] condit.
Illam Terra parens[29] ira inritata[30] deorum[31]
extremam[32], ut perhibent[33], Coeo Enceladoque sororem

Abb. 56: *Dido und Aeneas in der Grotte*, Vergilius Romanus,
Buchillustration (480 n. Chr.)

progenuit pedibus celerem et pernicibus[34] alis,
monstrum horrendum, ingens, cui, quot sunt corpore plumae[35],
tot vigiles oculi subter[36] (mirabile dictu),
tot linguae, totidem ora sonant, tot subrigit[37] aures[38].
Nocte volat caeli medio terraeque per umbram
stridens[39] nec dulci declinat[40] lumina[41] somno;
luce[42] sedet custos aut summi culmine[43] tecti
turribus aut altis et magnas territat[44] urbes,
tam ficti pravique tenax[45] quam nuntia veri.
Haec tum multiplici populos[46] sermone replebat[47]
gaudens et pariter facta atque infecta canebat:
venisse Aenean Troiano sanguine cretum[48],
cui se pulchra viro dignetur[49] iungere Dido;
nunc hiemem inter se luxu, quam longa[50], fovere[51]

9 devenire (+ acc.): geraten in, gelangen in **10 prima**: erg. deorum (Prädikativ): als Älteste der G. (Anastrophe ➤ B 31) **11 prónuba**, -ae f.: Brautführerin **12 fulsere** = fulserunt **13 conscius conubiis**: Zeuge für die Vermählung, Trauzeuge **14 ululo** 1: jauchzen; heulen (lautmalend), ulularunt = ululaverunt **15 vertex**, -icis m.: Gipfel

170 16 neque enim: denn nicht **17 specie famave movetur**: kümmert sich weder um den Anstand noch ihren guten Ruf **18 furtivus** 3: heimlich **19 meditor** 1: denken an **20 coniugium**, -i n.: Ehe (doppeldeutig: sexuelle Vereinigung; Hochzeit) **21 praetexo** 3, -texui, -textum: beschönigen, verbrämen **22 extemplo**: sofort **23 malum**, -i n.: Übel: *Fama, qua* (abl. comp.) *non ullum aliud malum velocius*: ein Übel, geschwinder im Lauf als jedes andere

175 24 vigeo 2, -ui: stark sein **25 viris** = vires adquirere: Kräfte gewinnen **26 primo**, erg. est: anfangs **27 solum**, -i n.: Boden **28 nubila**, -orum n.: Wolken **29 parens**, -tis f.: Mutter **30 irritata ira**: gereizt durch den Zorn **31 deorum** (gen. obi.): gegen die Götter **32 extremam ... sororem**: als letzte Schwester **33 perhibeo** 2: berichten

180 34 pernix, -icis: flink, schnell **35 pluma**, -ae f.: Feder (vgl. Flaum) **36 subter**: darunter **37 subrigo** 3, -rexi, rectum: spitzen **38 auris** = aures

185 39 strideo 2, stridi: schwirren, zischen **40 declino** 1: h. senken **41 lumen**, -inis n.: Auge, Lider **42 luce** = die **43 culmen**, -inis n.: First, Giebel **44 territo** 1: frequentativ; in Schrecken versetzen **45 fictique pravique tenax**: zäh festhaltend an Lug und Trug **46 populos**: gemeint sind die Karthager, die Trojaner und die Stämme Nordafrikas **47 repleo** 2, -plevi, -pletum: erfüllen

190 48 cretus 3: geboren, entstammend **49 dignor** 1: für würdig halten **50 quam longa**, erg. sit: wie lang er auch sei = den ganzen langen Winter **51 hiemem luxu fovere**: einen Winter lang im Luxus schwelgen

regnorum[52] immemores turpique cupidine[53] captos.
Haec passim dea foeda virum[54] diffundit[55] in ora.

52 regnorum: h.: der Herrscherpflichten
53 cupido, -inis f.: Leidenschaft
195 **54 foedus** 3: grässlich, abstoßend **55 diffundo** 3, -fudi, -fusum: verbreiten

20 Kommentar

Aen. 4, 160–195

166 ff. Tellus ... Iuno ... ignes ... aether ... nymphae: Götter und Naturgewalten ersetzen hier die Personen bzw. Rituale einer römischen Hochzeit, was einerseits die Feierlichkeit der Szene unterstreicht, sie aber andererseits als böses Omen erscheinen lässt: Die beiden Göttinnen geben das „Startzeichen" in Form eines Erdbebens bzw. Unwetters, die Blitze ersetzen die Hochzeitsfackeln, der Himmel ist Trauzeuge, die Nymphen singen das Hochzeitslied, wobei *ulularunt* zugleich Schreckensrufe bezeichnen kann. So entsteht das „teuflische Zerrbild einer Hochzeit" (K. Büchner), und der Hexenchor in Henry Purcells Oper „Dido and Aeneas" (1689) entspricht Vergils Intentionen.
163 Dardanius nepos Veneris: Ascanius, der Enkel der Venus, stammt aus dem Geschlecht des Zeussohns Dardanos, des Ahnherrn der Trojaner.
174 Fama: Die Allegorie des Gerüchts ist wohl eine Schöpfung Vergils; ➤ B 44
178 f. Terra parens: Die Erde (griech. Gaia) und der Himmel (Uranos), das älteste Götterpaar, hatte sechs Söhne, unter ihnen Coeus / Koios und sechs Töchter. Diese Generation der so genannten Titanen erhob sich unter der Führung des Jüngsten, Kronos, gegen den Vater und stürzte ihn: Kronos entmannte Uranos, dessen Blut fiel auf die Erde, welche daraus die Giganten hervorbrachte, urtümliche Riesen. Einer von ihnen war Encéladus (der „Tobende"). Kronos selbst wurde wieder von seinem Sohn Zeus und den olympischen Göttern (der dritten Göttergeneration!) gestürzt. Gaia zürnte daher den Olympiern (*ira irritata deorum*) und forderte die Giganten auf, sie zu stürzen; die Olympier blieben aber im Gigantenkampf siegreich. Der Sieg der Olympier ist der des Rechts und der Ordnung gegen die wilden, ungebändigten Naturgewalten. Als solche werden hier Titanen und Giganten von Vergil undifferenziert verstanden, Fama als die ihnen wesensverwandte Schwester ist zwar seine Erfindung, er stellt sie aber mit den Worten *ut perhibent* den tradierten Mythen gleich.
186 f. culmine ... turribus ... urbes: Die Fama erreicht alle Stände: die vornehmen Bürger, die Fürsten, das Volk.
193 hiemem ... quam longa: Immer wieder wird vermutet, Vergil habe hier die Assoziation mit dem Aufenthalt Caesars bei Kleopatra im Winter 48/47 wecken wollen, zumal die Gestalt der Dido auch Züge der historischen Kleopatra trägt, die gerade zu der Zeit Selbstmord beging, als Vergil mit der Arbeit an der *„Aeneis"* begann (30 v. Chr.).

20 Vertiefung

➤ Kompetenzorientierte Arbeitsaufgaben S. 153

1 Welche Funktion hat das Gewitter für den Handlungsfortgang? Zeichne seine Phasen nach! Durch welche sprachlichen Mittel unterstreicht Vergil die Gestaltung des Unwetters?

2 **a** Wer außer Dido und Aeneas sind an dieser Szene beteiligt? Welche Wörter zeigen deutlich, dass es sich um eine „Hochzeit" handelt? Warum nehmen keine Menschen teil?

b Welche Zukunftsprognose für die Beziehung der beiden wird gegeben? Wer wird dafür verantwortlich gemacht?

3 **a** Wie beschreibt Vergil die Fama? Wie bewertet er sie selbst und ihre Wirkung?

b Welche Merkmale eines Gerüchts setzt der Dichter in anschauliche Details seiner Fama um? Versuche, diese bildlich darzustellen!

c Inwiefern ist in V. 170 das Auftreten der Fama begründet und vorbereitet?

4 Welche allgemeine Aussage über die menschliche Existenz enthält dieser Text?

E16 text

Im Mittelalter werden Dido und Aeneas in der Literatur und in der begleitenden Buchmalerei als höfische Liebende dargestellt. Die Götter werden dabei bestenfalls als Allegorien für Gefühle, für das Wirken des christlichen Gottes oder des Teufels gesehen. So stellt auch der niederdeutsche Dichter Heinrich von Veldeke, der nicht auf Vergil selbst, sondern auf eine französische Romanfassung zurückgreift, in seinem Versepos „Eneide" die Vereinigung von Dido und Aeneas völlig im Geist des höfischen Lebens seiner Zeit und ihrer Minnevorstellung dar. Versuche, das höfische Beiwerk am Erzählkern herauszuarbeiten.

Heinrich von Veldeke, „Eneide" (um 1183)

Du sagen sie einen boum stan.
dicke ende wale gedan.
dar tu quamen si gerant.
du halp der mare wigant
der vrouwen tut der erden.
du muste da werden
des lange gegert was.
du nam der here Eneas
di vrouwe under sin gewant.
wale gescapen he si vant.
he begreip si bit den armen.
du begunde herne erwarmen
al sin vleisch ende sin blut.
du gewan he manliken mut,
dar mede narn he di overhant.
der vrouwen he sich underwant.
hen ne was nirnan na,
si twe waren eine da.
vele scone was di stat.
minnelike he si bat
dat si heme gewerde
des si selve gerde,
idoch sprac si da wedere,
ende he legete si dar nedere,
alse't Venus gerit.
si ne mochte sich erweren nit.
he dede here dat he wolde,
so dat he here hulde
manlike behilt.
wir weten wale wat des gewilt.
Du et also was komen
alse ir wale hebbet vernomen,

Da erblickten sie einen Baum,
dicht und schön gestaltet.
Zu diesem kamen sie gerannt.
Da half der stattliche Held
der Dame aus dem Sattel.
Hier musste das zustande kommen,
wonach man sich lange gesehnt hatte,
Da nahm der Ritter Aeneas
die Dame unter seinen Mantel.
Er fand sie vortrefflich gestaltet.
Er umfasste sie mit seinen Armen,
Da begann warm zu werden
sein ganzer Körper.
Da ging er männlich entschlossen vor,
damit gewann er die Oberhand.
Er bemächtigte sich der Frau.
Niemand war in ihrer Nähe,
sie beide waren völlig allein.
Der Platz war sehr schön.
In liebenswerter Weise bat er sie,
ihm zu gewähren,
wonach sie sich selbst sehnte.
Jedoch sie wehrte sich mit Worten,
und er legte sie nieder,
wie Venus es empfohlen hatte.
Sie konnte sich nicht erwehren.
Er erlegte ihr seinen Willen auf,
so dass er ihre Huld
als vortrefflicher Mann nicht verlor.
Wir wissen wohl, was das zu bedeuten hat.
Als es so gekommen war,
wie ihr es wohl vernommen habt,

ende si danne solden riden,
du was in kurten tiden
he re gewant worden nat.
idoch was here vele bat
dan si da heime ware bleven.
dat dir was rechte gedreven.
so der man so gescutet
dat he's wale genutet,
so gelivet heme di vart.
du et scone weder wart
ende der regen vore quam,
under sine arme he se nam
ende huf si in dat gereide.
al siner arbeide
lande heme minneclike
vrouwe Dido di rike.
Du was die vrouwe Dido
beide rouwech ende vro.
ich segge uch wes si vro was,
dat si der wunden genas
da si unsachte mede qual
di wile si't Enease hal,
ende was idoch des unvro
dat si so schire also
sinen wille gedede
dore so wenege bede.
het dede here michele not
si muste anders wesen dot
di vroude ne ware here weder komen
dar mede si he re was benomen,
du si so sere wunt wart.
dat is der rechter minnen art.
het is genugen wale kunt,
weme si rechte maket wunt,
sal de immer genesen,
dat mut bit here helpen wesen.

und sie hätten davonreiten sollen,
da war in kurzer Zeit
ihr Gewand nass geworden.
Doch fühlte sie sich viel besser,
als wenn sie zu Hause geblieben wäre.
Das Wild war nach den Regeln gejagt.
Wenn der Mann so geschossen hat,
dass er die Gelegenheit gut genutzt hat,
dann ist ihm der Ausritt angenehm,
Als das Wetter wieder schön wurde
und das Unwetter vorüber war,
fasste er sie unter ihre Arme
und hob sie in ihren Sattel.
Alle seine Anstrengung
dankte ihm huldvoll
die vornehme Dame Dido.
Da war die Dame Dido
zugleich bekümmert und glücklich.
Ich sage euch, weshalb sie glücklich war:
dass sie von der Wunde geheilt wurde,
unter der sie heftig litt,
solange sie sie vor Aeneas verborgen hielt.
Unglücklich war sie aber deswegen,
weil sie schon in so kurzer Zeit
ihm zu Willen gewesen war,
ohne sich lange bitten zu lassen.
Das stürzte sie in große Not,
als müsse sie sterben,
wenn ihr die Freude nicht wiederkäme,
mit der ihr die Freude genommen war,
da sie so tödlich verwundet worden war.
Das ist die Beschaffenheit wahrer Minne.
Es ist genügend Leuten bestens bekannt:
Wen sie richtig wund macht,
soll dieser jemals wieder gesund werden,
so geht das nicht ohne ihre Hilfe.

H. v. Veldeke, Eneide. V. 1827–1894. Hrsg. v. G. Schieb u. Th. Frings. Berlin 1964–70

20 fortwirken

Die Fama, wohl eine der berühmtesten Allegorien der europäischen Literatur, schuf Vergil nach dem Vorbild der Eris, der Göttin des Streits, in Homers „Ilias“ (4, 442 ff.):

> Sie, des mordenden Ares verbündete Freundin und Schwester,
> anfangs ist sie noch klein und erhebt sich kaum, doch in Bälde
> stemmt sie gegen den Himmel das Haupt und geht auf der Erde.

Ovid (met. 12, 39–63) schildert sie als Macht ohne Gestalt und Körper. Geoffrey Chaucer, „The House of Fame“ (V. 3, 251 ff.), bezeichnet das Gerücht als den „Mann, welchen ich nicht nennen kann“, von François Rabelais stammt die Variante des siebenzüngigen Greises, und William Shakespeare lässt das Gerücht in seinem „Heinrich IV,“ leibhaftig die Bühne betreten.

Als Attribute dienen der Fama häufig ein Blasinstrument, meist eine Fanfare oder Posaune, zum „Hinausposaunen" des guten oder schlechten Rufs und ein Lorbeerzweig, als Symbol des Sieges. Die Flügel der Fama deuten auf die Geschwindigkeit hin, mit der sich ein Gerücht verbreitet. In der Renaissance wurde die Fama auch auf einem Elefanten reitend dargestellt.
Gemälde finden sich in unzähligen Repräsentationsbauten, z. B. im Kunsthistorischen Museum Wien von Hans Markart (um 1890), aber auch als Einzeldarstellungen, z. B. von Nicolas Poussin (1530), Städel; Parmigianino (1530), Wien; A. Paul Weber (1943, Lithografie 1953), Ratzeburg. Wie aktuell das Bild der Fama auch heute noch ist, mögen zwei Textproben aus Zeitungen beweisen:

Abb. 57: Schülerarbeit von Anja Eckert *(Der Altsprachliche Unterricht)*

Vor ungefähr einem Jahr wurde ein seltsames Wesen beobachtet, das sich mit großer Geschwindigkeit aus der Gegend um Frankfurt nach Süden bewegte. Es sei eine geflügelte Frau gewesen, sagten die einen, und sie habe Furcht erregend ausgesehen: mit zahllosen Augen, Mündern und Ohren. [...] Das Gerücht, das vor einem Jahr aus der Wetterau nach Südtirol flog, wusste von einem jungen Schriftsteller, der Bücher über die Orte schreibe, an denen er lebe, und über die Menschen, denen er dort begegne. Andreas Maier, so der Name des Autors, habe einen Roman über die Wetterau geschrieben, die Region, in der er geboren und aufgewachsen sei, und nun, da er einen großen Teil des Jahres in Brixen verbringe, arbeite er an einem Buch über Südtirol und die Südtiroler.

Buchbesprechung zu Andreas Maier, „Klausen". Roman. Suhrkamp, Frankfurt/Main 2002. Frankfurter Allgemeine Zeitung, 19. 03. 2002

Fama, ein Übel, geschwinder im Lauf als irgendein andres, ist durch Beweglichkeit stark und erwirbt sich Kräfte im Gehen, konstatierte Vergil im IV. Buch der Aeneis. Über die Verwerflichkeit des Klatsches und der bösen Nachrede wird doziert, seitdem es Sprache gibt. Ob sie nun Stars, Sternchen, Schriftsteller oder Politiker trifft, ist dabei nahezu unerheblich. Entscheidend ist allein die Macht und die Durchschlagkraft des Tratsches. Über Gerüchte, Klatsch und Tratsch in den Medien diskutierten Experten beim Tenovision Talk in Hannover. MDR-Fernseh-Chefredakteur Wolfgang Kenntemich bezeichnete das Gerücht als den „Urschleim der Nachricht", der für das Entstehen einer „tollen Nachricht" wesentlich sei, und das nicht nur im Boulevard-Journalismus. „Gerüchte sind für Journalisten herrlich, vor allem, wenn sie stimmen" [...].

neue.nachricht.de, 14. 5. 2004, E. von Recum, „Klatsch und Tratsch in den Medien", Bonn

Als die Beziehung zwischen Dido und Aeneas allmählich einen offizielleren Charakter annimmt, schickt Jupiter / Zeus den Merkur / Hermes zu Aeneas, um ihn an seine schicksalhafte Bestimmung zu erinnern (274–276):

> Denk an Ascanius doch, der heranwächst, denk an des Erben Iulus Hoffnung! Italiens Reich und römisches Land bist du ihm schuldig.

Aeneas rüstet heimlich zum Aufbruch. Dido will er erst später informieren. Doch die Liebende spürt den Sinneswandel, und auch Fama ist wieder am Werk und trägt ihr die Nachricht von den Aufbruchsplänen des Aeneas zu. Von Dido zur Rede gestellt, versucht Aeneas vergeblich darzustellen, dass das *fatum* in seinem Leben keinen Raum für private Interessen lasse.

Aeneas bricht, von Merkur im Traum dazu aufgefordert, noch in der Nacht auf. Dido hat sich schon einen Scheiterhaufen vorbereiten lassen, um sich angeblich mit magischen Künsten von ihrer Liebe zu Aeneas zu befreien und um alles, was sie an Aeneas erinnert, zu verbrennen. Im Morgengrauen sieht Dido die Flotte auf hoher See. Sie bereut ihre Gastfreundschaft, ihre Liebe hat sich in Hass verwandelt, und ihr hasserfüllter Monolog steigert sich zum Fluch.

21 text

Aen. 4, 607–629 und 651–671

Didos Fluch, Vermächtnis und Tod

„Sol[1], qui terrarum[2] flammis opera omnia lustras[3],
tuque, harum interpres[4] curarum et conscia Iuno,
nocturnisque Hecate triviis[5] ululata[6] per[7] urbes
et Dirae ultrices[8] et di morientis Elissae,
accipite[9] haec meritumque malis advertite numen[10]
et nostras audite preces! Si tangere portus[11]
infandum caput[12] ac terris adnare[13] necesse est
et sic fata Iovis poscunt, hic terminus[14] haeret[15],
at[16] bello audacis populi[17] vexatus et armis,
finibus extorris[18], complexu avulsus[19] Iuli
auxilium imploret videatque indigna suorum
funera[20]! Nec, cum se sub leges[21] pacis iniquae
tradiderit, regno aut optata luce fruatur,
sed cadat ante diem[22] mediaque inhumatus[23] harena!

607 **1 Sol**: Anrede an den Sonnengott **2 terrarum** = orbis terrarum **3 lustro** 1: (durchwandernd) betrachten **4 interpres**, -etis f.: h. Vermittlerin **5 trivium**, -i n.: „Dreiweg" = Weggabelung **6 ululo** 1: mit Geheul anrufen **7 per**: überall in **610** **8 ultrix**, -icis f.: rächend; Rächerin **9 accipite**: vernehmt **10 meritum malis advertite numen**: wendet meinem Unglück eure Macht zu, wie ich es mir verdient habe = rächt mein Unglück **11 portus**, -us m.: erg. Italiae **12 infandum caput**: dieser abscheuliche Mensch = Aeneas, dessen Namen sie nicht aussprechen will **13 terris adnare**: das (ihm bestimmte) Land erreichen **14 terminus**, -i m.: Ziel **15 haereo** 2, haesi, haesum: h. feststehen

615 **16 at**: doch wenigstens **17 audacis populi** (gen. obi.): mit einem kühnen Volk **18 extorris**, -e: verbannt **19 complexu avulsus**: aus seinen Armen entrissen, gewaltsam getrennt **20 indigna suorum funera**: den unwürdigen Tod der Seinen **21 lex**, -gis f.: Bedingung

620 **22 ante diem**: frühzeitig **23 inhumatus** (erg. sit): und er soll unbestattet ... liegen

Abb. 58: Didos Tod, Sebastien Bourdon, *Gemälde (um 1650), St. Petersburg, Eremitage*

Haec precor, hanc vocem extremam[24] cum sanguine fundo.
Tum vos, o Tyrii, stirpem et genus omne futurum
exercete odiis cinerique haec mittite nostro
munera[25]. Nullus amor populis nec foedera sunto!
Exoriare[26] aliquis nostris ex ossibus ultor[27],

24 extremam (Prädikativ): als meine letzten **25 munera**: als Totengaben (statt der sonst am Grab üblichen Opfergaben)

625 **26 exoriare**, alte Form, 2. Pers. sg. med.: erhebe dich **27 aliquis ... ultor**: als Rächer, wer auch immer du sein wirst

qui face[28] Dardanios ferroque sequare[29] colonos,
nunc, olim[30], quocumque dabunt se tempore vires!
Litora litoribus contraria[31], fluctibus undas
imprecor, arma armis: Pugnent ipsique nepotesque!“
[…]
„Dulces[32] exuviae[33], dum fata deusque sinebat,
accipite hanc animam meque his exsolvite curis!
Vixi et, quem dederat cursum[34] Fortuna, peregi,
et nunc magna mei[35] sub terras ibit imago.
Urbem praeclaram statui, mea moenia vidi,
ulta[36] virum poenas inimico a fratre recepi[37],
felix, heu nimium felix[38], si litora tantum[39]
numquam Dardaniae tetigissent nostra carinae[40].“
Dixit et os impressa toro[41]: „Moriemur inultae,
sed moriamur“, ait. „Sic[42], sic iuvat ire sub[43] umbras.
Hauriat hunc oculis[44] ignem[45] crudelis ab alto
Dardanus et nostrae secum ferat omina[46] mortis!“
Dixerat, atque illam media inter talia[47] ferro
conlapsam[48] adspiciunt comites[49] ensemque cruore
spumantem[50] sparsasque manus. It clamor ad alta
atria: Concussam[51] bacchatur[52] Fama per urbem.
Lamentis[53] gemituque et femineo ululatu[54]
tecta fremunt[55], resonat magnis plangoribus[56] aether,
non aliter, quam si immissis ruat[57] hostibus omnis
Karthago aut antiqua Tyros flammaeque furentes
culmina[58] perque hominum volvantur[59] perque deorum.

Abb. 59: Dido in Verzweiflung, James Gillray*, kolorierte Radierung (1801)*

28 fax, -cis f.: Fackel, h. Feuer **29 sequare**, 2. Pers. sg.: verfolgst **30 olim**: dereinst, in Zukunft **31 contraria**, erg. esse: AcI zu imprecor; verfeindet, entgegengesetzt

651 **32 dulcis**, -e: geliebt **33 exuviae**, -arum f.: (abgelegte) Gewänder **34 cursum**: in den Relativsatz gezogenes Bezugswort; *cursum, quem dederat* **35 mei**: von mir

655 **36 ulciscor** 3, ultum: rächen **37 poenas recipere ab aliquo**: Strafe einfordern, vollziehen an jem. **38 nimium felix**: allzu glücklich **39 tantum**: nur **40 carina**, -ae f.: Schiffskiel, pars pro toto f. Schiff (➤ B 22) **41 os impressa toro**, griech. acc.: sich das Gesicht ... hineingedrückt habend = sie presste das Gesicht in das Kissen

660 **42 sic**: so, näml. durch Selbstmord **43 sub**: hinab zu **44 haurire ... oculis**: mit den Augen aufnehmen, sehen **45 hunc ... ignem**: dieses Feuer, nämlich des Scheiterhaufens **46 omen**, -inis n.: Unheilszeichen **47 talia**: erg. verba **48 conlapsus** 3: niedergesunken, zusammengebrochen **49 comes**, -itis f.: Dienerin

665 **50 spumo** 1: mit blutigem Schaum bedeckt sein **51 concussus** 3: erschüttert **52 bacchor** 1: (wie eine Bacchantin) rasen **53 lamenta**, -orum n.: Wehklagen **54 femineus ululatus**: Lautmalerei; Klagegeschrei der Frauen **55 fremo** 1: tosen, lärmen **56 plangor**, -oris m.: Schlagen (der Brust als Zeichen der Trauer) **57 ruat**, coni. pot.: als würde einstürzen

670 **58 culmina perque hominum perque deorum**: über die Dächer der Häuser und Tempel **59 volvor** 3: sich wälzen (med.)

Didos Schwester Anna eilt verzweifelt herbei und hält die mit dem Tod Ringende in den Armen. Juno erbarmt sich und schickt die Götterbotin Iris, die Leidende zu erlösen und ihre Seele vom Körper zu befreien.

Aen. 4, 607–629 und 651–671

607 Sol: Die Anrufung des alles sehenden Sonnengottes als Zeugen ist zwar seit der „Ilias" ein poetischer Topos, hat aber hier ihren besonderen Sinn: Die Phönikerin Dido betet zu dem im Orient besonders verehrten Sonnengott (Baal in Syrien, in Ägypten Re, später Ammon). Zu Jupiter / Zeus kann sie nicht beten, weil ja gerade die *fata Iovis* die Abfahrt des Aeneas befohlen haben.
608 interpres curarum: Dido ruft Juno / Hera als Schützerin des Hauses und der Ehe herbei, die sie als Verursacherin ihres Leids erlebt, ➤ Aen. 4, 166 (T20, S. 125): *pronuba Iuno*.
609 Hécate: Hécate, griech. Hekáte, ist eine urtümliche, besonders von Frauen verehrte Erd- und Unterweltsgöttin. Als solche wird sie hier angerufen, aber auch als Göttin des Zaubers. Das, was zunächst Vorwand war, soll jetzt in anderem Sinn, aber unter der gleichen Göttin Wirklichkeit werden: Hécate soll Dido durch den Tod von ihrer unglücklichen Liebe befreien.
triviis ululata: Man stellte sich Hécate als Führerin eines nächtlichen Schwarmes heulender Hunde vor und opferte ihr an Weggabelungen, wobei man das Heulen der Hunde nachahmte.
610 Dirae ultrices: Sie rächen Meineid, Verletzung der Gastfreundschaft und Verwandtenmord und treiben den Täter (wie z. B. den Muttermörder Orestes) in Wahnsinn und Tod.
di morientis Elissae: Dido nimmt mit diesen Worten ihren Tod vorweg, denn sonst werden erst die Seelen der Toten *(di manes)* als göttlich gedacht; Elissa ist ein anderer Name für Dido.
615 ff. Nach antiker Vorstellung sehen Sterbende in die Zukunft. Dido sagt die Leiden und Kämpfe voraus, die Aeneas nach seiner Landung in Italien bevorstehen: Er muss beim Angriff der Rutuler *(audacis populi)* Latium und Iulus verlassen *(extorris ... Iuli)* und bei einem fremden König um Hilfe bitten *(auxilium imploret)*.
618 pacis iniquae: Man könnte sagen, die Friedensbedingungen nach den Kämpfen in Latium seien für die Latiner ehrenvoller gewesen als für die Trojaner, weil der Volksname der Latiner weiterlebte, während der Name Troja endgültig verschwand.
620 cadat ante diem ...: Damit werden Geschehnisse angedeutet, die in der *„Aeneis"* nicht mehr erzählt werden: Aeneas fällt nach nur dreijähriger Herrschaft im Kampf beim Fluss Numicus (daher *harena*) und wird in den Kreis der Götter aufgenommen (vgl. Dionysios v. Halikarnassos, Römische Frühgeschichte 1, 64; und mit Anklängen an die *„Aeneis":* Ovid, met. 14, 581ff.).
622 Tyrii: Gemeint sind die Auswanderer aus Tyros in Phönizien, die späteren Bewohner von Karthago.
624 nullus amor: Dido verkehrt in ihrer tiefen Enttäuschung ihre bei ihrer ersten Begegnung mit den Trojanern geäußerte Einladung, gemeinsam und in Freundschaft zu leben (1, 574: *Tros Tyriusque mihi nullo discrimine agetur*), ins Gegenteil.
625 Exoriare ...: Dido kann den Namen des künftigen Rächers noch nicht nennen, ist sich aber seiner so sicher, dass sie ihn in der 2. Person anspricht. Der Große Kurfürst von Brandenburg ließ diesen Vers auf Münzen prägen, nachdem er 1679 im Friedensvertrag von St. Germain von Ludwig XIV. zu Gebietsabtretungen an die Schweden gezwungen worden war.
628 f. litora litoribus ... arma armis: Polyptoton ➤ **B 40**
629 nepotesque: Das *-que* überschreitet das Silbenmaß des Hexameters (so genannter Hypérmeter = „Über-maß") und ist daher mit dem folgenden *Haec ait* in Synaloephe zu lesen. Ungewöhnlich ist ein solcher Hypermeter bei gleichzeitigem Satzende, das hier sogar das Ende der Rede ist. Er drückt wohl die überschäumende Wut der Fluchenden und das Weiterwirken des Fluchs aus.

651 exuviae: Der Begriff hat auch symbolische Bedeutung: Aeneas hat die Bindung an Dido wie ein für ihn wertlos gewordenes Gewand abgelegt, wie eine sich häutende Schlange die alte Haut zurücklässt.
653 vixi ...: Mit der gerafften Darstellung ihres Lebens und ihrer Leistungen spricht Dido hier gleichsam ihr eigenes Grabepigramm (Prolepse ➤ **B 49**).
654 magna imago mei: Dido wird nicht gänzlich im Vergessen der Unterwelt versinken, sie ist sich sicher, dass ihr Ruhm als Gründerin von Karthago unvergänglich ist. Es war ein erklärtes Ziel antiker Menschen, etwas Bemerkenswertes zu hinterlassen, um in der Nachwelt verewigt zu werden. *magna* ist demnach wörtlich (die Schatten der Toten stellte man sich in übernatürlicher Größe vor) und metaphorisch zu verstehen: Durch ihren Freitod hat sie ihre Größe wieder erlangt. Horaz sagt (c. 1, 37) dasselbe von Kleopatra.
656 ulta: Mit der Rache kann hier gemeint sein, dass sie dem geizigen Pygmalion das Vermögen entführte, um dessentwillen er Sychaeus, Didos Ehemann, umbrachte, oder auch die Gründung der unabhängigen Stadt Karthago.
661 ignem: Das metaphorische (innere) Feuer der Liebe, das Dido gequält hat, ist zu einem tatsächlichen geworden, durch das sie auch physisch vernichtet wird.
661 f. crudelis ... Dardanus: Die Periphrase (➤ **B 24**) ist psychologisch begründet: Dido kann und will seinen Namen nicht mehr aussprechen. Dardanus erinnert an den Gründer von Troja, den Zeussohn und Urahnen des Aeneas.
666 bacchatur: Bacchus / Diónysos ist ursprünglich ein Fruchtbarkeits- und Vegetationsgott, der von den Bacchantinnen (auch Mänaden = „Rasende" genannt) in einem wilden Zug durch die freie Natur begleitet wird. In Ekstase zerfleischen sie Tiere und Menschen, die sich ihnen neugierig nähern oder gar widersetzen. Auch Satyrn als männliche und Nymphen als weibliche Naturdämonen gehören zum Gefolge des Dionysos.
Fama per urbem: (➤ Aen. 4, 173, T20, S. 125); Fama verkündete den Beginn der Affäre und verkündet jetzt deren tragisches Ende.

21 Vertiefung

➤ Kompetenzorientierte Arbeitsaufgaben S. 154

1 Didos Fluch greift immer weiter in die Zukunft voraus. Wo beginnt die Prophezeiung historischer Ereignisse?

2 **a** Inwiefern ist Didos Zorn ein *aition*, eine Ursprungserklärung?

b Was bzw. welche Gefühle sind die *moventia*, die das *aition* erst in Gang setzen? Lassen sich daraus Rückschlüsse auf Konstanten im menschlichen Verhalten ziehen?

3 Welche Stilfiguren verstärken die Dramatik der Fluchrede?

4 Was erreicht Dido durch ihren Freitod? Kann man sie mit einer anderen mythischen Heldin vergleichen?

5 Internetrecherche

a Welche zeitgenössische Figur macht James Gillray zum Gegenstand seiner Karikatur aus dem Jahr 1801 ➤ Abb. 59, S. 131?

b Suche nach Bildmaterial, das den Tod der Dido darstellt! Lassen sich bei den Abbildungen Gemeinsamkeiten erkennen?

E17 text

Kurt Klinger, „Einäscherung der Poetessa“ (1972), entstanden anlässlich des Todes von Ingeborg Bachmann

Eiskuchen löffelnd,
auf den Armen einen großen Falter aus Licht,
sagte sie lächelnd: Ich bitte sehr darum,
heute Nachmittag eingeäschert zu werden.
Ich kann die Missverständnisse nicht mehr ertragen;
alles ist ein schreckliches Missverständnis,
und nun sind auch meine Boten, die Winde,
ausgeblieben,
die mir täglich aus den Abruzzen
frischen Schnee in die Wohnung brachten.
Mein Schneebett ist geschmolzen wo soll ich hin?
Und bis mein Ährenbett nachwächst –
das kann noch Wochen dauern.
In meiner Sommerzeit liegt noch der Staub der Ernte,
und in die Winterzelle zurück, das könnte ich nicht,
ich bin dort glücklich gewesen.

Viele kleine, nackte Stipendiaten
aus dem Hospiz der Santa Bibiana,
auf den Haaren Kränze weißer Glockenblumen,
sollen mir den Nachruf singen.
Sie brennt, sie brennt wie Feuer unter der Erde,
sie ist zu den Delphinen heimgekehrt,
dort wird es ihrer Seele besser gehen.
Sie verstehen, das ist sehr wichtig,
denn im Hospiz der Santa Bibiana
erzieht man die letzten
menschlichen Kinder der Welt.

Als wir sie schweigend
vor dem Palazzo auf den Scheiterhaufen legten,
begann das Nardenholz nach ihren Versen zu
duften.
Sie nahm noch selbst die goldene Schlange vom Hals
und gab sie mir verlegen in die Hand:
Sie möge Ihnen, bald, zu einem Staatspreis
verhelfen,
oder wenn Sie in Not sind – schmelzen Sie sie ein;
ich sehe ja, Sie sind so arm wie ich.

Dann hob sie die Arme, rief dreimal: Dido! Dido!
Dido!
Der große Falter kreiste über ihr,
bis sich der Holzstoß am Licht entzündete.
Das Feuer legte ihr eine rote Stola ans Herz,
das Feuer kleidete sie in Messgewänder aus Schreien,
hexenhaft griff sie sich in die knisternden Haare
und krönte sich selbst mit einer Flammentiara.
Die schmelzenden Rubine waren ihre Augen.
Die silbern bemalten Zehennägel hoben sich und
fielen ab.

Die kleinen, nackten Stipendiaten
aus dem Hospiz der Santa Bibiana,
auf den Haaren Kränze weißer Glockenblumen,
kamen gerade noch zurecht, den Nachruf zu singen:
Ihre Tagzeit ist zur Nachtzeit geworden,
sie ist zu den Delphinen heimgekehrt,
ihre Seele wird das Wasser in Wein verwandeln.
Die Kulturpräsidenten brachen in Tränen aus
und mussten sich zur Beichte führen lassen.
Alle fühlten sich erschüttert und bestätigt.

Dido verbrannte sich
auf den Balken eines seeuntüchtigen Schiffes,
das Aeneas im Hafen zurückgelassen hatte.
In Wirklichkeit war es sein Körper, der sie
verbrannte.
Dido gab sich vor unseren Augen den Flammentod,
nachdem wir arglos zusammen mittaggegessen
hatten.
Vielleicht war noch ein trauriger Nachgeschmack
von Erdbeereis in ihrem Mund, als sie starb.
Die Urne war bereit, der Holzstoß verkohlte.
Doch als wir die Gebeine bergen wollten,
lag sie unverletzt und mädchenhaft
unter einem Schleier atmender Asche
und sagte: Ich habe befürchtet, dass es wieder
missglückt.
Früher fiel es mir leichter mich zu opfern.
Es will nicht, dass ich mich befreie,
es ist gegen mich, mir ist kein Abschied gestattet.
Verzeihen Sie vielmals, dass ich Sie belästigt habe.
Sie wissen, es geschah ohne Absicht.
Und die kleinen, nackten Stipendiaten
aus dem Hospiz der Santa Bibiana,
die letzten menschlichen Kinder der Welt,
machten die Augen groß wie weiße Glockenblumen,
bevor man sie zurück in ihr Gefängnis brachte;
Sie brennt nicht, sangen sie, sie war bereits
verbrannt,
deshalb konnte sie nicht mehr verbrennen,
Alleluja ... Alleluja ... Alleluja ...
Verlegen nahm sie die goldene Schlange zurück
und zog den Falter aus Licht mit gesenkten Augen
an einem Halsband hinter sich her.

K. Klinger, Einäscherung der Poetessa. In: Die Horen, Jg. 17, Heft 1, S. 111–112

21 fortwirken

Antike Kunst: Ovid („*Heroides*" 7) gestaltet einen fiktiven Brief Didos an Aeneas; Didos Tod findet sich häufig auf Mosaiken in der Endphase des weström. Reiches, später in illustrierten Handschriften der „*Aeneis*" aus dem 5. und 6. Jh.
Malerei und bildende Kunst: Im Mittelalter werden Dido und Aeneas in der Buchmalerei als höfische Liebende dargestellt, seit der Renaissance häufig auf Brauttruhen, in Wandmalerei-Zyklen und Tapisserien. Darstellungen der klagenden Dido existieren u. a. von: Andrea Mantegna (Ende 15. Jh.), Montreal; Dosso Dossi (um 1520–23), Rom. Dido und Aeneas als Liebespaar: z. B. Peter Paul Rubens (um 1628), Frankfurt; Pierre Guérin (1815), Paris; M. William Turner (1814), London
Der Abschied: z. B. Andrea Schiavone (um 1553–60), Wien, und Guido Reni (um 1625), Kassel
Der Tod Didos: u. a. Annibale Carracci, Fresko (um 1592), Bologna; Peter Paul Rubens (um 1635–38), Paris; Nicolaes Berchem (1678), Vaduz; Fr. Heinrich Fuger (1792), St. Petersburg; in Österreich Ulrich Glantschnigg (um 1700), Innsbruck; Martin Johann Schmidt (Kremser-Schmidt, 18. Jh.), Graz; Franz Anton Maulbertsch (um 1785), Wien
Literatur: Im Mittelalter und zu Beginn der Neuzeit wird Dido einerseits als die Verführerin gesehen, die Aeneas von seiner Aufgabe abhält, andererseits als tugendsame Witwe, der übel mitgespielt wurde, Aeneas wiederum entweder als tugendhafter Held, der sich allen weiblichen Lockungen widersetzen muss (z. B. Edmund Spenser, „Faerie Queene", 1590), andererseits als Verführer und Verräter. Der Meistersinger Hans Sachs (1494–1576) übt anhand von Dido und Aeneas Kritik an jeder Form der übermäßigen und „unordentlichen" Liebe zu Frauen. Die Bühnenstücke vom 17. bis ins 20. Jh. haben starke Tendenzen zur Psychologisierung und moralischen Wertung, vgl. die dramatische Bearbeitung durch Charlotte von Stein, die Freundin Goethes: „Dido" (1794).
Musik: Die Opernliteratur behandelt ab dem 17. Jh. intensiv Didos Liebe zu Aeneas, z. B. P. Francesco Cavalli (1641), Venedig; Henry Purcell (1689), London; Alessandro Scarlatti (1696), Neapel. Pietro Metastasios Libretto „La Didone abbandonata" („Die verlassenen Dido") wurde innerhalb von 100 Jahren ca. 50 Mal vertont, daneben entstanden Dido-Opern an Fürstenhöfen, z. B. von Joseph Haydn für das Marionettentheater (1777/78, Schloss Esterhazy). Dido spielt auch eine wichtige Rolle in dem großen Opernprojekt von Hector Berlioz, „Die Trojaner" (die Akte 3–5 handeln von den Trojanern in Karthago, das Libretto stammt vom Komponisten, Uraufführung der letzten drei Akte 1863, Paris; aller fünf Akte 1890, Karlsruhe).

Aeneas sieht, sich umwendend, noch den Schein der Flammen und ahnt, was geschehen ist. Er landet in Sizilien, wo er Spiele anlässlich des ersten Todestages seines Vaters veranstaltet. Seine Leute, der langen Irrfahrten müde, wollen nicht mehr weiter, die Frauen zünden sogar, von Juno motiviert, die Schiffe an. Anchises erscheint dem Aeneas im Traum, fordert ihn auf, mit Hilfe der Sibylle, einer gottinspirierten Seherin, zu ihm in die Unterwelt zu kommen, die Erschöpften aber in Sizilien zurückzulassen.
Aeneas kommt tatsächlich nach Cumae (bei Neapel), er findet die Sibylle in ihrer Grotte. Von Apollo inspiriert, prophezeit sie Aeneas schwere Kämpfe im verheißenen Land. Ursache der Kämpfe werde, wie einst Helena im Kampf um Troja, eine Frau sein. Auf Geheiß der Sibylle sucht Aeneas auch einen goldenen Zweig, mit dessen Hilfe die Rückkehr aus der Unterwelt möglich ist.
Aeneas erfährt von der Sibylle, dass Charon die Unbestatteten erst transportieren darf, wenn ihr Körper in einem Grab ruht. Die beiden werden von Charon erst in den Kahn aufgenommen, als er den goldenen Zweig sieht, den Aeneas der Proserpina bringen muss. Cerberus, der dreiköpfige Hund, der das Tor zur Unterwelt bewacht, wird von der Sibylle mit einem betäubenden Happen ein-

geschläfert. Den Vorhof bevölkern die Seelen aller Unschuldigen, die ein vorzeitiger Tod hinweggerafft hat: „der Mutterbrust entrissene“ Kinder, die zu Unrecht zum Tod Verurteilten, die Selbstmörder und schließlich alle, die durch unglückliche Liebe umgekommen sind, unter ihnen auch Dido.

22 text

Dido in der Unterwelt

Aen. 6,450–476

Inter quas Phoenissa recens a vulnere[1] Dido
errabat silva in magna; quam Troïus heros
ut primum[2] iuxta[3] stetit agnovitque per umbras
obscuram, qualem[4] primo qui surgere mense[5]
aut videt aut vidisse putat per nubila lunam,
demisit lacrimas dulcique adfatus amore est:
„Infelix Dido, verus mihi nuntius ergo
venerat exstinctam[6] ferroque extrema secutam[7].
Funeris heu tibi causa fui! Per[8] sidera[9] iuro,
per superos et, si qua fides[10] tellure[11] sub ima est:
Invitus, regina, tuo de litore cessi.
Sed me iussa[12] deum[13], quae nunc has ire per umbras,
per loca senta situ[14] cogunt noctemque profundam,
imperiis egere[15] suis; nec credere quivi[16]
hunc tantum tibi me discessu ferre dolorem.
Siste gradum[17] teque aspectu[18] ne subtrahe[19] nostro!
Quem[20] fugis? Extremum[21] fato, quod[22] te adloquor,
hoc est.“
Talibus[23] Aeneas ardentem[24] et torva[25] tuentem
lenibat[26] dictis animum[27] lacrimasque ciebat[28].
Illa solo[29] fixos oculos aversa[30] tenebat
nec magis incepto[31] vultum[32] sermone movetur,
quam si dura silex[33] aut stet[34] Marpesia cautes[35].

***Abb. 60: Aeneas verlässt Dido, Helga Ruppert-Tribian**, Collage (1988)*

450 **1 recens a vulnere**: eben erst kommend von der Verwundung, mit frischer Wunde **2 ut primum**: sobald **3 quam ... iuxta**: neben dieser **4 qualem qui surgere videt lunam**: wie einer den Mond aufgehen sieht **5 primo ... mense**: zu Monatsbeginn, bei Neumond
455 **6 exstinctam**, erg. te esse; exstinguor 3: umkommen, zugrunde gehen **7 extrema sequi**: sterben **8 per**: (schwören) bei **9 sidus**, -eris n.: Stern **10 fides**, -ei f.: Schwur **11 tellus**, -uris f.: Erde
460 **12 iussa** (subst.): Befehle **13 deum** = deorum **14 senta situ**: starrend von Moder **15 egere** = egerunt; ago 3, egi, actum: leiten, führen **16 queo**, quire, quivi: können
465 **17 siste gradum**: halt ein **18 aspectu**: alter Dativ; aspectus, -us m.: Anblick **19 subtraho** 3, -traxi, -tractum: entziehen; ne subtrahe: poet. Verbot statt ne + coni. perf. **20 quem**: deutet die frühere Beziehung der beiden an **21 extremum**: das letzte Mal **22 quod** (relativ): dass **23 talibus**: zu dictis **24 ardens**, zu animum: (vor Wut, Enttäuschung) brennend **25 torva** (adv.): wild, schrecklich **26 lenibat** (impf. de conatu): er versuchte zu trösten **27 animus**, -i m.: h. Schatten **28 ciebat** (impf. de conatu): er versuchte hervorzurufen **29 solum**, -i n.: Boden **30 aversus** 3: abgewendet
470 **31 incepto sermone**: nach dem Beginn des Gesprächs **32 vultum** (griech. acc.): in Hinblick auf ihre Miene **33 silex**, -icis f.: Kiesel, Granit **34 stet**: Prädikat auch zu silex, coni. pot. = stehen würde **35 cautes**, -is f.: Fels

Tandem corripuit sese[36] atque inimica refugit
in nemus umbriferum[37], coniunx[38] ubi pristinus[39] illi
respondet curis[40] aequatque Sychaeus amorem[41].
Nec minus[42] Aeneas casu percussus[43] iniquo
prosequitur[44] lacrimis longe et miseratur euntem.

36 se corripere: sich aufraffen **37 nemus umbriferum**: schattiger Wald, Hain **38 coniunx**, -ugis m.: Ehemann, Sychaeus = Subj. beider Prädikate **39 pristinus** 3: ehemalig, früherer **40 illi respondet curis**: er entspricht ihr, (nämlich) ihren Sorgen = er teilt ihren Kummer **41 aequare amorem**: gleiche Liebe erweisen
475 **42 nec minus**: trotzdem **43 percutio** 4, -cussi, -cussum: erschüttern **44 prosequitur lacrimis**: er weint ihr nach

Abb. 61: Dido,
Helga Ruppert-Tribian,
Collage (1988)

22 kommentar

Aen. 6,450–476

Die Stelle wurde schon in der Antike gerühmt, und der englische Dichter T. S. Eliot sagte in einer Ansprache 1944:

> Mir ist aber von jeher die Begegnung des Aeneas mit dem Schatten der Dido nicht nur als eine der prägnantesten, sondern als eine der kultiviertesten (civilized) Episoden in der gesamten Poesie erschienen. Sie ist höchst reich an Sinngehalt und dabei höchst sparsam im Ausdruck, denn sie berichtet uns nicht allein von Didos Verhalten – wichtiger noch ist das, was sie uns über Aeneas erzählt. Was Dido tut, wirkt geradezu als eine Spiegelung von Aeneas' Gewissen: Wir gewinnen den Eindruck, dass dieses Verhalten Didos und kein anderes der inneren Erwartung bei Aeneas entspricht [...] Das Entscheidende ist, dass Aeneas sich selbst nicht verzeihen kann [...]

Vergil. Hrsg. v. G. Lachawitz. Wien: Braumüller ³1999, S. 83

450 Phoenissa: Phönikerin, Karthagerin

451 Troïus heros: Aeneas wird hier wie das ganze Volk der Trojaner nach Tros, dem Vater des Stadtgründers Ilios, genannt (Periphrase ➤ **B 24a**).

459 si qua fides: Sterbliche Menschen schwören bei den Göttern; Götter und alle, die sich in der Unterwelt befinden, bei der Styx, einem der Unterweltflüsse.

467 f. ardentem ... tuentem ... animum: Die weite Sperrung (Hyperbaton ➤ **B 37**) und die späte Nennung des Nomens *animum* bringt zum Ausdruck, dass Aeneas fast vergessen hat, dass er mit einer Toten spricht.

470 nec ... sermone movetur: Damit nimmt Vergil ein Motiv der „Odyssee" auf: Odysseus sieht am Eingang zur Unterwelt den Schatten des „großen" Ajas. (Beide hatten die Waffen des gefallenen Achilleus begehrt, und als ein Schiedsgericht sie Odysseus zugesprochen hatte, wollte Ajas sich an den Griechenführern rächen. Athene schlug ihn jedoch mit Wahnsinn, sodass er, statt die Feldherren zu töten, die Schafe niedermetzelte. Aus dem Wahnsinn erwacht, wollte er mit dieser Schmach nicht weiterleben und beging Selbstmord.) Odysseus richtet versöhnliche, Verzeihung erbittende Worte an Ajas, die ohne Erwiderung bleiben (vgl. Od. 11, 563–67):

Also sprach ich, doch er erwiderte gar nichts und ging dann
zu den anderen Seelen der hingeschiedenen Toten
weg in die Tiefe und grollte; er hätte mir sonst noch erwidert
oder ich ihm. Doch war in der lieben Brust mir zumute
lieber die Seelen anderer Hingeschiedner zu sehen.

471 **Marpesia cautes**: Auf dem Berg Marpéssos auf Paros wurde ein besonders harter Marmor gebrochen; Vergil strebt hier einen Gegensatz zum Gleichnis am Beginn der Begegnung an, wo er Dido mit dem weichen, verschwommenen Bild des Mondes vergleicht.

22 Vertiefung

1 Wie reagiert Aeneas darauf, dass er plötzlich Dido erblickt? Ist er auf eine Begegnung vorbereitet, auf welche innere Einstellung lässt sein Verhalten schließen?

2 Versuche, aus den Worten des Aeneas auf seine innere Verfassung zu schließen! Wirkt die Rede von Schuldgefühlen geprägt? Wie glaubhaft bzw. überzeugend klingen für dich seine Argumente?

3 Betrachte die Aeneas-Gestalt unter den Aspekten, die Robert Brasillach (➤ ET18, S. 139) nennt! Welchen könntest du dich anschließen?

4 Vergleiche C. F. Meyers Gedicht „Lethe“ (➤ ET18, S. 139) mit dieser Passage: Welche Motive hat es mit der Dido-Szene gemeinsam? Inwiefern kann man es als Gegenstück bezeichnen? Kannst du der Charakteristik, die Brasillach von Aeneas gibt, zustimmen?

Abb. 62: The Waters of Lethe by the Plains of Elysium, John Roddam Spencer Stanhope, *Gemälde (um 1880), Manchester, Manchester City Art Galleries*

Conrad Ferdinand Meyer, „Lethe“ (1860)

Jüngst im Traume sah ich auf den Fluten
Einen Nachen ohne Ruder ziehen,
Strom und Himmel stand in matten Gluten
Wie bei Tages Nahen oder Fliehen.

Saßen Knaben drin mit Lotoskränzen,
Mädchen beugten über Bord sich schlank,
Kreisend durch die Reihe sah ich glänzen
Eine Schale, draus ein jedes trank.

Jetzt erscholl ein Lied voll süßer Wehmut,
Das die Schar der Kranzgenossen sang –
Ich erkannte deines Nackens Demut,
Deine Stimme, die den Chor durchdrang.

In die Welle taucht' ich. Bis zum Marke
Schaudert' ich, wie seltsam kühl sie war.
Ich erreicht' die leise zieh'nde Barke,
Drängte mich in die geweihte Schar.

Und die Reihe war an dir zu trinken,
Und die volle Schale hobest du,
Sprachst zu mir mit trautem Augenwinken:
„Herz, ich trinke dir Vergessen zu!“

Dir entriss in trotzgem Liebesdrange
Ich die Schale, warf sie in die Flut,
Sie versank, und siehe, deine Wange
Färbte sich mit einem Schein von Blut.

Flehend küsst' ich dich in wildem Harme,
Die den bleichen Mund mir willig bot,
Da zerrannst du lächelnd mir im Arme
Und ich wusst' es wieder – du bist tot.

C. F. Meyer, Gedichte von 1892. Hrsg. v. H. Zeller u. A. Zäch. Bern: Benteli 1963, S. 213 f.

Robert Brasillach, „Gegenwärtiger Vergil“ (1962)

Der Held, den er gewählt hatte, war ein Ehrenmann ohne Genius, der noch behängt war mit einem epischen Flitter, der ihn denkbar schlecht kleidete. Denn Aeneas war kein epischer Held. Er war ein Flüchtling, der Zuflucht suchte und plötzlich die Last einer furchtbar schweren Sendung auf sich nehmen musste. Er hatte seine Vorzüge, fürchtete die Götter, war gutherzig, suchte zu verstehen und konnte tapfer sein, wenn es Not tat; er ähnelte Vergil ein wenig. Gleich ihm war er einer leidenschaftlichen Liebe nicht fähig, dafür aber zärtlich und mitleidig. Ein Mann, nichts als ein Mann, dem kleine Feigheiten wohl unterliefen und kleine Ungeschicklichkeiten. Und jählings erstand vor ihm diese Sendung und das überwältigende Geschick der ungeheuren Stadt, dessen erstes Werkzeug er sein sollte. Vielleicht hätte er den großen, ewigen Schlaf dieser furchtbaren Aufgabe vorgezogen. Aber er war Soldat, ein Mann des eisernen Gehorsams, und hätte nie daran gedacht, sich einer Pflicht zu entziehen.

R. Brasillach, Gegenwärtiger Vergil. Übers. v. F. Jaffé. Stuttgart: Klett 1962, S. 162 f.

Aeneas sieht „auf abgeschiedener Flur“ die Seelen der trojanischen und griechischen Kriegshelden und dann die gewaltigen Mauern des Tartarus und die Sibylle beschreibt ihm diesen Ort der Verdammten, den er nicht betreten darf: Dem Títyos (der sich an Latona / Leto vergreifen wollte) hackt ein Geier die Leber aus. Über anderen schwebt ein Felsblock, der herabzustürzen droht, bereit stehende Speisen weichen zurück, wenn sie danach greifen. Aber auch alle, die Eltern, Geschwistern, Klienten Unrecht getan, Ehebruch begangen, bewaffnet Unruhe gestiftet oder dem Herrn die Treue gebrochen haben, werden bestraft. Einer der Büßer ruft (620):

> Discite iustitiam moniti et non temnere divos!
> Lasst euch warnen und handelt gerecht und ehret die Götter!

So veranschaulicht der Dichter im Bild des Tartarus die Schrecken und Verirrungen der Bürgerkriege und verkündet zugleich die moralischen Werte der römischen Tradition und der augusteischen Erneuerung. – Aeneas und die Sibylle nähern sich den Mauern, die die Gefilde der Seligen umschließen. Der goldene Zweig, an das Tor gesteckt, öffnet dieses.

KOMPETENZORIENTIERTE ÜBUNGEN

Ovid – „Metamorphosen“

Text 4 Daphne

➤ S. 17

1. **Finde im Text zu den folgenden lateinischen Begriffen jeweils einen passenden lateinischen Gegenbegriff, der derselben Wortart angehört, und zitiere diesen in der rechten Tabellenspalte!**

Begriff aus dem Text	Gegenbegriff derselben Wortart (lateinisches Textzitat)
z.B.: sol	*luna*
deus (Z. 539)	
spe (Z. 539)	
praedam (Z. 534)	
in frondem (Z. 549)	
coniunx (Z. 556)	

2. **Finde im Text (V. 525–545) je ein Beispiel für die unten aufgelisteten Stilmittel und zitiere dieses in der rechten Tabellenspalte!**

Stilmittel	Beispiel (lateinisches Textzitat)
Alliteration (➤ B 27)	
Antithese (➤ B 32)	
Hyperbaton (➤B 37)	
Polysyndeton (➤ B 33)	

3. **Kommentiere den Text ausgehend von den folgenden Leitfragen!**
   - Worin besteht die Hilfe, die Daphnes Vater leistet?
   - Was bleibt von der „alten“ Daphne?
   - Woran ist erkennbar, dass sie Apollo auch als Baum noch ablehnt?

Text 5 Europa

➤ S. 21

1. **Ergänze die folgenden Satzteile dem Inhalt des Textes entsprechend zu einem vollständigen deutschen Satz!**

1. Merkur soll so schnell wie möglich
2. In Phönizien soll er

3. Jupiter bezeichnet den Merkur als
4. Merkur treibt die Rinder wirklich an die Küste, wo

2. Wähle aus den gegebenen Möglichkeiten die richtige Übersetzung durch Ankreuzen aus! Nur eine Antwort ist korrekt!

***quae tuam matrem tellus a parte sinistra suspicit* heißt übersetzt:**	
1. das Land, welches von links zu deiner Mutter aufblickt	❒
2. das linke Land, das zu deiner Mutter aufblickt	❒
3. welches Land von links zu deiner Mutter aufblickt	❒
4. das Land, zu dem deine Mutter von links aufblickt	❒

3. Kommentiere den Textabschnitt V. 846–858 ausgehend von den folgenden Leitfragen!

- Welche Kompetenzen hat Jupiter aus der Sicht des Ovid?
- Wie macht Ovid deutlich, dass der Göttervater sich erniedrigt?
- Was lässt den Stier besonders schön und ungefährlich erscheinen?

4. Belege die folgenden Aussagen mit jeweils einem passenden Zitat aus dem Text! Zitiere in der rechten Tabellenspalte!

Aussage aus dem Text	Beleg (lateinisches Textzitat)
1. Jupiter ist sexuell erregt.	
2. Europa ist von seiner Schönheit fasziniert.	
3. Europas Unschuld zeigt sich in Doppeldeutigkeiten in der Sprache.	

Text 7 Echo

➤ S. 33–34

1. Fasse den Inhalt des Textes mit eigenen Worten knapp und in ganzen Sätzen zusammen!

2. Finde im Text (V. 380–392) drei parallele Wendungen, die jeweils derselben Wortart angehören, und zitiere diese in der Tabelle!

Begriff aus dem Text (lat. Textzitat)	Parallele Wendung aus dem Text (lat. Textzitat)

3. Liste in der Tabelle zehn verschiedene lateinische Wendungen aus dem Wortfeld „sprechen“ auf, die im Textabschnitt V. 380–390 vorkommen!

Wortfeld „sprechen“ (lateinisches Textzitat)	
dixerat	
responderat	
clamat	
inquit	
recepit rettulit	

Text 9 Pyramus und Thisbe | V. 55–80

➤ S. 42–43

1. Finde zu folgenden alphabetisch aufgelisteten Fremd- bzw. Lehnwörtern im Text jeweils ein passendes lateinisches Textzitat und trage dieses in die Tabelle ein!

Fremd- bzw. Lehnwort	lateinisches Textzitat	Fremd- bzw. Lehnwort	lateinisches Textzitat
Demenz		Konjunktion	
inkorporieren		sensibel	
Kommunion		umzingeln	

2. Liste sechs verschiedene lateinische Begriffe (Nomina, Verba) aus dem Wortfeld „Liebe, Verliebtheit, Zärtlichkeit“ auf, die im Text vorkommen!

Wortfeld „Liebe, Verliebtheit, Zärtlichkeit“ (lateinisches Textzitat)		

3. Fasse den Inhalt des ersten Gesprächs zwischen Pyramus und Thisbe mit eigenen Worten und in ganzen Sätzen zusammen (insgesamt max. 60 Wörter)!

4. Setze den Text, ausgehend von den folgenden Leitfragen, mit den Bildern von Mattheuer (Abb. 19, S. 42) und Waterhouse (Abb. 21, S. 44) in Beziehung! Formuliere in ganzen Sätzen (insgesamt max. 120 Wörter)!
   - Welche gemeinsame Aussage verbindet die beiden Kunstwerke?
   - Welches der beiden Bilder erzeugt die größere Betroffenheit?
   - Wer ist jeweils der Hauptakteur?

Text 9 Pyramus und Thisbe | V. 81–104

➤ S. 43–44

1. Finde im Text je ein Beispiel für die auf S. 143 aufgelisteten Stilmittel und trage die entsprechenden Zitate in die Tabelle ein!

Stilmittel	Beispiel (lateinisches Textzitat)
Alliteration (➤ B 37)	
Hyperbaton (➤ B 37)	
Hyperbaton (➤ B 27)	
Parallelismus (➤ B 32)	

2. Wähle aus den angegebenen Details der Geschichte diejenigen, die Ovid in dieser Passage als Vorbereitung für künftiges Geschehen einführt.

	Vorbereitung für künftiges Geschehen
1. Sonnenaufgang	❐
2. Täuschung der Wächter	❐
3. Treffpunkt am Ninusgrab	❐
4. Weißer Maulbeerbaum an der Quelle	❐
5. Abendstimmung	❐
6. Thisbe geht verschleiert.	❐
7. Thisbe flieht vor der Löwin.	❐
8. Die Löwin ist durstig.	❐
9. Die Löwin zerreißt den Schleier.	❐

3. Gliedere den folgenden Satz aus dem Text in Hauptsätze (HS), Gliedsätze (GS) und satzwertige Konstruktionen (sK) und trage die lateinischen Textsequenzen in die Spalte „Textzitat" ein!

multa prius questi statuunt, ut nocte silenti
fallere custodes foribusque excedere temptent
cumque domo exierint, urbis quoque tecta relinquant,
neve sit errandum lato spatiantibus arvo,
conveniant ad busta Nini lateantque sub umbra
arboris

HS/GS/sK	lateinisches Textzitat
HS	

➤

4. **Setze den Text, ausgehend von den folgenden Leitfragen, mit dem Gemälde von Marc Chagall (Abb. 20, S. 43) in Beziehung! Formuliere in ganzen Sätzen (insgesamt max. 100 Wörter)!**
   - Welche gemeinsame Aussage verbindet die beiden Kunstwerke?
   - Wodurch wird jeweils deutlich, wie verliebt die Hauptakteure sind?
   - Was geben die beiden Paare für ihr gemeinsames Glück auf?

Text 9 Pyramus und Thisbe | V. 105–127

➤ S. 44–45

1. **Liste fünf lateinische Begriffe (Verba) aus dem Sachfeld „töten, zugrunde richten" auf, die im Text vorkommen!**

Wortfeld „töten, zugrunde richten" (lateinisches Textzitat)		

2. **Ergänze die folgenden Sätze entsprechend dem Inhalt des Textes!**

1. Das Blut spritzt hoch wie aus
2. Das Blut spritzt nicht gleichmäßig, sondern
3. Einerseits werden die Früchte durch das Blut
4. Andererseits bewirkt die blutgetränkte Wurzel, dass

3. **Gliedere den Text in vier Abschnitte und begründe deine Entscheidung in Stichworten!**

Textabschnitt (Z. x–y)	Es handelt sich hierbei um einen eigenen Abschnitt, weil …
Abschnitt 1 von Z. ..... bis Z.	
Abschnitt 2 von Z. ..... bis Z.	
Abschnitt 3 von Z. ..... bis Z.	
Abschnitt 4 von Z. ..... bis Z.	

4. **Gib den Inhalt der Rede des Pyramus mit eigenen Worten und in ganzen Sätzen wieder (insgesamt max. 100 Wörter)!**

Text 9 Pyramus und Thisbe | V. 128–167

➤ S. 45–46

1. **Liste fünf lateinische Beschreibungen von Trauergesten auf, die im Text vorkommen!**

2. **Gliedere den folgenden Satz aus dem Text in Hauptsätze (HS), Gliedsätze (GS) und satzwertige Konstruktionen (sK) und trage die lateinischen Textsequenzen in die Spalte „Textzitat" ein!**

   Ecce metu nondum posito, ne fallat amantem,
   illa redit iuvenemque oculis animoque requirit,
   quantaque vitarit narrare pericula gestit

HS/GS/sK	lateinisches Textzitat
HS	

3. **Finde im Text je ein Beispiel für die unten aufgelisteten Stilmittel und trage die entsprechenden Zitate in die Tabelle ein!**

Stilmittel	Beispiel (lateinisches Textzitat)
Alliteration (➤ B 27)	
Chiasmus (➤ B 32)	
Hyperbaton (➤ B 37)	
Parallelismus (➤ B 32)	

4. **Fasse den Inhalt des Todesmonologs der Thisbe mit eigenen Worten und in ganzen Sätzen zusammen (insgesamt max. 120 Wörter)!**

Text 11 Daedalus und Icarus | V. 183–209

➤ S. 56–57

1. **Finde zu folgenden alphabetisch aufgelisteten Fremd- bzw. Lehnwörtern im Text jeweils ein passendes lateinisches Textzitat (Nomina, Adjektiva, Verba oder Adverbia) und trage dieses in die Tabelle ein!**

Fremd- bzw. Lehnwort	lateinisches Textzitat	Fremd- bzw. Lehnwort	lateinisches Textzitat
Brief		oral	
destruktiv		Pendel	
intakt		Position	

2. **Finde im Text je ein Beispiel für die unten aufgelisteten Stilmittel und trage die entsprechenden Zitate in die Tabelle ein!**

Stilmittel	Beispiel (lateinisches Textzitat)
Antithese (➤ B 32)	
Parallelismus (➤ B 32)	
Parallelismus (➤ B 32)	
Vergleich	

3. **Kommentiere den Text ausgehend von den folgenden Leitfragen!**
   - Was macht Icarus, während sein Vater sein geniales Werk vollendet?
   - Woraus wird erkennbar, dass der Dichter ein kleines, unreifes Kind vor Augen hat?
   - Wie geht Daedalus mit seinem Sohn um, welchen Erziehungsregeln versucht er zu gehorchen?

Text 11 Daedalus und Icarus | V. 210–235

➤ S. 57–58

1. **Kommentiere den Text ausgehend von den folgenden Leitfragen!**
   - Was ist am Verhalten des Daedalus nach Fertigstellung der Flügel auffällig, inwiefern hat er sich verändert?
   - Was deutet auf ein übles Ende der Geschichte voraus?
   - Was motiviert Icarus, sein Verhalten zu ändern, inwiefern hat er sich verändert?
   - Wo bekommt die Geschichte fast komische Züge?

2. **Gliedere den Text in vier Abschnitte und begründe deine Entscheidung!**

Textabschnitt (Z. x–y)	Es handelt sich hierbei um einen eigenen Abschnitt, weil
Abschnitt 1 von Z. ..... bis Z.	
Abschnitt 2 von Z. ..... bis Z.	
Abschnitt 3 von Z. ..... bis Z.	
Abschnitt 4 von Z. ..... bis Z.	

3. **Finde im Text je ein Beispiel für die unten aufgelisteten Stilmittel und trage die entsprechenden Zitate in die Tabelle ein!**

Stilmittel	Beispiel (lateinisches Textzitat)
Alliteration (➤ B 27)	
Alliteration (➤ B 27)	
Hyperbaton (➤ B 37)	
Vergleich	

4. **Vergleiche den Text mit den Abbildungen 26, 27 und 30 (S. 56, 57, 61) und finde zwei Gemeinsamkeiten und zwei Unterschiede!**

Text 12 Orpheus und Eurydice | V. 1–17

➤ S. 65–66

1. **Kommentiere den Text ausgehend von den folgenden Leitfragen!**
   - Welche Stimmung evozieren die Vokale *a, o,* und *u,* die in den Versen 5–8 vorherrschen?
   - Finden sich Passagen, wo Ovid durch die Wortstellung hervorhebt, was ihm besonders wichtig ist?

2. **Vergleiche den Text mit Abbildung 31 (S. 65) und finde einen Unterschied und eine Gemeinsamkeit!**

3. **Finde im Text je ein Beispiel für die unten aufgelisteten Stilmittel und trage die entsprechenden Zitate in die Tabelle ein!**

Stilmittel	Beispiel (lateinisches Textzitat)
Anapher (➤ B 30)	
Ellipse (➤ B 42)	
Hyperbaton (➤ B 37)	
Hyperbaton (➤ B 37)	

Text 12 Orpheus und Eurydice | V. 17–39

➤ S. 66–67

1. **Nimm ausgehend von den folgenden Leitfragen Stellung zu den im Text getroffenen Aussagen!**
   - Woran ist an dieser Rede erkennbar, dass Orpheus sich für einen besonderen Menschen hält?
   - Was wirft er den Göttern vor?
   - Wo schmeichelt er den Gottheiten?
   - Was genau ist seine Forderung?
   - Womit erpresst er die Gottheiten?

2. Ordne den folgenden Abschnitten des Textes jeweils eine passende Überschrift zu, indem du die entsprechende Kennzeichnung (A, B, C ...) in die Tabelle einträgst!

Abschnitt des Textes	Überschrift (Kennzeichnung)
(V. 18–20)	
(V. 20–26)	
(V. 26–36)	
(V. 37–39)	

Überschrift	Kennzeichnung
exordium	A
narratio	B
argumentatio	C
peroratio	D
salutatio	E

Text 12 Orpheus und Eurydice | V. 40–52

➤ S. 67

1. **Ergänze die folgenden Sätze dem Inhalt des Textes entsprechend!**

1. Beim Gesang des Orpheus hörte Tantalus auf,
2. Beim Gesang des Orpheus konnte Sisyphus
3. Die Beliden konnten aufhören,
4. Sogar die Rachegöttinnen
5. Die Vögel hörten auf,
6. Ixions Rad

2. **Finde im Text je ein Beispiel für die unten aufgelisteten Stilmittel und trage die entsprechenden Zitate in die Tabelle ein!**

Stilmittel	Beispiel (lateinisches Textzitat)
Alliteration (➤ B 27)	
Anapher (➤ B 30)	
Hyperbaton (➤ B 37)	
Hyperbaton (➤ B 37)	

Text 12 D Orpheus und Eurydice | V. 53– 77

➤ S. 67–68

1. **Fasse den Inhalt des Textes mit eigenen Worten und in ganzen Sätzen zusammen (ingesamt max. 100 Wörter)!**

2. **Vergleiche den Text mit den Vergleichstexten von Margaret Atwood und Ulla Hahn (S. 73, 74) und nenne drei Unterschiede!**

3. **Setze den Text ausgehend von den folgenden Leitfragen mit den Holzschnitten von Gerhard Marcks (Abb. 31, S. 65; Abb. 32, S. 66; Abb. 34, S. 68) in Beziehung!**
   - Welche Situationen wählt Marcks?
   - Wo unterscheidet sich seine Darstellung von Ovid?

Text 13 Pygmalion | V. 243–269

➤ S. 76–77

1. **Kommentiere die Verse 243–251 ausgehend von den folgenden Leitfragen!**
   - Was veranlasst Pygmalion zu seiner frauenfeindlichen Haltung?
   - Wie macht Ovid klar, dass Pygmalion keine wie auch immer geartete Form von Beziehung pflegt?
   - Welches Gegenbild schafft er sich?

2. **Finde im Text (V. 256 ff.) je ein Beispiel für die unten aufgelisteten Stilmittel und trage die entsprechenden Zitate in die Tabelle ein!**

Stilmittel	Beispiel (lateinisches Textzitat)
Alliteration (➤ B 27)	
Chiasmus (➤ B 33)	
Chiasmus (➤ B 33)	
Polysyndeton (➤ B 33)	

Text 13 Pygmalion | V. 270–297

➤ S. 78

1. **Nimm ausgehend von den folgenden Leitfragen Stellung zu den Versen 270–279!**
   - Wann im üblichen Festverlauf tritt Pygmalion auf?
   - Wie lässt Ovid ihn seine Bitte vorbringen?
   - Scheint er hier wirklich zu glauben, dass seine Elfenbeinfrau eine echte Partnerin ist, wie das zuvor den Anschein machte?

2. **Trenne von den folgenden Wörtern die Wortbildungselemente, d.h. Präfix / Suffix und Grundwort, ab und gib die passenden Bedeutungen der einzelnen Elemente an!**

zusammengesetztes Wort	Präfix (Bedeutung) + Grundwort (Bedeutung)
incumbens	
admovet	
remollescit	
subsidit	

3. **Vergleiche das Ende des Textes mit der Passage aus „My Fair Lady“ (Vergleichstext S. 82) und nenne zwei Gemeinsamkeiten und zwei Unterschiede!**

Vergil – „Aeneis“

Text 15 Prooemium

➤ S. 93 f.

1. Ergänze die folgenden Satzteile dem Inhalt des Textes entsprechend zu einem vollständigen deutschen Satz!

1. Aeneas kommt aus Troja nach
2. Er muss nicht aus eigener Schuld fliehen, sondern
3. Er erfährt viel Leid
4. Die herausragende Eigenschaft des Aeneas ist

2. Wähle aus den gegebenen Möglichkeiten genau drei dem Text entsprechende Aussagen durch Ankreuzen aus!

Aussage	
1. Ein Herrschervolk wird aus Karthago hervorgehen.	❐
2. Die Schicksalsgöttinnen prophezeien Rom Größe.	❐
3. Aeneas wird trotz vieler Leiden Rom gründen.	❐
4. Roms Gründung ist mit vielen Mühen verbunden.	❐
5. Juno liebt Karthago, fördert aber die Römer.	❐
6. Juno wurde von Aeneas beleidigt und zürnt ihm deshalb.	❐

3. Überprüfe die Richtigkeit der Aussagen anhand des Textes! Kreuze entweder „richtig“ oder „falsch“ an!

	richtig	falsch
1. Juno hat in Karthago ihren Wagen und ihr Kultgerät.	❐	❐
2. Juno hatte gehört, dass Karthago zerstört werden wird.	❐	❐
3. Juno konnte das Parisurteil nicht vergessen.	❐	❐
4. Juno achtet auf die Ehre des Ganymed.	❐	❐

Text 16 Dido, die Gründerin von Karthago

➤ S. 99 ff.

1. Ordne den folgenden Abschnitten des Textes jeweils eine zum gesamten Abschnitt passende Überschrift zu, indem du die entsprechende Kennzeichnung (A, B, C ...) in die rechte Tabellenspalte einträgst! Eine Überschrift kann nur einer einzigen Passage zugeordnet werden.

Abschnitt des Textes	Überschrift (Kennzeichnung)
(Z. 338–342)	
(Z. 343–352)	
(Z. 353–359)	
(Z. 360–368)	
(Z. 375–385)	

Überschrift	Kennz.
Das Reich der Punier und seine Königin	A
Ein hart geprüfter Held	B
Eine neue Heimat in der Fremde	C
Ende gut, alles gut	D
Große Liebe und ein skrupelloser Bruder	E
Warnung aus dem Jenseits	F

2. Liste in der Tabelle vier verschiedene lateinische Begriffe aus dem Wortfeld „Familienmitglieder“ auf, die im Text (V. 338–356) vorkommen!

Wortfeld „Familienmitglieder“ (lateinisches Textzitat)	

Text 17 Das Trojanische Pferd

➤ S. 105 ff.

1. Finde im Text (V. 25–39) je ein Beispiel für die unten aufgelisteten Stilmittel und zitiere dieses in der rechten Tabellenspalte!

Stilmittel	Beispiel (lateinisches Textzitat)
Alliteration (➤ B 27)	
Anapher (➤ B 30)	
Chiasmus (➤ B 32)	
Hyperbaton (➤ B 37)	

2. Liste in der Tabelle sechs verschiedene lateinische Begriffe / Wendungen aus dem Text auf, die das Trojanische Pferd bezeichnen!

lateinisches Textzitat	

➤

3. **Setze den Text ausgehend von den untenstehenden Leitfragen mit dem folgenden Bild in Beziehung!**

Abb. 63: Giovanni Battista Fontana, Cheval de Troye, *Kupferstich, sp. 16. Jh.*

- Welche Ereignisse aus dem Text finden sich in dem Bild?
- Was ist auffällig an der Darstellung Trojas?
- Welche der dargestellten Bildelemente finden sich im Textausschnitt „Das Lied von Troja“ von Colleen McCullough (Vergleichstext S. 110 f.)?

Text 19 Flucht aus dem brennenden Troja

➤ S. 118 ff.

1. **Gliedere den Text in vier Abschnitte und begründe deine Entscheidung anhand inhaltlicher Aspekte! Gib in der linken Tabellenspalte das erste und letzte Wort eines jeden Abschnittes an und formuliere deine Begründung in der rechten Tabellenspalte!**

Textabschnitt	Begründung (inhaltlich): Es handelt sich um einen eigenen Abschnitt, weil ...
Abschnitt 1 von Z. ..... bis Z.	
Abschnitt 2 von Z. ..... bis Z.	
Abschnitt 3 von Z. ..... bis Z.	
Abschnitt 4 von Z. ..... bis Z.	

2. Finde im Text (V. 687–703) je ein Beispiel für die unten aufgelisteten Stilmittel und zitiere dieses in der rechten Tabellenspalte!

Stilmittel	Beispiel (lateinisches Textzitat)
Alliteration (➤ B 27)	
Anapher (➤ B 30)	
Hyperbaton (➤ B 37)	
Parallelismus (➤ B 32)	

3. Liste in der Tabelle vier verschiedene lateinische Begriffe aus dem Wortfeld „Familienmitglieder" auf, die im Text (V. 682–711) vorkommen!

Wortfeld „Familienmitglieder" (lateinisches Textzitat)	

Text 20 Dido und Aeneas in der Höhle, Fama

➤ S. 124 ff.

1. Trenne die folgenden Wörter in Präfix / Suffix und Grundwort und gib die im Kontext passende deutsche Bedeutung der einzelnen Elemente in Klammern an!

zusammengesetztes Wort	Präfix (Bedeutung) + Grundwort (Bedeutung)
pronuba	
conscius	
infecta	
ingreditur	

2. Liste in der Tabelle sechs verschiedene lateinische Begriffe aus dem Wortfeld „Körperteile" auf, die im Text vorkommen!

Wortfeld „Körperteile" (lateinisches Textzitat)	

➤

3. **Belege die folgenden Aussagen mit jeweils einem passenden Zitat aus dem Text! Zitiere in der rechten Tabellenspalte!**

Aussage aus dem Text	Beleg (lateinisches Textzitat)
1. Ein Gerücht ist etwas Übles und Erschreckendes.	
2. Ein Gerücht bekommt Eigendynamik und ufert immer weiter aus.	
3. Ein Gerücht verbreitet auch Lügen.	

4. **Finde im Text (V. 174–188) drei Gegensatzpaare, die jeweils derselben Wortart angehören, und zitiere diese in der Tabelle!**

Begriff aus dem Text (lat.Textzitat)	Gegenbegriff aus dem Text (lat. Textzitat)

Text 21 Didos Fluch, Vermächtnis und Tod

➤ S. 130 f.

1. **Überprüfe die Richtigkeit der Aussagen anhand des Textes! Kreuze entweder „richtig" oder „falsch" an!**

	richtig	falsch
1. Dido ruft Hekate, Juno, Pluto und die Diren als Zeugen.	❐	❐
2. Sie wünscht, Aeneas möge auf seiner Reise sterben.	❐	❐
3. Sie wünscht, Aeneas solle seinen Sohn verlieren.	❐	❐
4. Sie wünscht, er solle Krieg und einen unfairen Frieden erleiden müssen.	❐	❐
5. Sie wünscht, dass ihre Nachkommen sich mit denen des Aeneas versöhnen.	❐	❐

2. **Kommentiere den Text ausgehend von den folgenden Leitfragen!**
   - Was rechnet Dido sich als Verdienst an?
   - Wie beurteilt sie ihr eigenes Leben
   - Was ist ihr letzter Wunsch?

3. **Belege die folgenden Aussagen mit jeweils einem passenden Zitat aus dem Text! Zitiere in der rechten Tabellenspalte!**

Aussage aus dem Text	Beleg (lateinisches Textzitat)
1. Dido stirbt, weil sie Aeneas etwas heimzahlen will.	
2. Dido will ihren Liebeskummer im Tod loswerden.	

Ovid – Vokabular zur Textauswahl

adimo 3, -emi, -emptum: nehmen
aequor, -oris n.: ebene Fläche des Meeres, Meer
aër, -ris m. (acc. sg. oft aëra): Luft
aes, aeris n.: Erz, Bronze
aether, -eris m.: Himmel
ait = inquit: er, sie, es sagt(e)
aliter: anders, in anderer Weise
amans, -tis m. (v. amo 1): der Liebende
ardeo 2, arsi, arsurum: brennen, vor Liebe brennen, lieben
artus, -us m.: Glied, Körperteil
audax, -cis: frech
audeo 2, ausum : wagen
aura, -ae f.: Luft , Wind
auris, -is f.: Ohr
aurum, -i n.: Gold
bracchium, -i n.: Arm
caelestis, -e: himmlisch; pl. die Himmlischen, die Götter
carpo 3, carpsi, carptum: (eine Strecke) zurücklegen, durchwandern; pflücken, (ab)fressen
certus 3: sicher, gewiss
citus 3, adv. cito: schnell
coeptum, -i n.: Beginnen, Unternehmen
comes, -itis m. / f.: Begleiter/in
comitatus 3: in Begleitung von, begleitet
coniunx, -gis m. / f.: Ehemann / Ehefrau
cresco 3, crevi, cretum: wachsen
crimen, -inis n.: Schuld
crinis, -is m.: Haar
cura, -ae f.: Sorge
cursus, -us m. (v. curro 3): Lauf
di, deorum m. (dat. / abl. dis, acc. deos): Götter
dictum, -i n. (v. dico 3): Wort, Ausspruch
dolor, -oris m. (v. doleo 2): Schmerz
facies, -ei f.: Gesicht, Gestalt, Aussehen
falsus 3: falsch, trügerisch
fama, -ae f.: Gerede, Ruf, Ruhm
fatum, -i n. (v. for 1): Schicksal, Götterspruch
ferrum, -i n.: Eisen, Schwert, Waffe
flecto 3, flexi, flexum: biegen, umstimmen
fleo 2, flevi, fletum: weinen
flexus 3: gekrümmt, gebogen
for 1, fari, fatum: reden, sprechen
forma, -ae f.: Gestalt, Figur
furor, -oris m.: Raserei, Leidenschaft, übermäßige Liebe
gens, -tis f.: Geschlecht, Familie, Stamm
genus, -eris n.: Geschlecht, Stamm, Volk
haurio 4, hausi, haustum: trinken, in sich aufnehmen
humanus 3: menschlich
iam: schon, noch
non iam: nicht mehr
ignotus 3: unbekannt
imus / infimus 3: der unterste
incipio 4, coepi, coeptum: anfangen, beginnen
induo 3, -dui, -dutum: anziehen, anlegen, annehmen
ira, -ae f.: Zorn
iubeo 2, iussi, iussum: befehlen
iussum, -i n.: Befehl, Auftrag
luctus, -us m.: Trauer, Leid
lumen, -inis n.: Licht, Augenlicht, Auge
magis: mehr
maneo 2, mansi, mansum: bleiben
membrum, -i n.: Körperteil, Glied
metuo 3: sich fürchten
metus, -us m.: Angst
metu posito: nachdem die Angst sich gelegt hatte
miror 1: bewundern, sich wundern
modo: eben, gerade, nur
modo ... modo: bald ... bald
mora, -ae f.: Verzögerung, Zögern
moror 1: zögern, sich aufhalten
mortalis, e: sterblich
muto 1: verändern, verwandeln
natus, -i m. / **nata**, -ae f.: Sohn / Tochter
nescio 4, nescivi, nescitum: nicht wissen
nescioquis, nescioquid: irgendjemand, irgendetwas
nescius 3: ahnunglos
nimium: allzu sehr, allzu viel
numen, -inis n.: göttlicher Wille, göttliches Wirken, Gottheit
obscurus 3: dunkel
orbis, -is m. (terrarum): Kreis, Rad, (Kreis der Länder =) Welt
os, oris n. (oft pl. ora): Mund, Gesicht
osculum, -i n.: Kuss
pariter (adv.): in gleicher Weise
pectus, -oris n.: Herz, Brust
pello 3, pepuli, pulsum: vertreiben, beseitigen
penna, -ae f.: Feder
poena, -ae f.: Strafe
pono 3, posui, positum: stellen, setzen, legen, ablegen
precibus temptare: (mit Bitten versuchen =) betteln
precor 1: beten, bitten, anflehen
preces, -um f.: Bitten, Gebet
pudor, -oris m.: Schamgefühl, Zurückhaltung
pulso 1: schlagen, vertreiben
relinquo 3, reliqui, relictum: zurücklassen, aufgeben
satis: genug
sequor 3, secutum : folgen
silentium, -i n.: Stille, Schweigen
simul: gleichzeitig, zugleich
siqua, siqui = si aliqua, si aliqui
stupesco 3, stupui = **stupeo** 2, -ui: erstarren (vor Staunen, Schrecken), still stehen, verblüfft sein, stutzen, staunen
summus 3: der oberste, der höchste
sumo 3, sumpsi, sumptum: nehmen
superus 3: oben befindlich, oben
superi, -orum m.: die Himmlischen, die Götter
supremus 3: der letzte
sustineo 2: Stand halten, ertragen, aushalten
tellus, -uris f.: Erde, Welt
tempto 1: versuchen, probieren, sich wenden an
tendo 3, tetendi: ausstrecken, streben / unterwegs sein nach
teneo 2, -ui: halten, bewohnen, beherrschen, innehaben
tracto 1: behandeln, umgehen mit
turba, -ae f.: Schar
una (cum): gemeinsam, zusammen mit
undae, -arum f.: Wellen, Meer, Wasser
utor, -eris, uti, usum: gebrauchen, benutzen
usus, -us m.: Gebrauch, Nutzen
verto 3, verti, versum: verwandeln
videor (+ dat.): erscheinen
videor (+ inf.): scheinen zu
virgo, -inis f.: Mädchen, Jungfrau
vis, vim, vi, pl. vires f.: Kraft, Gewalt, Macht
vix: kaum, mit Mühe
vox, vocis f.: Wort

Vergil – Vokabular zur Textauswahl

vulnus, -eris n.: Wunde
vultus, -us m.: Gesicht, Miene
aequor, -oris n.: die ebene Fläche des Meeres, Meer
aether, -eris m. (acc. aethera): Himmel
Argivi, -orum m.: Griechen
aura, -ae f.: Luft, Wind
aurum, -i n.: Gold
caecus 3: blind, finster, undurchschaubar
caelestis, -e: himmlisch; pl. die Himmlischen, die Götter
carina, -ae f.: Schiff (eigentl. Schiffskiel)
casus, -us m.: Schicksalsschlag, Schicksal
classis, -is f.: Flotte
comes, -itis m. / f.: Begleiter/in
condo 3, condidi, conditum: gründen
coniunx, -gis m. / f.: Ehemann / Ehefrau
Danai, -orum m.: Griechen
Dardani, -orum m.: Trojaner
debeor 2, debitum: bestimmt sein, verheißen werden
deus, dei m.: Gott
di, deorum m. (dat. / abl. dis, acc. deos): Götter
dictum, -i n. (v. dico 3): Wort, Ausspruch
  haec ubi dicta dedit: sobald er / sie das gesagt hatte
  talia dicta dedit: so sprach er / sie
discrimen, -inis n.: Unterschied, Gefahr, gefährliche Situation
dolor, -oris m. (v. doleo 2): Schmerz
dolus, -i m.: List
extremus 3: der letzte, der äußerste
extremum, -i n.: das letzte Mal
fama, -ae f.: Ruf, Ruhm, Gerücht
fas (nur nom. und acc.): (von der Gottheit gegebenes) Recht
fatum, -i n.: Schicksal , Götterspruch
ferrum, -i n.: Eisen, Schwert, Waffe
for, fari, fatum: reden, sprechen
  vix ea fatus erat: kaum hatte er das gesagt
forte: zufällig
furor, -oris m.: Wahnsinn, Leidenschaft
genitor, -oris m.: Vater
gens, -tis f.: Geschlecht, Familie, Stamm
genus, -eris n.: Geschlecht, Stamm, Volk
haereo 2, haesi, haesum: hängen, stecken bleiben, beharren auf
imago, -inis f.: Bild, Schattenbild
impello 3, -puli, -pulsum: treiben, veranlassen
imus / infimus 3: der unterste
infandus 3: (unsäglich) schrecklich, gräulich
insidiae, -arum f.: Hinterhalt
insignis, -e: herausragend, ausgezeichnet
iussum, -i n.: Befehl, Auftrag
iuvat (impers.): es macht Freude
labor 3, lapsum: gleiten
labor, -oris m.: Arbeit, Mühe
late: weithin
longe: weitaus, in weitem Abstand
luctus, -us m.: Leid, Trauer
lumen, -inis n.: Licht, Augenlicht, Auge
lux, -cis f.: Licht
maestus 3: traurig
magnanimus 3: erhaben, großmütig
memor: sich erinnernd, unversöhnlich, nachtragend
memoro 1: erwähnen, in Erinnerung rufen
metuo 3: sich fürchten
metus, -us m.: Angst
miror 1: bewundern, sich wundern
moles, -is f.: Last, Mühe
mora, -ae f.: Verzögerung, Zögern
natus, -i m. / **nata**, -ae f.: Sohn / Tochter
  nate dea (Vokativ): Sohn der Göttin
nefas (nur nom. und acc.): Unrecht, Frevel
numen, -inis n.: göttlicher Wille, göttliches Wirken, Gottheit
onus, -eris n.: Last
ora, -ae f.: Küste
os, -oris n. (oft pl. ora): Mund, Gesicht
parens, -tis m. / f.: Vater / Mutter
pariter (adv.): in gleicher Weise
patior, pateris, pati, passum: erleiden
patrius 3: väterlich, heimatlich
pectus, -oris n.: Herz, Brust
pietas, -atis f. (das rechte Verhältnis zwischen Menschen untereinander und zwischen Mensch und Gottheit) = Frömmigkeit, Pflichtgefühl, Liebe, Verantwortungsbewusstsein, Respekt
pius 3: pflichtbewusst, fromm
precor 1: beten, bitten, anflehen
preces, -um f.: Bitte, Gebet
regnum, -i n.: Reich; meist pl. regna, -orum n.
sanguis, -inis m.: Blut
sanguineus 3: blutig, blutrot
sidus, -eris n.: Stern
simulacrum, -i n.: Bild, Abbild
sono 1: ertönen, dröhnen, rauschen
super (+ acc.): über
superi, -orum m.: die Himmlischen, die Götter
supremus 3: der letzte
tantus 3: so groß
tantum (adv.): nur
tellus, -uris f.: Erde, Welt
Teucri, -orum m.: Trojaner
umbra, -ae f.: Schatten, Abbild; pl. auch Schattenreich, Unterwelt
umerus, -i m.: Schulter
undae, -arum f.: Wellen, Meer, Wasser
verto 3, verti, versum: umdrehen, umstimmen, zerstören
videor (+ dat.): erscheinen
videor (+ Inf.): scheinen zu
vir, -i m.: Mann
vis, vim, vi, pl. vires f.: Kraft
vox, vocis f.: Wort
talia vociferans: solches sprechend
talia voce refert: solches sprach er / sie
vulnus, -eris n.: Wunde
vultus, -us m.: Gesicht, Miene

Namenverzeichnis (in Auswahl)

Bildquellen zu Ovid

Abb. 2: Mein erstes großes Märchenbuch. Wien: Jugend und Volk [4]1967, S. 49.
Abb. 3: Max Kunze (Hrsg.), Antike auf die Schippe genommen. Mainz: Zabern 1998, S. VI.
Abb. 4: Udo Reinhardt, Ovids Metamorphosen in der modernen Kunst: Bamberg: Buchner 2001, S. 37.
Abb. 5: ebda., S. 40.
Abb. 6: Gina Pischel, Illustrierte Kunstgeschichte der Welt. München: Südwest [4]1979, S. 471.
Abb. 7: Friedrich Maier, Europa, Ikarus, Orpheus. Bamberg: Buchner 1998, S. 27.
Abb. 8: Laetitia casta. Foto Jeff Manzetti, Titelbildgestaltung Stefan Kiefer. Der Spiegel, 29. 5. 2000.
Abb. 9: steirische berichte, Dez. 2003.
Abb. 10: Udo Reinhardt, Ovids Metamorphosen in der modernen Kunst: Bamberg: Buchner 2001, Tf. 5b.
Abb. 11: Max Kunze (Hrsg.), Antike auf die Schippe genommen. Mainz: Zabern 1998, S. 89.
Abb. 12: Angelo Walther, Die Mythen der Antike in der bildenden Kunst. Düsseldorf: Albatros 2003, S. 133.
Abb. 13: Udo Reinhardt, Ovids Metamorphosen in der modernen Kunst: Bamberg: Buchner 2001, Tf. 30a.
Abb. 14: Ursula Orlowsky, Narziss und Narzissmus: Fink 1992, S. 136.
Abb. 15: ebda., S. 352.
Abb. 16: ebda., S. 352.
Abb. 17: Udo Reinhardt, Ovids Metamorphosen in der modernen Kunst: Bamberg: Buchner 2001, Tf. 10.
Abb. 18: Ursula Orlowsky, Narziss und Narzissmus. München: Fink 1992, S. 256.
Abb. 19: Heinz Schönemann (Hrsg.), Wolfgang Mattheuer. Leipzig: Seemann 1988, S. 37.
Abb. 20: Barbara Hammann (Hrsg.), Knaurs Lexikon der modernen Malerei. München / Zürich: Knaur 1982, S. 58.
Abb. 21: Peter Trippi, J. W. Waterhouse. New York: Phaidon 2002, S. 210.
Abb. 22: Foto Udo Reinhardt.
Abb. 23: Gerhard Hojer: Neues Schloss Herrenchiemsee. Amtlicher Führer. München 1986.
Abb. 24: Angelo Walther, Die Mythen der Antike in der bildenden Kunst. Düsseldorf: Albatros 2003, S. 115.
Abb. 25: Foto Udo Reinhardt.
Abb. 26: Udo Reinhardt, Ovids Metamorphosen in der modernen Kunst: Bamberg: Buchner 2001, Tf. 17a.
Abb. 27: Max Kunze (Hrsg.), Antike auf die Schippe genommen. Mainz: Zabern 1998, S. 90.
Abb. 28: Udo Reinhardt, Ovids Metamorphosen in der modernen Kunst: Bamberg: Buchner 2001, S. 79.
Abb. 29: ebda., Tf. 12b.
Abb. 30: ebda, S. 95.
Abb. 31: Gerhard Marcks, Orpheus. Zyklus Holzschnitte. Marcks Stiftung: Bremen 1980.
Abb. 32: ebda.
Abb. 33 Angelo Walther, Die Mythen der Antike in der bildenden Kunst. Düsseldorf: Albatros 2003, S. 184.
Abb. 34: Gerhard Marcks, Orpheus. Zyklus Holzschnitte. Marcks Stiftung: Bremen 1980.
Abb. 35: Udo Reinhardt, Ovids Metamorphosen in der modernen Kunst: Bamberg: Buchner 2001, Tf. 22b.
Abb. 36: www.hilt-art.ch/images
Abb. 37: Udo Reinhardt, Ovids Metamorphosen in der modernen Kunst: Bamberg: Buchner 2001, Tf. 4a.
Abb. 38: ebda., Tf. 25a.
Abb. 39: ebda., Tf. 26b.

Bildquellen zu Vergil

Abb. 40 Philippe Daudy, Die Malerei des 17. Jahrhunderts I. Editions Rencontre: Lausanne 1966, S. 88.
Abb. 41: J. Latacz u. a. (Hrsg.), Troia: Traum und Wirklichkeit. Stuttgart: Theiss 2001, S. 89.
Abb. 42 Angelo Walther, Die Mythen der Antike in der bildenden Kunst. Düsseldorf: Albatros 2003, S. 79.
Abb. 43: Foto Renate Oswald.
Abb. 44 Pankosmia Mythologias. Hrsg. v. K. Tsatsos u. a. Athen: Ekdotike Athenon 1989, S. 129.
Abb. 45: David H. Wright, Der Vergilius Romanus und die Ursprünge des mittelalterlichen Buchs. Stuttgart: Belser 2001, S. 25.
Abb. 46: Angelo Walther, Die Mythen der Antike in der bildenden Kunst. Düsseldorf: Albatros 2003, S. 202.
Abb. 47: J. Latacz u. a. (Hrsg.), Troia: Traum und Wirklichkeit. Stuttgart: Theiss 2001, S. 452.
Abb. 48: ebda., S. 255.
Abb. 49: Angelo Walther, Die Mythen der Antike in der Bildenden Kunst. Düsseldorf: Albatros 2003, S. 205.
Abb. 50: Max Kunze (Hrsg.), Antike auf die Schippe genommen. Mainz: Zabern 1998, S. 104.
Abb. 51: ebda., S. 105.
Abb. 52: Angelo Walther, Die Mythen der Antike in der bildenden Kunst. Düsseldorf: Albatros 2003, S. 203.
Abb. 53: Francesco Papafava (Hrsg.), Vatikanische Museen, Führer 1972, S. 64.
Abb. 54: J. Latacz u.a. (Hrsg.), Troia: Traum und Wirklichkeit. Stuttgart: Theiss 2001, S. 259.
Abb. 55: Videocover 2004.
Abb. 56: David H. Wright, Der Vergilius Romanus und die Ursprünge des mittelalterlichen Buchs. Stuttgart: Belser 2001, S. 30 bzw. Deckblatt.
Abb. 57: Der Altsprachliche Unterricht 29, 3/1986.
Abb. 58: Angelo Walther, Die Mythen der Antike in der bildenden Kunst. Düsseldorf: Albatros 2003, S. 209.
Abb. 59: Max Kunze (Hrsg.), Antike auf die Schippe genommen. Mainz: Zabern 1998, S. 88.
Abb. 60: Helga Ruppert-Tribian, Sonnen können versinken. Menschen und Götter im griechischen Mythos. Passau: Passavia 1988, S. 223.
Abb. 61: ebda., S. 227.
Abb. 62: www.artrenewal.org/images
Abb. 63: 2D copy – Wikimedia Commons